帝国から開発援助へ

戦後アジア国際秩序と工業化

秋田 茂 [著]

From Empires to
Development Aid

名古屋大学出版会

帝国から開発援助へ

目　　次

序　章　経済援助・開発とアジア国際経済秩序 ……………………………… 1
　　1　本書の課題——脱植民地化，冷戦と経済開発　1
　　2　1930年代からの連続性——スターリング残高の蓄積とスターリング圏　5
　　3　1950～60年代アジアの国際経済秩序と経済開発・開発主義　8
　　4　戦後アジアの経済開発の類型　12

第Ⅰ部　コロンボ・プランからインド援助コンソーシアムへ

第1章　脱植民地化とインドのコモンウェルス残留 ………………………… 20
　　1　なぜインドはコモンウェルスに残留したのか　20
　　2　インドとコモンウェルス，スターリング圏の相互依存　24
　　3　ネルーの外交政策と対英観の転換　33
　　4　現実主義と歴史認識，経済協力　38

第2章　コロンボ・プランの変容とスターリング圏 ………………………… 41
　　1　コロンボ・プランの変容——資金援助から技術協力へ　41
　　2　1950年代末の経済開発援助とスターリング圏　45
　　3　「コロンボ・プランの将来」——コモンウェルス経済開発計画　54
　　4　コロンボ・プラン10周年——東京とクアラルンプール　62
　　5　イギリスの開発援助政策の転換点——1958年　69

第3章　インド援助コンソーシアムと世界銀行 ……………………………… 72
　　1　五カ年計画と経済援助　72
　　2　コロンボ・プランからインド援助コンソーシアムへ　74
　　3　ソ連の「経済的攻勢」とインドの輸入代替工業化　86
　　4　インド援助コンソーシアムの変容　90
　　5　山積する課題——インド経済開発計画と経済援助の問題点　95

第4章 1960年代の米印経済関係——PL480と食糧援助問題 … 99

1 インドの経済開発と経済援助 99
2 アメリカの対印経済援助とPL480 100
3 インド食糧危機とアメリカの経済援助 107
4 世界銀行主導の食糧コンソーシアムとその余波 120
5 「緑の革命」の起源とインド食糧援助,世界銀行 127

第II部　東アジアの開発主義と工業化

第5章 1950年代の東アジア国際経済秩序とスターリング圏 … 132

1 アジア国際秩序とイギリス帝国 132
2 オープン勘定支払協定からスターリング支払協定へ——1948〜51年 135
3 戦後日本とスターリング圏の相互依存——1951〜54年 144
4 スターリング支払協定の変容と多角主義への移行——1954〜57年 151
5 スターリング圏と東アジア経済秩序の変容 154

第6章 東アジアの開発主義と経済援助——台湾・韓国・香港 … 158

1 東アジアの工業化と開発主義 158
2 台湾の開発主義とアメリカの軍事・経済援助 159
3 韓国の開発主義と開発援助——日米の役割分担 163
4 香港の再植民地化と輸出志向型工業化の展開 167
5 輸出志向型工業化の展開と二つの類型 173

第7章 開発主義とシンガポールの工業化 … 176

1 アジアの工業化と開発主義の出現 176
2 歴史的背景——自由貿易体制とシンガポール 177
3 シンガポールの工業化戦略——外資依存・輸出志向型工業化 181
4 外資導入に依存した国家主導の開発主義 196

終　章　経済開発から東アジアの経済的再興へ……………………………… 201
　　1　「アジアの開発の時代」の到来　201
　　2　アジアのイニシアティヴと開発主義　203
　　3　多国間援助と 1960 年代のアジア国際経済秩序　205
　　4　1970 年代以降への展望——東アジアの経済的再興（東アジアの奇跡）　206

文献一覧　211
あとがき　225
図表一覧　233
索　　引　235
英文目次　242

序　章
経済援助・開発とアジア国際経済秩序

1　本書の課題――脱植民地化，冷戦と経済開発

　本書は，第二次世界大戦後の1950年代から70年代初頭にいたる時期における，新たなアジア国際経済秩序の形成と展開を，第I部で扱う南アジアのインドの事例を中心に，第II部での東アジアの台湾，韓国，香港や，東南アジアのシンガポールでの工業化の展開と比較しながら，グローバルヒストリーの文脈で，冷戦の展開（冷戦体制の形成），脱植民地化に伴うアジア諸国の経済ナショナリズムの高揚，国際的な経済援助計画を活用した経済開発・開発主義，以上3者の関連性，相互連関を論じる。

　通常，第二次世界大戦後のアジア国際秩序の形成を考察する際の論点としては，旧植民地諸国の政治的独立＝脱植民地化 (decolonization) と，1950年6月に火ぶたが切られた朝鮮戦争を契機とする「アジアにおける冷戦」の勃発と展開が強調される。しかし，この「冷戦・脱植民地化テーゼ」ともいうべき論点は，アジア世界の戦後国際秩序を考察する論点としては不十分である。なぜなら，政治的な脱植民地化を達成したアジア諸国にとって，新たな政治体制の正統性を示すため，工業化を伴う経済開発と発展を実現してその成果を国民に還元する必要があったが，この国内的な開発・工業化と，対外的な要因である冷戦・脱植民地化の展開は，従来十分に結びつけて論じられてこなかったからである。

　具体的に検討する時代は，1940年代末に早くも脱植民地化が進展したアジ

アにおいて，新興の独立諸国が新たな政治的国際秩序を主張した50年代と，国際連合が「開発の10年」(The Decade of Development) と位置づけ，世界的規模で新たな国際経済秩序の構築が模索された60年代である。1950～60年代のアジアにおいて，経済開発・工業化の始動はなぜ可能になったのか，70年代以降に顕在化する東アジア諸国の経済的再興，世界銀行が称賛する「東アジアの奇跡」(The East Asian Miracle)[1]は，いかなる国際的環境のもとで実現したのか。こうした課題を，1950～60年代に立案・構想され，実施に移されたアジア諸国に対する国際的な経済援助計画に着目し，アジア諸国の経済的自立，経済発展や工業化を促すために，それらの対外経済援助が果たした役割を通じて解明したい。具体的には，コモンウェルス諸国が中心となって展開された1950年代のコロンボ・プラン (The Colombo Plan)，58年に始まった世銀を中心とするインド援助コンソーシアム (The Aid India Consortium)，さらに，東アジア・東南アジアの台湾・韓国・シンガポールで推進された工業化政策である「開発主義」(developmentalism) を事例として取り上げる。

　従来の国際関係論，国際関係史の諸研究では，戦後のアジア国際秩序を考察する際に，公開された各国の外交文書を駆使した二国間の外交・軍事（安全保障）の側面に研究が集中し，経済的側面からの検討が十分に行われてきたわけではない。日米安全保障条約のようなアメリカを中心とした二国間条約や東南アジア条約機構 (The Southeast Asia Treaty Organization : SEATO) の形成など，冷戦体制の形成と展開が重視される一方で[2]，戦後の新たな経済外交の展開，その一環としての経済援助計画の生成と展開の過程が持った歴史的意義は，等閑視されてきたといえる。本書では，特に，アジア諸国の工業化政策と対外的要因としての開発援助 (development-aid) との関連を重視したい。

---

1) The World Bank, *The East Asian Miracle : Economic Growth and Public Policy : A World Bank Policy Research Report*, New York : Oxford University Press, 1993 [世界銀行，白鳥正喜監訳，海外経済協力基金開発問題研究会訳『東アジアの奇跡──経済成長と政府の役割』東洋経済新報社，1994].

2) 菅英輝編著『冷戦史の再検討──変容する秩序と冷戦の終焉』(法政大学出版局，2010年) ; Melvyn P. Leffler and Odd Arne Westad (eds.), *The Cambridge History of the Cold War*, Vols. I-III, Cambridge University Press, 2010.

ところで，本書で扱う第二次世界大戦後のアジア国際経済秩序を考察するにあたり，次の三つの研究史上の特徴を批判的に検討する必要がある。

　第一に，アジア内部でのモノの移動に関するアジア間貿易（intra-Asian trade）論と，経済開発の資金に関する研究の接合の問題である。杉原薫が提唱したアジア間貿易論は，19世紀末以降のアジア地域間貿易の形成と発展を，マルチ・アーカイヴ研究により実証的に解明した独創的研究である[3]。杉原は最近の論考で，日本，新興工業経済地域（Newly Industrializing Economies : NIES），東南アジア諸国連合（The Association of South-East Asian Nations : ASEAN）諸国，中国を含むアジア間貿易が，1950～80年に復活したことを明らかにしている。詳細な貿易統計分析に基づく戦後のアジア間貿易モデルの提示は画期的である[4]。だが，モノの移動に関するモデルの提示に対して，それを可能にした資金面でのカネの流れ，とりわけ1960年代までは公的な資金供与である経済援助（のちの政府開発援助ODAにつながる資金援助）が果たした役割を解明することで，東アジアの経済的再興のダイナミズムをより明確に把握することができる。1960年代に脚光を浴びた南北問題論，その理論的基盤となったプレヴィッシュ＝シンガー・テーゼは，交易条件の改善を通じた先進国から開発途上国への所得の移転を主張していた[5]。経済開発・工業化と経済援助の供与を通じた所得の移転との関係を考察することで，1960年代アジアの経済的ダイナミズムの一端が明らかになるであろう。

　第二に，東アジアの経済発展に関しては，現地政府やエリート層（政策担当者）の強力な政治的指導力を強調する，末廣昭に代表される開発主義論の系譜がある。開発主義の観点と分析視角は，日本の学界独自のユニークな主張と研究である。東アジア・東南アジア諸国別の個別事情が詳細に研究され，それらを相互に比較する比較史的視点からの優れた研究は多い[6]。しかし，各国の事

---

[3] 杉原薫『アジア間貿易の形成と構造』（ミネルヴァ書房，1996年）。
[4] 杉原薫「グローバル・ヒストリーとアジアの経済発展径路」『現代中国研究』第28号（2011年），12-19頁；杉原薫「戦後アジアにおける工業化型国際経済秩序の形成」秋田茂編『アジアからみたグローバルヒストリー——「長期の18世紀」から「東アジアの経済的再興」へ』（ミネルヴァ書房，2013年）第10章。
[5] 平野克己『アフリカ問題——開発と援助の世界史』（日本評論社，2009年）。

例研究を，相互に結びつける関係史的観点からの研究は十分でない。なぜ，ほぼ同じ時期に東アジア・東南アジア諸国・地域で一斉に開発主義の展開が見られたのか，同時代史として，アジアの開発主義の展開・発展を考察する必要があろう。

　第三に，戦後アジアの国際秩序（国際政治・地政学と経済の両側面）を考察する上で，通説的解釈で常に重視されてきた，アメリカの世界戦略と世界政策，ヘゲモニーを相対化し，アジア諸国・地域との相互依存関係を明らかにする必要がある。アメリカのヘゲモニー（パクス・アメリカーナ）と東アジア地域との関連については，ヘゲモニー国家アメリカの側から，B. カミングス，T. マコーミック等，多くの優れた研究がある[7]。だが，アメリカのヘゲモニーの発現は，その影響にさらされたアジア諸国の主体的対応（自立性）によっても規定された[8]。経済力・軍事力の両面で非対称性を伴う相互依存関係の形成，余剰農産物輸出を含めた援助と経済開発の相互補完性などを考慮する必要がある。さらに，アジアでは，先行したヘゲモニー国家であるイギリスの影響力も，東南アジア・南アジアを中心に，コモンウェルス諸国中心の経済援助計画であるコロンボ・プランやスターリング圏を通じて，1960年代末までは低下しつつ

---

6) 東京大学社会科学研究所編『20世紀システム4　開発主義』（東京大学出版会，1998年）；末廣昭「開発体制論」中野聡他編『岩波講座東アジア近現代通史8　ベトナム戦争の時代1960〜1975年』（岩波書店，2011年）。

7) 松田武・秋田茂編『ヘゲモニー国家と世界システム——20世紀をふりかえって』（山川出版社，2002年）；Thomas J. McCormick, *America's Half-Century : United States Foreign Policy in the Cold War*, Baltimore : The Johns Hopkins University Press, 1989 ［トマス・J. マコーミック，松田武・高橋章・杉田米行訳『パクス・アメリカーナの五十年——世界システムの中の現代アメリカ外交』東京創元社，1992年］。

8) アジア諸国の多様な対応から冷戦秩序の形成と転換を描く，菅英輝の一連の研究を参照。菅英輝『冷戦と「アメリカの世紀」——アジアにおける「非公式帝国」の秩序形成』（岩波書店，2016年）；菅英輝「アメリカ「帝国」の形成と脱植民地化過程への対応」北川勝彦編『イギリス帝国と20世紀4　脱植民地化とイギリス帝国』（ミネルヴァ書房，2009年）第3章；Hideki Kan, 'The Making of "an American Empire" and Its Responses to Decolonization in the Early Cold War Years', Conference Paper : Comparing Empires : Imperial Rule and Decolonization in the Changing World Order, Slavic Research Center, Hokkaido University, 19-20 January 2012；菅英輝「「非公式帝国」アメリカとアジアの秩序形成——1945〜54年」宇山智彦編『シリーズ・ユーラシア地域大国論4　ユーラシア近代帝国と現代世界』（ミネルヴァ書房，2016年）第8章。

あったものの一定程度維持された[9]。また日本も，1954年にコロンボ・プランに加盟して以降，ビルマ（現ミャンマー），フィリピン，南ベトナム，インドネシアへの戦時賠償を兼ねた経済協力や，60年代半ばからの台湾・韓国への円借款供与を通じて一定の影響力を行使してきた[10]。そうした，多角的・複合的なパワーの交錯・相互作用の意義を再考する必要がある。

2　1930年代からの連続性──スターリング残高の蓄積とスターリング圏

　1930年代のアジア国際秩序[11]は，37年の日中戦争の勃発，41年のアジア太平洋戦争の勃発によって崩壊した。通説的な理解によれば，第二次世界大戦を通じて国際秩序が劇的に変動して，日本帝国は敗戦とともに崩壊・消滅し，イギリス帝国も，1947年のインド・パキスタンの分離独立，続くセイロン，ビルマの政治的独立による脱植民地化を通じて，アジアにおいては弱体化し影響力を喪失したといわれてきた。戦後の世界秩序は，イギリスに代わって新たなヘゲモニー国家となったアメリカ合衆国を中心とする西側諸国と，ソ連および1949年に成立した中華人民共和国をはじめとする社会主義陣営諸国とが対決する，いわゆる冷戦体制を基軸にして形成された。帝国秩序の崩壊（脱植民地化）と東西冷戦の同時展開によって，戦後アジアの国際秩序は規定されたとされる。従って，1930年代と50年代の国際秩序には大きな断絶があり，共通性や連続性を主張する研究や解釈は稀である。本書は，1930年代からのアジア国際経済秩序の連続性に着目する[12]。

9）渡辺昭一編『帝国の終焉とアメリカ──アジア国際秩序の再編』（山川出版社，2006年）；渡辺昭一編『コロンボ・プラン──戦後アジア国際秩序の形成』（法政大学出版局，2014年）。
10）宮城大蔵編『戦後日本のアジア外交』（ミネルヴァ書房，2015年）第3～4章。
11）秋田茂・籠谷直人編『1930年代のアジア国際秩序』（渓水社，2000年）。
12）Shigeru Akita and Nicholas J. White (eds.), *The International Order of Asia in the 1930s and 1950s*, London and New York：Ashgate, 2010. 堀和生編『東アジア高度成長の歴史的起源』（京都大学学術出版会，2016年）「序章　東アジアの高度成長の歴史的条件──国際分業の視点から」も参照。

ところで筆者は，第二次世界大戦前のアジア国際秩序とイギリス帝国との関係性を論じた拙著において，「戦後世界への展望」を以下のように示したことがある。

> イギリスにとってスターリング通貨を通じた金融的影響力の行使が第二次大戦後は決定的に重要になった。1939年以降のスターリング圏の公式化と，第二次大戦以降のその存続と拡大，スターリング圏を活用した戦後復興がイギリス本国にとって，構造的権力として生き残るためには死活的な重要性を持ったのである。そのスターリング圏の維持と拡大にとっては，スターリング残高を通じた影響力の行使，アメリカドルの共同プール制と為替レート固定による通貨管理が不可欠であった。1950年代のイギリスは，米ソ両国の冷戦体制が構築されていく中で，スターリング圏を通じた第三の大国としての影響力の温存をはかったのである。冷戦体制は，公式帝国・植民地を保有した「帝国的な構造的権力」イギリスに対して，社会主義陣営に対する自由主義陣営の防壁としての利用価値を新たに付与することになったのである[13]。

上記で指摘したスターリング残高（sterling balances）とは，イギリス帝国の諸植民地やスターリング圏内諸国がロンドンで保有する債権（イギリス大蔵省証券）である。イギリス政府は，第二次世界大戦の遂行にあたり，各植民地の貿易黒字や帝国諸地域からの借入金（物資購入代金や兵士の給与等の支払いを大蔵省証券で行い，事実上のツケ払いとした）を，イングランド銀行において集中的に管理した。イギリス本国にとって事実上の債務（借金）であるスターリング残高は，大戦が終わった1945年時点において，約36億ポンドに膨れ上がっていた。その残高のほぼ4割弱（37.9％）は，南アジアの英領インド（後のインド・パキスタン・セイロン）が保有していた（図序-1参照）[14]。第二次世界大戦によって，本国と英領インドとの債務債権関係は完全に逆転し，この金融財政関係の変化

---

13) 秋田茂『イギリス帝国とアジア国際秩序――ヘゲモニー国家から帝国的な構造的権力へ』（名古屋大学出版会，2003年）298-299頁。
14) T312/3379, Treasury Historical Memorandum No. 16, Sterling Balances since the War, September 1971 (The National Archives, UK：以下TNAと略す)；渡辺昭一「序論　戦後アジア国際秩序の再編と国際援助」渡辺昭一編『コロンボ・プラン』7頁。

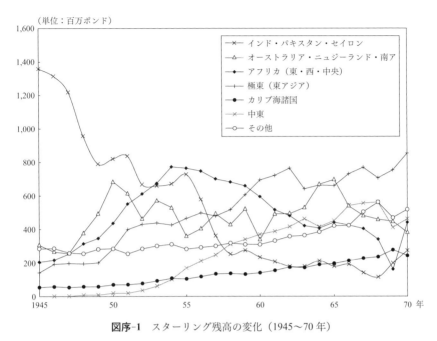

図序-1 スターリング残高の変化（1945～70年）

出所）T312/ 3379, Treasury Historical Memorandum No. 16, Sterling Balances since the War, September 1971 (TNA).

が，政治的な脱植民地化・独立を加速することになった[15]。

　戦後のイギリスは，国内経済の復興財源として，また世界通貨としてのスターリングの地位回復のために，スターリング残高の有効活用を図った。戦後世界の復興のためには，世界的規模での「ドル不足」を解消する必要があり，そのためには改めて，植民地からアメリカ合衆国向けの第一次産品輸出の促進，本格的な植民地の経済開発が必要であった。1947年に，南アジア地域で公式帝国（植民地）を喪失したイギリスにとって，東南アジアの英領マラヤと東アジアの直轄植民地香港が決定的に重要であった。前者の英領マラヤは，特に1950年代前半に，天然ゴムとスズのアメリカ向け輸出を通じて帝国にとって貴重な米ドルの稼ぎ手となった。その米ドルは，西アフリカ植民地（ゴールド

---

15) 秋田茂「イギリス帝国の再編——軍事から財政へ」秋田茂・水島司編『現代南アジア 6　世界システムとネットワーク』（東京大学出版会，2003年）第1章，40-41頁。

コースト・ナイジェリア）が稼いだドルとともに，ロンドンでスターリング残高として集中的に管理されて，イギリス本国の対米債務返済に充当された[16]。後者の香港では，強力な為替管理が施行されたスターリング圏の中で，例外的に米ドルとの交換性が維持された自由市場が機能していた（香港ギャップ Hong Kong Gap）[17]。こうして，戦後の国際経済秩序を考察するにあたり，第 5 章で論じるように，スターリング残高の推移とスターリング圏が果たした歴史的意義について改めて着目する必要がある[18]。第 2 章で取り上げるコロンボ・プランの援助資金の財源として，1940 年代に蓄積されたスターリング残高の有効活用（取り崩し）は不可欠であった。

3　1950～60 年代アジアの国際経済秩序と経済開発・開発主義

1950～60 年代のアジア国際経済秩序をグローバルヒストリーの文脈に位置づけるに際して，この時期のアジア諸地域が有した世界史上の独自性を指摘し，50 年代と 60 年代の共通性と相違性を考えてみたい。

第一の特徴は，政治的な脱植民地化，いわゆる植民地からの政治的独立が，東アジアと南アジアを中心に 1940 年代末までに非常に早期に達成された点である。その要因は，日本の敗戦による旧日本帝国の強制的解体・崩壊と，南アジアにおけるイギリスの性急な撤退，「権力の委譲」（transfer of power）によるインド・パキスタンの分離独立，および蘭領東インドにおける独立戦争でのオ

---

16) Gerold Krozewski, *Money and the End of Empire : British International Economic Policy and the Colonies, 1947-58*, Basingstoke and New York : Palgrave, 2001.

17) Catherine R. Schenk, *Britain and the Sterling Area : From Devaluation to Convertibility in the 1950s*, London : Routledge, 1994.

18) 戦間期から第二次世界大戦後，1960 年代までの国際通貨ポンド（スターリング）の盛衰については，「衰退史観」を見直す金井雄一の研究が注目に値する。金井雄一『ポンドの苦闘──金本位制とは何だったのか』（名古屋大学出版会，2004 年）；金井雄一『ポンドの譲位──ユーロダラーの発展とシティの復活』（名古屋大学出版会，2014 年）。第二次世界大戦後から現代にいたるスターリングの通史は，Catherine R. Schenk, *The Decline of Sterling : Managing the Retreat of an International Currency, 1945-1992*, Cambridge University Press, 2010 を参照。

ランダの敗北とインドネシアの独立等，複合的である。第二次世界大戦，アジア太平洋戦争での戦闘・占領・戦時動員を通じた列強の植民地的秩序の崩壊は，アジア諸地域での戦間期（1920～30年代）からの民族運動（ナショナリズム）の勃興により促進され，世界史上でも稀に見る速さで政治的独立が達成された。

この早期の脱植民地化に対して，日本を除く欧米の旧宗主国は，影響力の温存と継続を図る手段として，新興独立諸国（旧植民地）に対して経済援助（economic aid）を供与した[19]。それを非常に巧みに行ったのが，戦後のイギリス（イギリス帝国）である。第1章で論じる，1949年4月の英連邦首脳会議における英連邦のコモンウェルスへの衣替え・再編と[20]，翌50年のコモンウェルス外相会議で提起された加盟諸国間の相互経済援助計画であるコロンボ・プランがその典型である[21]。1950～60年代のアジアは，経済開発を支援するための経済援助の供与をめぐり，国際的な援助競争が展開された時代であり，経済的ナショナリズムの勃興を背景に，他の非ヨーロッパ諸地域（ラテンアメリカ，アフリカ）よりも先行して，1950年代から「アジアの開発の時代」が始まっていた[22]。本書では，植民地帝国の解体後，脱植民地化の時代であった1950年代からの開発援助の歴史的意義を探究する。

第二の特徴は，世界的規模での東西冷戦の展開の中で出現した，独自の国際政治秩序である「第三世界」，非同盟中立路線の主要な舞台になったのが，1950～60年代のアジア世界であった。ヨーロッパで1947～48年に始まった米ソ冷戦は，49年の中国革命による中華人民共和国の成立と，翌50年6月に勃発した朝鮮戦争により東アジアに波及した[23]。その後，フランス植民地帝国の

---

19) Wm. Roger Louis and Ronald Robinson, 'The Imperialism of Decolonization', *The Journal of Imperial and Commonwealth History*, 22-3 (1994).
20) W. David McIntyre, 'Commonwealth Legacy', in J. Brown and Wm. Roger Louis (eds.), *The Oxford History of the British Empire, Vol. IV : The Twentieth Century*, Oxford University Press, 1999, chap. 30.
21) 渡辺編『コロンボ・プラン』; Shigeru Akita, Gerold Krozewski and Shoichi Watanabe (eds.), *The Transformation of the International Order of Asia : Decolonization, the Cold War, and the Colombo Plan*, London and New York : Routledge, 2014.
22) 秋田編『アジアからみたグローバルヒストリー』第7章。
23) 下斗米伸夫『アジア冷戦史』（中央公論新社，2004年）。

解体につながったインドシナ戦争，1954 年ジュネーヴ会議以降のアメリカによるベトナムへの介入の開始を通じて，アジアにおける冷戦の舞台は，東南アジアのインドシナ半島部にも広がった[24]。SEATO が結成されたのも，同年 9 月であった。

　こうした冷戦体制の構築の過程で，その周縁部として，相対的に独自の立場を維持したのが南アジア地域であった[25]。その立役者が，インド首相のジャワハルラル・ネルーと彼が追求した非同盟中立路線である。それは 1955 年 4 月のアジア・アフリカ会議（バンドン会議）に結実した[26]。従来の研究では，冷戦体制下での非同盟中立路線の外交的側面が強調されてきたが，政治的に中立を表明した非同盟諸国は，経済面では経済援助の受入国（recipients）となった。1950 年代〜60 年代前半に，世界最大の経済援助受入国となったのが，実は，非同盟中立外交の旗手インドであった。その対インド経済援助を相互調整する機構となったのが，第 3 章で論じるように，世界銀行主導で 1958 年に形成されたインド援助コンソーシアムである。コンソーシアムで最大の援助を供与したのが，1960 年代のケネディ，ジョンソン政権下のアメリカ合衆国であった。1960 年代後半のインディラ・ガンディ政権（1966 年 1 月成立）のベトナム戦争批判を契機に，印米関係は疎遠になったとされるが[27]，経済・国際金融面では，依然として緊密な関係が維持されていた。従来は，別々の文脈で語られてきた冷戦（冷戦体制）・非同盟中立外交と，経済援助をめぐる経済外交政策をつなぎ合わせて総合的に理解することで初めて，対外的側面からインドの経済発展・開発を理解することができる[28]。このインドへの巨額の開発援助は，第 6

---

24) Andrew J. Rotter, *The Path to Vietnam : Origins of the American Commitment to Southeast Asia*, Ithaca : Cornell University Press, 1987.
25) Robert J. McMahon, *The Cold War on the Periphery : The United States, India, and Pakistan*, New York : Columbia University Press, 1994.
26) バンドン会議については，宮城大蔵『バンドン会議と日本のアジア復帰』（草思社，2001 年）を参照。
27) 吉田修「インディラ・ガンディー政権と非同盟への「回帰」──1966 年の印ソ共同コミュニケにいたる外交過程」『アジア経済』37-4（1996 年）；吉田修「パクス・アメリカーナとの遭遇と離反──南アジア国際関係の 60・70 年代」秋田・水島編『現代南アジア 6』第 5 章。

章で論じる，同時期の東アジアの台湾・韓国への軍事援助を含めた経済援助の供与と同様に，アジアにおける冷戦の展開，とりわけ中華人民共和国の政治経済的プレゼンス，共産党支配下での計画経済政策を通じた工業化・経済開発の急速な進展を抜きにしては考えられない。アジアにおける冷戦体制と経済援助政策の緊密な結びつきを解明することで，従来の政治外交面からの第三世界論の見直しも可能になるであろう。

当該期，とりわけ 1960 年代のアジア国際経済秩序に関する第三の特徴は，政治的独立を達成したアジア諸国の「貧困からの脱却」，そして経済的自立を求めた経済開発・工業化政策の追求である。前述の 1950 年代のアジア諸地域は，脱植民地化に次ぐ経済的ナショナリズムの高揚を受けて，輸入代替工業化を基調に経済開発政策が始まる「アジアの開発の時代」を迎えたが，1960 年代は，その趨勢がさらに加速された時代であった。一般に 1960 年代は，国連貿易開発会議 (The United Nations Conference on Trade and Development : UNCTAD) の創設に代表されるように，国連を中心とした「開発の 10 年」と理解され，アメリカでもケネディ政権の発足とともに，経済援助が軍事援助を上回る「開発の時代」が始まったとされる。アジアでは，一足先に「開発の時代」が始まっていた[29]。

ところで，経済的豊かさ，その指標としての一人当たり GDP（国内総生産）

---

28) 独立後のインド経済の発展を長期の歴史的視点から論じた，柳澤悠の研究から本書は大きな刺激を受けている。特に，2014 年 5 月に同志社大学で開催された社会経済史学会でのパネルにおける同氏との議論は，本書をまとめる直接的契機になった。柳澤は，国内要因，とりわけ農村部における中小の「非フォーマルセクター」の発展が，現代インドの経済発展を支える基軸となった点を強調している。本書は，柳澤の建設的批判を受け入れながら，対外経済関係からインドの経済発展の要因分析を試みている。柳澤悠『現代インド経済——発展の淵源・軌跡・展望』（名古屋大学出版会，2014 年）第 4 章。
29) 1965 年の 9・30 事件を転機とするインドネシアの経済開発重視への転換，日本の経済協力政策の展開を契機に，60 年代半ば以降のアジアにおける，「外交のパラダイム」から「経済のパラダイム」への転換を主張する，日本外交史に関する宮城大蔵の議論も参照。宮城大蔵「戦後アジア国際政治史」日本国際政治学会編『日本の国際政治学 4 歴史の中の国際政治』（有斐閣，2009 年）第 8 章；宮城大蔵『戦後アジア秩序の模索と日本——「海のアジア」の戦後史 1957〜1966』（創文社，2004 年）。

の増加を実現するために欠如していたのが,資本(カネ)と技術であった。その両者は開発援助政策の二つの柱,資金援助(capital assistance)と技術協力(technical cooperation)を通じて相互補完的にカバーされた。1960年代の開発援助の特徴として,50年代から続く政府間の二国間援助(bilateral aid)の増額に加えて,インド援助コンソーシアムや,67年以降のインドネシア債権国会議に代表される多国間援助(multilateral aid)の諮問・相互調整の機能拡大を指摘できる。同時に,第3・4章で論じる国際開発協会(The International Development Association : IDA)を含めた世銀グループや,経済協力開発機構(The Organization for Economic Cooperation and Development : OECD)の開発援助委員会(The Development Assistance Committee : DAC)などに代表される国際機関が,資金援助および技術協力の両面で存在感を高めた。

　こうした開発重視の国際環境の中で,経済発展を実現するために,東アジア・東南アジア諸地域において成立したのが,政府の経済への積極的介入を容認し,国家が強力な危機管理体制を構築する「開発主義」である。それは,政府も国民も経済成長を最終目標に掲げた成長イデオロギーであった。開発主義は,かつて「開発独裁」体制として否定的に評価されてきたが,1978年以降の中国政府の政策転換,改革開放政策への転換を契機に,中国経済が劇的な成長を遂げ,その過程でアジア太平洋経済圏の成長・発展が加速化されて「東アジアの奇跡」,東アジアの経済的再興が実現しつつある現在,積極的な再評価が不可欠である。本書では,第7章で論じる1960年代のシンガポールを事例に開発主義を具体的に論じるが,同時期の東アジアの台湾・韓国・香港の輸出志向型工業化政策(第6章)との比較も試みる。

4　戦後アジアの経済開発の類型

　1950〜70年代初頭のアジアを舞台に展開された開発主義は,経済発展・成長の達成を至上命題とした政策体系であるが,本書では三つに類型化して考えてみたい。

1）輸入代替工業化戦略と「経済援助」——インドの場合（第Ⅰ類型）

戦後発展した開発経済学においては，当初，輸入代替工業化戦略（import-substitution industrialization）が注目された。その成功例として，インド政府による五カ年計画（ネルー＝マハラノビス・モデル）が高く評価された。特に，1950年代後半から60年代前半のインドは，第二次五カ年計画（1956～60年）と第三次五カ年計画（1961～65年）を通じて，経済開発計画の「黄金期」を迎え，開発経済学で注目の的になった。第二次五カ年計画の基礎となったのが，統計学者P. マハラノビスの経済成長モデルであった。彼は，首相ジャワハルラル・ネルーの全面的な信任を得て，強力な指導力を発揮し「ネルー＝マハラノビス戦略」と呼ばれた経済開発戦略を実施した[30]。

1950年代前半の第一次五カ年計画は，51年に開始されたコロンボ・プランの下で，インドが蓄積した巨額のスターリング残高の取り崩しに支えられて，外国からの援助にほとんど依存することなく順調に実施された。だが，1957年にインドのスターリング残高が事実上「枯渇」し，翌58年に外貨危機に直面してから，五カ年計画を中心とする政府主体の経済政策には，対外的な経済援助による借款の導入・獲得が重要な政策課題として組み込まれた。同年に，国際復興開発銀行（The International Bank for Reconstruction and Development：IBRD，世界銀行）の主導により，インドの国際収支危機を救済するための緊急措置として，インド援助コンソーシアムが開催された。1960年からコンソーシアムは，恒常的な援助機構として組織化され，年平均約10億ポンドの資金がインドに供与された。この対インド経済援助ではアメリカが最大の援助国として登場した。

さらにインド政府は，第三次五カ年計画に着手するにあたり，西側諸国との借款交渉をインド援助コンソーシアム経由で行うとともに，ソ連との経済協力，資金の獲得を求めて1959年に二国間交渉を行った。アメリカ国務省の推計によれば，1955～63年度までのソ連圏（東欧諸国を含む）からの低開発諸国向け

30）絵所秀紀『開発経済学とインド——独立後インドの経済思想』（日本評論社，2002年）；Terence Byres (ed.), *The Indian Economy : Major Debates since Independence*, Delhi : Oxford University Press, 1998.

の経済援助は，29カ国で累計約49億ドルに達した。ソ連の援助政策は，アジア諸国の中でも特定の非同盟中立政策を掲げる国家，インド（9億8200万ドル），アラブ連合（エジプト）（7億3600万ドル），インドネシア（5億9400万ドル），アフガニスタン（5億700万ドル）に集中して供与され，インドが最大の被援助国となった[31]。

以上の戦後インドの事例は，国家主導の輸入代替型工業化と経済開発戦略の典型である。スターリング残高が枯渇してからは，非同盟路線を掲げていたインドは，新たなヘゲモニー国家アメリカを含めたインド援助コンソーシアムを通じて，第三世界で最大の対外経済援助の獲得に成功した。冷戦体制下の東西対立を巧みに利用して東西両陣営から，経済開発五カ年計画の遂行に必要な資本財と技術協力を経済援助として確保したのである。

2）政府間援助依存の輸出志向型工業化──台湾・韓国の場合（第II類型）

第二の経済開発の類型として挙げられるのが，アジア特有の「輸出志向型工業化」（export-oriented industrizalization）である。1960年代に脚光を浴びた南北問題，その理論的基盤となったプレヴィッシュ＝シンガー・テーゼは，交易条件の改善を通じた先進国から開発途上国への所得の移転を主張していた[32]。UNCTADで輸入代替工業化を主軸とする新国際経済秩序が主張されていた時代に，アジアにおいては，それとは全く異なる輸出志向型工業化路線が出現し，追求されるようになった[33]。

この輸出志向型工業化は，さらに，政府開発援助（ODA）による国家主導型（第II類型）と，民間資本による投資主導型（第III類型）の二つに大別できる。

---

31) 森田節男「ソビエトの経済援助」原覚天編『経済援助の研究』（アジア経済研究所，1966年）第5章；横井勝彦「1960年代インドにおける産官学連携の構造──冷戦下の国際援助競争」『社会経済史学』81-3（2015）; M. Sebastian Stanislaus, *Soviet Economic Aid to India : An Analysis and Evaluation*, New Delhi : N. V. Publications, 1975.

32) 平野『アフリカ問題』第1章。

33) 山口育人「アジアの工業化とエカフェ──工業化戦略と地域経済協力」2016年度社会経済史学会近畿部会サマーシンポジウム報告（2016年8月24日）；山口育人「戦後アジア政治・経済秩序の展開とエカフェ，1947〜1965年」渡辺編『コロンボ・プラン』第7章。

前者（第II類型）の典型が，アメリカから軍事・経済援助を受けた東アジアの台湾と韓国であり，後者（第III類型）の典型が香港（地元資本）とシンガポール（外資導入）の工業化であった。

　冷戦体制下の東アジアでは，アメリカからの軍事・経済援助を梃子にして経済開発を図った台湾と韓国も，早い段階から輸出志向型工業化政策を採用した。アジアにおける冷戦の最前線に位置した両国は，アメリカから提供された軍事援助の民生部門への波及効果だけでなく，政府主導で発電や交通運輸網整備などのインフラ投資を重点的に行った。台湾では，「贈与」（gift）として供与された大量のアメリカ産農産物（棉花と小麦）が消費財産業としての繊維業や製糖業の発展を促した。1960年代になって始まる日本向けのバナナ輸出（第一次産品輸出で米に次いで第2位に浮上）も，食糧としてのアメリカ小麦の大量輸入があって初めて可能になった。こうして台湾は，国際競争力を有した第一次産品の輸出を通じて外貨を獲得した。その資金を活用した労働集約的な消費財産業への投資が，やがて台湾国内市場の狭隘さを克服する輸出志向型産業の発展につながった。

　他方1960年代の韓国では，軍事クーデタで実権を掌握した朴正熙政権の「開発独裁」体制の下で，比較優位を持つ消費財・軽工業製品の海外への輸出促進を通じた経済発展，冷戦体制を積極的に活用した経済開発が推進され，後の産業構造の高度化を可能にする産業政策の基盤が形成された。両国とも，政府間援助（後のODAにつながる公的援助）に依存しつつ，労働集約的な輸出志向型工業化が政府主導で強力に推進された点で共通性があった。

3）民間投資重視の輸出志向型工業化──香港・シンガポールの場合（第III類型）

　香港では，1950年代に上海から逃避・流入した資本と技術が，香港現地の安価で優秀な労働力と結びついて消費財を中心とする労働集約的な工業化が始まった[34]。香港の工業化の特徴は，産業の主導部門の短期間での交代と，中小

34）久保亨「戦後東アジア綿業の複合的発展」秋田編『アジアからみたグローバルヒストリー』第9章，264-268頁；秋田茂「経済開発・工業化戦略と脱植民地化──1940年代末～60年代中葉のインドと香港」宇山編『ユーラシア近代帝国と現代世界』第7章

企業の主体性にある。1950年代前半からの綿紡績（繊維産業）とアパレル，50年代末から二番手として登場したプラスチック工業（玩具や造花），60年代中頃から成長した電子工業，そして70年代にクォーツ革命により急激に伸びた時計産業，以上が香港の四大産業である。香港経済の独自性は，自由貿易港としての自由放任主義，「小さな政府」にあった。イギリス帝国の直轄植民地として，脱植民地化とは無縁であった現地の香港政庁および総督は，経済政策の遂行にあたって「積極的非介入主義」(positive non- intervenetionism) を採用した[35]。香港の産業は，レッセ・フェール体制と低賃金労働力を基盤とした労働集約的な輸出組立産業として発展した。そうした産業では，規模の経済の原理が機能せず，中小企業が重要な担い手となった。比較的単純な組立技術，少額の資本，香港内部の下請け関係を通じた「発注ネットワーク」[36]，安価な原材料の輸入，アメリカを中心とした製品輸出市場（外需）の拡大，これら中小企業にとって好都合な諸条件により，産業への新規の参入障壁が低く，多数の小規模企業の設立が容易な環境にあった。それらに，香港社会特有の旺盛な企業家精神が加わり，中小の民間企業を中心とする香港の工業化と経済発展が実現し，1960年代になるとアジアNIESの一角を占める目覚ましい経済成長を実現した。

　この香港と対照的なのが，同じくイギリス帝国の東南アジア地域におけるハブ，自由貿易港でありながら，1960年代初頭のコモンウェルス内の自治政府時代から，国家主導で外資を積極的に導入し輸出志向型工業化路線を全面的に採用したシンガポールである[37]。政府間での二国間援助や国際機関からの公的

　　も参照。
35) 大橋英夫「香港の公共政策」沢田ゆかり編『植民地香港の構造変化』（アジア経済研究所，1997年）第4章。
36) 佐藤幸人「「香港工業化モデル」の提唱」小島麗逸編『香港の工業化──アジアの結節点』（アジア経済研究所，1999年）第III章5節。
37) 戦後シンガポールの政治経済については，岩崎育夫『リー・クアンユー』（岩波書店，1996年）；岩崎育夫『物語　シンガポールの歴史──エリート開発主義国家の200年』（中央公論新社，2013年）；Linda Low, Toh Mun Heng, Soon Teck Wong, Tan Kong Yam and Helen Hughes, *Challenge and Response : Thirty Years of the Economic Development Board*, Singapore : Times Academic Press, 1993 ; Linda Low, *The Political Economy of a*

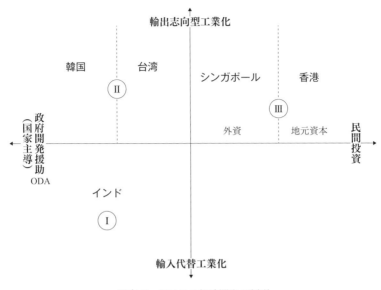

図序-2 アジアの経済開発の類型

出所）筆者作成。

援助よりも，海外の民間資本（外資）の投資（private investment）を積極的に誘致し，強力な政治指導力を発揮して国家主導（＝大きな政府）で投資環境の整備に努めた。

以上，経済開発・工業化を志向した1950〜60年代のアジア諸地域（南アジア・東南アジア・東アジア）の政策を，三つの類型に分類してみた（図序-2参照）。

このいずれにも共通する特徴は，1940年代後半の早期に実現した脱植民地化と経済的ナショナリズムの高揚を経験したこれら諸国が，「貧困からの脱却」を目指した経済開発・工業化政策を，自らのイニシアティヴ（主導性）を発揮して主体的に追求した点である。以下本書では，戦後世界経済（世界システム）

City-State Revisited, Singapore : Marshall Cavendish Academic, 2006.

におけるアジア世界の「相対的自立性」を，南アジアのインド，東アジアの台湾と韓国，および東南アジアのシンガポールにおける経済開発政策を事例に考察し，1950〜60年代のアジア国際経済秩序の独自性を明らかにしたい。

第 I 部

コロンボ・プランから
インド援助コンソーシアムへ

第1章
脱植民地化とインドのコモンウェルス残留

1　なぜインドはコモンウェルスに残留したのか

　本章の課題は，南アジアにおける帝国・植民地支配の解体，脱植民地化の展開と経済開発との関係を，1940年代末〜50年代初頭のアジア国際経済秩序との関連で考察することにある。具体的な検討課題としては，脱植民地化が急速に進展した第二次世界大戦直後のアジアにおいて，イギリスの政治経済的な影響力が残存する枠組みとして機能した，コモンウェルス（The Commonwealth of Nations），スターリング圏（the sterling area）と，インドとの関係を再考する。1947年8月15日に独立（政治的脱植民地化）を達成したインドが，その後なぜ，コモンウェルスに残留したのか，イギリス本国（旧宗主国），コモンウェルス（旧イギリス帝国）諸国に対するインド政府の態度と政策を検討し，1949年4月にロンドンで開催されたコモンウェルス首脳会議で決まったインドのコモンウェルス残留，その過程で見られたインド側の現状認識，インド人統治エリート層による植民地支配の「遺産」の克服と，新たな国際経済秩序への対応過程を考察する。

　脱植民地化に関する最近の研究では，①現地社会のナショナリズム運動，②本国の政治外交・軍事戦略など旧宗主国側の事情，さらに，③国際連合など国際機構の役割や第二次世界大戦後のヘゲモニー国家・アメリカ合衆国の政策とソ連・社会主義諸国の対立が引き起こした「冷戦体制」形成につながる国際的要因，以上三つの要因の交錯と連鎖，相互関連が指摘されている[1]。本章では，

①の経済的ナショナリズムの高揚と，③の国際機構としてのコモンウェルスとの相互作用を，インド人統治エリート層の主体的対応を通じて考察したい。

南アジアに着目するのは，世界史の文脈で考えると，1947～48 年の南アジア 4 カ国（インド，パキスタン，ビルマ〔現ミャンマー〕，セイロン〔現スリランカ〕）の政治的独立＝脱植民地化の実現が，第二次世界大戦後の非常に早い時期に，比較的穏健に行われた「権力委譲」型の脱植民地化であるからである。南

図 1-1　ジャワハルラル・ネルー

アジアの脱植民地化は，植民地独立戦争をともなった東南アジア諸国の脱植民地化や，東北アジア地域における日本の敗戦を通じた「強制的脱植民地化」（帝国の強制的解体・自己崩壊）[2]とは異なる特質を有している。

この課題を具体的に検討するには，政治的な独立直後の 1940 年代末から 60 年代初頭まで一貫してインド共和国の首相を務めたジャワハルラル・ネルーによる対外政策，いわゆるネルー外交の再検討が必要となる。従来，ネルーについては，『父が子に語る世界歴史』（Glimpses of World History, Allahabad, 1934-35）や『自伝』（An Autobiography, London, 1936）に表れた[3]アジア・ナショナリズムの旗手，ヨーロッパ植民地主義の批判とアジアの復活の提唱者という側面が強

---

1) イギリスの脱植民地化に関しては，以下を参照：John Darwin, 'Decolonization and the End of Empire', in Robin W. Winks (ed.), *The Oxford History of the British Empire, Vol. V : Historiography*, Oxford University Press, 1999, chap. 34；Ronald Hyam, *Britain's Declining Empire : The Road to Decolonisation 1918-1968*, Cambridge University Press, 2006；木畑洋一『帝国のたそがれ――冷戦下のイギリスとアジア』（東京大学出版会，1996 年）序論。
2) 日本帝国の脱植民地化に関しては，『岩波講座近代日本と植民地 8　アジアの冷戦と脱植民地化』（岩波書店，1993 年）を参照。
3) ジャワハルラル・ネルー『父が子に子に語る世界歴史』全 8 巻（新版）（みすず書房，2003 年）；ジャワハルラル・ネール『ネール自傳』上・下（平凡社，1953～55 年）；ネール（太平洋出版協会編）『アジアの復活』（文芸出版社，1954 年）。

調されてきた[4]。また，ネルー外交（1947～64年）については，欧米列強による帝国主義・植民地支配に対する痛烈な批判と，米ソ両国による冷戦体制の構築に対する非同盟主義外交の提唱と展開，国連重視の外交政策など，その独自性が強調され評価されてきた[5]。

本章では，特に独立後初期のネルー外交に着目し，従来強調されてきたネルー外交の理念的側面ではなく，徹底した現実主義者としてのネルーの対外政策の特質と，それを規定した諸要因の関係性を明らかにしたい。多面的に展開されたネルー外交の中でも特に対コモンウェルス政策に着目するのは，旧宗主国イギリスに対するアンヴィヴァレント（両義的）な関係性が最も明確に表れるからであり，同時にスターリング圏との関係性も含めて，インドが戦後に直面した課題と対外関係の連関性を比較的明瞭に見出せるからである。

最初に，インドとコモンウェルスの関係をめぐる主要な研究を，外交史，経済史，国制史の三つの側面から概観しておきたい。

まず，外交史的研究で最も詳細なものとして，R. J. ムーアによる一連の英印関係史研究がある[6]。独立直後のインド政府とイギリス政府とのコモンウェルス残留をめぐる交渉過程を，イギリス側の内閣府（Cabinet Office），外務省，連邦関係省，首相官邸（Prime Minister's Office）の公文書と，関係した主要政治家の個人文書を駆使して解明しており，後述するように，インド側の史料閲覧に制約がある中で，最も信頼できる外交史的研究である。特に，1948年10月と翌49年4月にロンドンで開催された2回のコモンウェルス首脳会議での交渉過程を整理・把握する上で極めて有効である。だが，問題点がないわけではない。オーソドックスな外交史の分析手法を駆使しているため，英印二国間の政治外交史研究に特化しており，経済的諸要因への言及がほとんどない。また，

---

4) S. Gopal, *Jawaharlal Nehru : A Bibliography*, 3 vols., London : J. Cape, 1975-84；中村平治『ネルー』（清水書院，1966年）。
5) 吉田修「「非同盟」と「アジア」――ネルー外交とその遺産」『法政論集』（名古屋大学）121（1988年）。
6) R.J. Moore, *Escape from Empire : The Attlee Government and the Indian Problem*, Oxford University Press, 1983 ; R.J. Moore, *Making the New Commonwealth*, Oxford University Press, 1987.

南アジア地域独自の地域的要因への言及も不十分である。

　同じく，政治外交史的研究として，M. ブレヒャーのものがある[7]。彼は，インド政府の対コモンウェルス政策に作用した七つの要因，すなわち，①国際政治の二極化，②冷戦の開始とインドへの圧力，③対パキスタン・対イギリスという二つの二国間関係，④東南アジア・東アジア情勢の混迷，⑤インドの軍事的脆弱性，⑥インドの経済的従属，⑦インド国内野党勢力の主張，を列挙している。しかし，それは羅列的な項目の列記にとどまり，要因相互の関係性や各要因の重要度・優先性は考慮されていない。唯一，インド外相クリシュナ・メノンが果たした役割の重要性を指摘しているが[8]，メノンの個人文書は政治的理由から，インドでは公開されていない。

　次に経済史の領域では，戦後の英印経済関係を扱った B. R. トムリンソンの一連の研究が優れている[9]。トムリンソンは，第二次世界大戦を通じて累積されたインド・パキスタンのスターリング残高と，戦後の 1946〜49 年におけるその残高の処理交渉の過程を詳細に分析した。さらに，1950〜70 年の英印経済関係の変容の過程も多面的に考察している。後に述べるように，コモンウェルス残留交渉は，スターリング残高の凍結解除・取崩交渉と並行して進められた点から見ても，英印両国およびコモンウェルス諸国との経済関係は，ネルー外交を考察する上で不可欠かつ重要な要因である。この点は，1950 年 1 月に開始されたコモンウェルス諸国間の経済開発援助計画であるコロンボ・プラン（第 2 章参照）とも密接に関わってくる。

　最後に，帝国・コモンウェルスの国制史的研究では，N. マンサー，W. D. マッキンタイアーや小川浩之の研究がある[10]。彼らの研究では，1949 年 4 月のイ

---

7) Michael Brecher, 'India's Decision to Remain in the Commonwealth', *The Journal of Commonwealth & Comparative Politics*, 12 (1974), pp. 62-90.
8) Michael Brecher, *India and World Politics : Krishna Menon's View of the World*, Oxford University Press, 1968.
9) B. R. Tomlinson, 'Indo-British Relations in the Post-Colonial Era : The Sterling Balances Negotiations, 1946-49', *Journal of Imperial and Commonwealth History*, XIII (1985) ; B.R. トムリンソン「関係の風化？――1950〜70 年の英印経済関係」秋田茂・水島司編『現代南アジア 6　世界システムとネットワーク』（東京大学出版会，2003 年）。
10) N.Mansergh, *The Commonwealth Experience*, 2 vols., 2 nd ed., Oxford : Macmillan, 1982 ; W.

ンドの残留決定により，コモンウェルスの構成原理が，帝国的秩序から対等な「象徴」関係に転換したこと，それによりコモンウェルスが旧英領諸国の脱植民地化を円滑に進める媒体となるとともに，イギリスの世界的影響力が戦後も温存された点が強調される。国際機構としてのコモンウェルスの変容の過程と意義が，帝国全体との関連性，さらに世界的規模で分析されている。インド（南アジア）の脱植民地化の事例研究が有する世界史的な意義を考察する上で，有益な研究であるが，制度史的側面に注目するだけでは，脱植民地化過程がはらんだ両義性を明らかにすることは困難である。

2 インドとコモンウェルス，スターリング圏の相互依存

インドのコモンウェルス残留問題は，1947年8月に政治的独立を達成した後に，新たな国制の枠組みであるインド憲法を審議し制定する過程で浮上した。独立した共和制を志向したインド連邦が，英国王（王室）への忠誠を加盟の必要条件とする現行のコモンウェルス体制に留まることが可能かどうかが最大の論点になった。

インドのコモンウェルス残留の方向性は，1948年10月にロンドンで開催されたコモンウェルス首脳会議で大枠が決まった。しかし，最終的な残留決定は，翌1949年4月末に再びロンドンで開かれたコモンウェルス首脳会議でなされた。最初に，この2回にわたった首脳会議前後のイギリス政府側の政策と議論を考察する。

D. McIntyre, 'Commonwealth Legacy', in Judith M. Brown and Wm. Roger Louis (eds.), *The Oxford History of the British Empire, Vol. 4 : The Twentieth Century*, Oxford University Press, 2000；小川浩之『英連邦——王冠への忠誠と自由な連合』（中央公論新社，2012年）。また，近刊のイギリス帝国史研究会によるコモンウェルス共同研究では，インドは考察対象となっていない（山本正・細川道広編著『コモンウェルスとは何か——ポスト帝国時代のソフトパワー』ミネルヴァ書房，2014年）。

1）イギリス政府の認識──コモンウェルス関係内閣委員会

　2回のコモンウェルス首脳会議の間，イギリス政府は，インドをコモンウェルスの枠組みに引き止めるための条件整備に努めた。すなわち，1949年1月7日から4月20日まで，「コモンウェルス関係内閣委員会」(Cabinet Committee on Commonwealth Relations) を組織して，計19回にわたりインドがコモンウェルスに残留することを可能にする諸条件の検討を行った[11]。委員会の議論の大半が国王への忠誠条項の再検討に充てられ，法制・法理論面での専門家を交えた専門的かつ技術的な議論が重ねられた。

　そうした中，内閣委員会の1949年2月末の議論で，インドがコモンウェルスから離脱した場合を想定して，インドの現状と政策が詳細に検討されていた。次節で考察するインド政府側の論理と対照するために，イギリス側から見たインドの対コモンウェルス関係の現状を整理しておきたい[12]。

（1）インドのコモンウェルスに対する経済利害

　インドの海外貿易額約7億ポンドのうち，45パーセントがコモンウェルス諸国，28パーセントがイギリスとの貿易である。インドは，①飢饉回避のため年間200万〜300万トンの食糧を輸入，また②資本財とあらゆる機械を輸入し，③茶・ジュート・皮革等を輸出していた。これらの貿易品目は，帝国特恵関税の対象となり輸出入ともに優遇されていた。

　また，インド人はイギリス植民地で実質的な経済的利害を有していた。東アフリカ，西インド諸島，モーリシャス，マラヤ，フィジーに大規模なインド人社会が存在し，現地の商業や通商活動に従事し，彼らは（帝国臣民の地位を引き継いで）「英領市民」(British colonial citizens) としての資格を取得していた。

---

11) Cabinet Committee on Commonwealth Relations, CAB134/ 119 (1949) (The National Archives, UK：以下 TNA と略す).
12) 以下の議論は，次の文書に依拠している。Ibid., C.R. (49) 6, 24 February 1949, Document on Implications of India's Constitutional Status : India's Future Relations with the Commonwealth—Implications for Commonwealth Countries, 14 pp. イギリス外務省の見解については，以下を参照。Foreign Office Comments on Draft of the 5th Report, 1 February 1949 : Note by the Chairman, enclosure : 'India and the Commonwealth', 24 November 1948, CAB134/ 119 ; PREM8/ 1008 (TNA).

(2) インドの外交政策

　独立以来のインド政府の外交政策は，①非同盟中立，②国連重視，③アジア・アフリカ，特に東南アジアにおける「植民地主義」に反対，④東南アジア諸国に対する特別の関心，⑤独自の防衛力の保持，⑥インドの行動の自由と独立を妨げない全ての関係の維持，を掲げてきた。従って，インドの利害と政策は，他のコモンウェルス諸国のそれとある程度一致していた。インド政府は，対外的依存からの脱却を模索しているが，経済的な自給政策の遂行には自ずと限界があった。

(3) インド指導層の思考の不安定さとナショナリズム

　一面において，インドの指導層はイギリス的生活様式に強い親近感を有している。多くのエリート層がイギリス式の教育を受け，イギリスの思想・民主主義の感化を受けてきた。イギリスの議会制度も定着し，新たなインド憲法の草案に結実している。また，さらに多くのインド人学生がイギリスで学ぶことを主体的に選んでいる。だが，他方で，インドは独自の教育・文化を追求しており，左右の急進派が台頭する可能性がある。アジアでの指導力を追求する独自路線が，共産主義との闘争やコモンウェルスの団結より優先される可能性がある。「インドがコモンウェルスへの残留を望むのは，インド独自の目的を追求する中で，過去のコモンウェルスの威信と経験から得られる利益を望むからであり」，インドのコモンウェルスに対する貢献は，利害の相違を考慮すると限定的であろう。

(4) インドの金融政策──スターリング圏への帰属

　インドの金融関係は，コモンウェルスへの帰属ではなく，スターリング圏への帰属により左右される。インドの対外貿易はポンドで決済されており，1948年7月の交渉以来，インド政府は引き続きスターリング圏に留まることを望んでいる。その理由として，①インドの貿易収支赤字の増大，硬貨不足とそれを埋め合わせるためのスターリング残高（7億5000万ポンド）凍結解除の必要性，②資本財輸入の容易さ，③ポンド価値の維持とスターリング市場へのアクセス確保，を挙げることができる。イギリス政府にとっても，インドをスターリング圏から排除する理由は全く見当たらない。

表1-1　1930年代〜50年代初頭のインドの対外貿易

(単位：10万ルピー)

年 貿易相手国・地域	1938〜39 輸入	1938〜39 輸出	1944〜45 輸入	1944〜45 輸出	1945〜46 輸入	1945〜46 輸出	1947〜48 輸入	1947〜48 輸出	1948〜49 輸入	1948〜49 輸出	1949〜50 輸入	1949〜50 輸出	1950〜51 輸入	1950〜51 輸出
イギリス	4,649	5,551	4,029	6,178	6,107	6,791	12,910	10,652	15,213	9,826	14,941	11,546	12,274	12,771
ビルマ	2,435	1,003	13	—	42	12								
セイロン(スリランカ)	118	509	364	1,918	373	1,674					294	1,640	452	1,819
オーストラリア	241	297	1,027	1,468	735	1,056	1,127	2,437	2,093	2,062	3,397	2,317	3,344	2,975
カナダ	91	214	428	690	559	669	1,303	1,151	810	839	1,203	1,102	1,829	1,356
南アフリカ	35	149	296	1,188	267	721								
パキスタン							118	243	2,237	4,622	1,247	1,412	452	1,338
他の帝国諸国・地域	1,287	814	1,707	2,357	2,100	2,437	4,691	6,492	5,740	5,845	4,809	7,248	6,046	8,622
帝国コモンウェルス全体	8,856	8,537	7,864	13,799	10,183	13,360	20,149	20,975	26,093	23,194	25,891	25,265	24,397	28,881
(全体に占める割合％)	(58.1)	(52.4)	(38.6)	(65.3)	(42.3)	(55.5)	(45.2)	(51.4)	(50.4)	(54.9)	(46.2)	(53.5)	(43.1)	(51.7)
アメリカ合衆国	978	1,388	5,244	4,469	6,740	6,162	13,773	8,097	10,428	7,189	8,792	7,977	11,581	10,644
日本	1,541	1,459	—	—	—	—	170	351	637	459	2,141	576	1,004	896
エジプト	219	123	1,738	336	1,510	282	2,088	551	3,189	672	3,943	786	3,287	572
イラン	349	78	4,933	273	4,628	152	2,247	364	2,009	314	3,248	477	3,681	596
中国							242	1,403	120	569	50	234	63	348
アルゼンチン							623	1,099	660	1,676	878	765	5	966
他の外国諸国	3,290	4,694	580	2,228	988	4,083	5,289	7,984	8,664	8,209	11,109	11,114	12,527	13,004
外国全体	6,377	7,742	12,495	7,306	13,866	10,679	24,432	19,849	25,707	19,088	30,161	21,929	32,148	27,026
総計	15,233	16,279	20,359	21,105	24,049	24,039	44,581	40,824	51,800	42,282	56,052	47,194	56,545	55,907

出所）*The Indian and Pakistan Year Book and Who's Who 1949* (vol.XXXV), *1950* (vol.XXXVI) and *1952-1953* (vol. XXXVII), Bombay : Times of India.

　以上のイギリス側の内閣委員会で討議された論点は，インドとコモンウェルス諸国，さらにスターリング圏との緊密な経済関係の存続を的確に指摘していた（表1-1参照）。

　これ以降，委員会の議論は，インド政府がコモンウェルスに残留することを前提として，a）コモンウェルス（The British Commonwealth of Nations）の名称変更，b）国王への忠誠条項の撤廃，c）コモンウェルス市民権（Commonwealth citizenship）の有効性，をめぐって展開された。

　このうち，コモンウェルス市民権は，1948年イギリス国籍法制定に伴い創設された概念であり，旧帝国支配諸地域の住民が有した「帝国臣民」（British subject）の資格と機能を継承していた。白人が主体となったオーストラリア，カナダ等のコモンウェルス（＝ドミニオン）諸国では1931年のウェストミンスター憲章以来，独自の市民権を決めることが可能であったが，イギリス本国で

は1948年国籍法でも明確な市民権が規定されず,植民地からのヒトの移動は特に制限されていなかった[13]。新たに独立したインド政府は,この旧来からの「特権」を維持することを重視し,コモンウェルス市民権の保持を強調したのである。そこでの議論の特徴として,インド首相ネルーの提案への積極的かつ好意的対応を指摘できる。だが,最終的な決断は,4月末のコモンウェルス首脳会議での政治的決断に委ねられた。

2）スターリング残高の累増と脱植民地化,スターリング圏

前述の内閣委員会の議論でも言及されたように,インドのコモンウェルス残留問題は,インドが抱え込んだ巨額のスターリング残高の処理と緊密に結びついていた。南アジアの脱植民地化を加速した重要な要因の一つが,このスターリング残高の累増と英印間の債務・債権関係の逆転であった。それは,戦間期,特に1930年代から顕著になった「構造的権力」としてのイギリスの経済構造面,特にシティの金融・サーヴィス利害に関係していた[14]。

イギリスは,1939年の防衛費協定によって,インド軍の海外派兵費用を負担した。その額は,1945年までに13億5200万ポンドに達した。ただし,その金額が直接インド側に支払われたわけではなく,実際には,インド準備銀行のロンドン残高（スターリング残高）にイギリス大蔵省証券として蓄積されたのである。戦前の英領インドは,本国に対して約3億5000万ポンドの債務を負っていたが,戦後は一転して約13.5億ポンドの債権を持つにいたった。この債務・債権関係逆転の最大の要因が,インド軍の海外派兵経費であった。英印財政関係は,早くも1942年7月に逆転し,インド側の債権が急増していった。ロンドンの財政当局はこの趨勢に懸念を示していたが,スターリング残高が本格的な問題になったのは,1945年秋に行われたイギリスの対米借款交渉の席上であった。アメリカ側は,借款供与の見返りとして,1947年7月から

---

13) Rieko Karatani, *Defining British Citizenship: Empire, Commonwealth and Modern Britain*, London: Frank Cass, 2003.
14) 秋田茂『イギリス帝国とアジア国際秩序――ヘゲモニー国家から帝国的な構造的権力へ』（名古屋大学出版会,2003年）終章。

のポンドの兌換性回復と，スターリング残高の縮小を求めた。しかし実際には，翌1946年のイギリスの国際収支危機によって，ポンドの兌換性回復はなされないまま，スターリング残高は「凍結」されて封鎖勘定とされ，その自由な引き出しと米ドルとの交換は，事実上禁止された。この微妙な時期に，スターリング残高の取り扱いをめぐって，イギリス本国とスターリング圏の関係各国・諸地域との間で交渉が行われて，多くの二国間協定が締結された[15]。英印間でも，1947年2月から52年2月まで，合計6回にわたる複雑な交渉が行われた。

イギリスと印パ両国の本格的な交渉は，1948年の夏から開始され，3年間の協定締結が模索された。印パ両国は，スターリング残高から，イギリス支配の資産継承の代価として1億ポンド，旧官僚・軍人への年金支給のために1億7000万ポンドをイギリスに支払った。その結果，スターリング残高は，インドが9億6000万ポンド，パキスタンが1億7000万ポンドとなった。その上で，インドには年間6000万ポンドの引き出しと1500万ポンド相当額の米ドルの割り当てが，パキスタンは年間1000万ポンドの引き出しと500万ポンド相当額の米ドルの割り当てが認められた。

しかし，翌1949年春のインド国際収支危機のため，同年夏に再交渉が行われた。その結果，インドは封鎖勘定より3年間にわたって，年間5000万ポンドの引き出しを認められ，スターリング圏の米ドルプール制度に再加入した。この点では，インドのコモンウェルスへの残留問題と同様な解決策がとられた。さらに，1949年9月のポンド切下げにより，イギリスにとって財務状況は好転した。1952年2月に結ばれた最後の英印協定（57年まで有効）では，インド政府がロンドンで3億1000万ポンドのスターリング残高を持つことが確認され，毎年3500万ポンドの引き出しを認めることで合意された[16]（表1-2も参

---

15) Catherine Schenk, *Britain and the Sterling Area : From Devaluation to Convertibility*, London : Routledge, 1994 ; J.D.B. Miller, *Survey of Commonwealth Affairs : Problems of Expansion and Attrition 1953-1969*, Oxford University Press, 1974, chap. 12 ; アメリカ経済協力局遣英特別使節団『スターリング地域――その産業と貿易』（時事通信社出版局，1953年）。

16) B. R. Tomlinson, 'Indo-British Relations in the Post-Colonial Era : The Sterling Balances Negotiations, 1947-49', *The Journal of Imperial and Commonwealth History*, 13 (1985) ; Aditya Mukherjee, 'Indo-British Finance : The Controversy over India's Sterling Balances, 1939-1947', *Studies in History*, 6-2 (1990). インド準備銀行（RBI）の金融専門家の覚書

表 1-2 南アジア諸国（インド含む）のスターリング残高（1945～60 年度）

（単位：百万ポンド）

年度	スターリング圏諸国全体		非スターリング圏諸国
	（南アジア諸国を含む）	インド・パキスタン・セイロン	
1945	2,327	1,352	1,240
46	2,300	1,305	1,310
47	2,192	1,208	1,306
48	2,108	939	1,044
49	2,111	774	1,032
50	2,497	787	986
51	2,585	782	992
52	2,482	648	737
53	2,715	644	778
54	2,822	652	881
55	2,764	704	812
56	2,730	541	692
57	2,608	354	665
58	2,519	228	834
59	2,704	255	803
60	2,478	198	1,405

出所）'Overseas Sterling Holdings', *Bank of England, Quarterly Bulletin*, 3-4 (Dec.1963).

照）。

　以上のような経緯をたどって，ロンドンに蓄積されていたインドのスターリング残高は，1957年までに事実上消滅した。このスターリング残高問題は，①独立直前の英領インド（後の継承国家インド・パキスタン）が経済的には，本国イギリスとスターリング圏にとって，資産から負債・重荷に転換したこと，②イギリス本国が決済手段として米ドルを確保する上で，インドは攪乱要因になり，本国の国際収支への短期的な悪影響を考慮しながら，スターリング残高の凍結・封鎖をめぐる交渉が行われたこと，③戦後復興の過程で，イギリスからの対インド資本財（機械）輸出は，米ドル獲得の機会を減らすものとして本国経済にマイナスに機能したこと，以上の3点を示している。スターリング残高の累増によって，英印経済関係は根本的に変化し，イギリスにとって南アジ

として，The Problem of India's Sterling Balances, by J. V. Joshi, 16th October 1944, F31940, Utilisation of Surplus Sterling Balances of RBI (1944-1947) (Reserve Bank of India Archives) も有益である。

アのインド，パキスタン両国の経済的重要性は大幅に低下した。この点で，経済的側面からも，南アジアの脱植民地化は不可避となり，南アジア諸国が蓄積したスターリング残高は，1947年という戦後の早い時点で，政治的独立＝脱植民地化が達成される重要な要因になった。ここでは，このスターリング残高処理交渉が，インドのコモンウェルス残留交渉とほぼ同時並行で行われていた事実に，改めて注目しておきたい。

3）経済協力をめぐる英印双方の思惑の一致

次に，インド政府内部で東アジア・コモンウェルス問題を担当していた前中国大使 K. P. S. メノンが，1948年10月の首脳会議を前に，インド憲法制定（制憲）議会担当部門に宛てた政策文書「コモンウェルス内部の経済協力」（Economic Cooperation within the Commonwealth）に見られるインド政府当局の認識を分析してみたい。そこでは，パキスタンとセイロンの政策を比較検討しながら，コモンウェルス問題の政策決定を意図的に先送りする方針が主張されている[17]。

まず，コモンウェルスの経済政策として，貿易政策，通貨政策，投資政策の3領域に着目し，コモンウェルス内部の政治経済協力の必要性が大きくなったことを指摘する。しかし，コモンウェルス構成国がどの程度協力に関わるかは別問題であるとする。インド外交の観点からすれば，コモンウェルス内部での経済協力を行うべき強力な倫理道徳的な基盤はなく，政治・経済の諸問題の分離も不可能である。従って，経済協力問題は，コモンウェルスでインドが占める位置，コモンウェルス残留の意思と緊密に結びついている，とする。

経済協力に影響を及ぼすいくつかの要因として，①国連の出現と，国際通貨基金（The International Monetary Fund : IMF）や国際復興開発銀行（IBRD），国際

---

17) File No. 9 (52), UN. I/ 48 (1948) (secret), Ministry of EA. & CR. U. N. (I) Branch. Preparation of notes on the items of the Agenda—one on Foreign Affairs and United Nations and the other on Economic Cooperation within the Commonwealth, Economic Co-operation within the Commonwealth, Enclosed D.O. No. 102/ PSFS, 19 August 1948. From K.P.S. Menon, Secretary to the Government of India, Ministry of E.A. and C.R. to M.N. Kaul, Bar-at Law, Secretary, Legislative Assembly Department (National Archives of India).

貿易機構（The International Trade Organization : ITO），食糧農業機関（The Food and Agriculture Organization : FAO）など国際機構の機能と役割，②アメリカ合衆国の圧力，③インド，パキスタン，セイロン，ビルマ4カ国の互恵主義に基づく新たな自由，④イギリス海外投資の状況，を挙げている。

金融面では，最大のスターリング残高保有国となったインドの凍結されたスターリング残高の解除が重要課題であり，貿易面では，コモンウェルス諸国間での輸入品に対する特恵措置（帝国特恵）の継続が可能であること，投資面では，イギリスからの新たな大規模投資は望めず，むしろカナダ，オーストラリアからのコモンウェルス間投資（intra-Commonwealth investment）に展望が見出されるとする。

結論として，「現在のインドは，現状をにわかに攪乱しているわけではない。（中略）インドの汎アジア主義はイギリスの利害に反している。他方，逆の影響を及ぼす強力な諸要因も存在する。インドの安全保障問題，スターリング残高凍結解除の必要性，最終的には，インド経済開発の必要性がそうした諸要因である。この十分にバランスのとれた状況を勘案すれば，コモンウェルス残留あるいは離脱の問題を未決定の課題（an open issue）にしておくことが，インドの利益に沿うこととなる」と，問題を整理している。インドが直面する経済問題を的確に把握した上で，自国の経済利害を確保するために，周囲の情勢をにらみながら最大限の利益を引き出そうとする，したたかな計算に基づく政策提言である。

他方，イギリス側でも，経済協力を梃子にして，インドと東南アジア地域における協力関係を模索する動きが明確になった。前述のコモンウェルス関係内閣委員会の議論が終結した翌日，1949年4月21日付のイギリス外相ベヴィンから首相アトリー宛の覚書では，経済の領域で地域的な相互協力を開始する必要性が強調されていた[18]。

4. 東南アジアには，純粋に政治的なアプローチで成果をあげられない非常

---

18) Minute with enclosure, South Asia, from Earnest Bevin to Attlee, 21 April 1949, FO800/462 (FE/49/5), *Bevin Papers* (Far Eastern 1947–1951), TOP SECRET (TNA).

に多くの政治的難題が存在する。従って，その問題に経済的視点からアプローチすることが望ましい，というのも，経済の領域では，西洋諸国が東洋に提供すべき多くのものがあり，それによって協力のための堅固な基盤を構築できるからである。

インド首相ネルーが，すでに翌1950年1月にセイロンのコロンボでコモンウェルス外相会議を開催するために招聘の準備を進めている中で，平等・互恵の原則に基づいてイギリス政府が積極的に参画することで，地域経済協力の枠組み（後の政治的協力）を確立できる，と主張した。このベヴィンの覚書は，1950年1月に始まるアジアのコモンウェルス諸国の相互経済援助計画である「コロンボ・プラン」構想の原初的提案と位置づけることも可能であるが，そこではインド首相ネルーとの協力が重視されていた。

3　ネルーの外交政策と対英観の転換

　インド側の対コモンウェルス政策を考察するには，本来であれば，インド政府の交渉の当事者であった首相ネルー，ロンドンで直接の予備的交渉実務に関与したイギリス駐在のインド高等弁務官クリシュナ・メノン（後に外相として活躍）に関連した文書を参照する必要がある。だが，1947年8月のインド独立以降の Nehru Papers, Krishna Menon Papers（ともに Nehru Memorial Museum and Library, New Delhi 所蔵）が，第一次印パ戦争，カシミール紛争に関する国家機密保持を理由に非公開扱いになっており，現時点では参照不可能な状態にある。従って本章では，英印双方の周辺的な関連文書に垣間見られるネルーの見解と制憲議会でのネルーの演説を手がかりに，インド政府首脳部の政策とコモンウェルスに対する認識を明らかにしたい。

1）ネルーの現実主義――外交・コモンウェルス関係常任委員会
　1949年4月末に予定されていたロンドン首脳会議を1カ月後に控えた3月

19 日に，インド政府の外務・コモンウェルス関係常任委員会にネルーが出席して，政府のコモンウェルスに対する方針と政策が議論された。

1949 年 4 月の首脳会議では，共和国インドが引き続きコモンウェルスの枠組みに留まれるように，イギリス国王の地位と共和制との整合性，コモンウェルス市民権と国王の関係性が議題になると予想されることに対して，ネルーは，首脳会談よりも非公式協議を通じてその問題を解決することを望んだ。

インドのコモンウェルス残留に関して，ネルーは次のように明確な意思表明を行った。

> 我々は，コモンウェルスへの帰属によって，何者にも拘束されることはないが，他方で，コモンウェルス諸国とアメリカ合衆国からの経済・技術・その他の支援を獲得する上で，有利な立場に立てるであろう。コモンウェルスへの帰属は，東南アジア諸国に対する政策を形成する際に，英米両国に我々が影響力を行使することを可能にする。(中略) コモンウェルスに留まらないとすると，インドには二つの代替策がある。我々はアメリカあるいはイギリスと同盟関係を結ぶことができる。しかし，この方策は，明確に英米ブロックに所属することになり，国際問題で中立の立場を放棄することになる。別の極端な例として，完全にコモンウェルスとの関係を絶つことも可能である。それによりインドは，外国の範疇に移行し，現在コモンウェルスへの帰属で獲得している諸特権を奪われることになる。こうした全ての事情を考慮すると，インドにとって，コモンウェルスとの連携を保持することが最良である[19]。

ネルーは，コモンウェルス諸国との現行の実務関係を維持すること，コモンウェルスの枠組みを通じた英米両国の東南アジア政策に間接的に影響力を行使することを望んだのである。おりしも 1 カ月前の 1949 年 1 月末に，ネルーの

---

19) File No. 46-70/49, BCT (B), 1949 (secret), Ministry of External Affairs. Burma—Minutes of the Meeting of the Standing Committee of the Legislature for the Ministry of External Affairs on Matters relating to Burma. No : (2). 516, BCT (B)/49 Minutes of the Meeting of the Standing Committee of the Legislature for the Ministry of External Affairs and Commonwealth Relations held at 5:15 P.M. on Saturday the 19 March 1949 (National Archives of India).

イニシアティヴで，オランダのインドネシア（蘭領東インド）再植民地化を批判するために，独立インドにとって初めての本格的国際会議である「アジア会議」が 20 カ国・地域の代表を集めてデリーで開催されていた[20]。アジア外交で指導力を発揮しようとするネルーの構想に具体性を持たせるためにも，既存のコモンウェルスの枠組みを利用することが重要であった。

　さらに，こうした公式の政策議論と並行して，1948 年 3〜4 月に，インド憲法草案がインド立法議会で審議される過程で，ネルーと英首相アトリーがコモンウェルス問題をめぐり書簡の交換を行っている。

　アトリーは，南アジア諸国の独立により，コモンウェルスが現実には The Commonwealth of British and Asiatic Nations に変わったことを認め，名称の変更は不可避であるがコモンウェルスの実態（現実）がそのまま続くことを望んだ。その際，「国王に対する忠誠」条項に対する，共和国を志向するインド側の反応を探った[21]。それに対して 1948 年 4 月 18 日の返信で，ネルーは，①イギリスおよびコモンウェルス諸国とインドの提携は緊密かつ親密であり，真の友情・協力関係を維持すべきこと，②現時点でインド憲法は独立した共和国（an Independent Sovereign Republic）を志向しており，対英関係と対コモンウェルス関係は別々に考察されること，③コモンウェルス問題は，できる限り冷静かつ客観的に「過去の重い遺産と関係なく」（without the heavy legacy of the past）考慮できるように，決定を意図的に遅らせてきたこと，以上の諸点を強調した[22]。過去の植民地主義，帝国支配と切り離して，コモンウェルス諸国との関係を冷静に客観視しようとする，ネルーの姿勢を明瞭に読み取ることができる。

2）1949 年コモンウェルス首脳会議後の自己評価——対英観の転換

　1949 年 4 月の首脳会談でコモンウェルス残留を決断したネルーは，首脳会議から帰国して 3 日後の 5 月 10 日に，ニューデリーから「歴史的決断」（His-

---

20) Asiatic Conference on Indonesia, from Archibald Nye, UK High Comissioner in India to P. Noel-Baker, Secretary of State for Commonwealth Relations, 31 January 1949, F2669, FO371/ 76146 (TNA).
21) Letter from Attlee to Nehru, 11 March 1948, PREM 8/ 820, pp. 3, 6 (TNA).
22) Letter from Nehru to Attlee, 18 April 1948, PREM8/ 820, Secret, pp. 1-3 (TNA).

toric Decision）と題するラジオ演説放送を行った。その演説で彼は，他のコモンウェルス諸国と自由に連携するインド共和国は，以前よりも大きな影響力を持って独自な非同盟外交を完全に自由に遂行できること，旧来のイングランドとインド両国間の対立が，双方にとって名誉な友好的手段で解決されるのは将来にとって良き前兆であるとし，ロンドンでの決定を正当化した[23]。

次いで，その 6 日後の 1949 年 5 月 16 日に，インド制憲議会でコモンウェルス残留決定の批准を求めて，「新たなタイプの連携」（A New Type of Association）と題する長い演説を行い，さらに詳細に対コモンウェルス政策の正当性を説明している[24]。この演説には，ネルー自身の歴史認識が明瞭に反映されていた。

ネルーは，まず，国王が自由なパートナーシップ，あるいは連携の象徴（a symbol of free partnership or rather association）とみなされることを強調し，コモンウェルスへの帰属により，完全な他者と一つの国民との中間的ステイタスを創造することを指摘した。

次いで彼は，コモンウェルスに留まることはインドにとって利益をもたらし，インドが推進しようとする世界の大義（脱植民地主義・人種差別撤廃）にとっても有益であるからコモンウェルスに残留したこと，協力的な連携（co-operative association）を続ける方が，既存の関係を絶つよりも好都合であることを強調した。ネルーはこの点で，世界からの完全な断絶は不可能であり，「インドは貿易，通商，多くの必需品の供給，今日では残念ながら食糧をはじめ他の多くのモノの面で，世界各国に依存せざるをえない」相互依存の現実を認めている。

過去数世紀にわたるインドとイギリスとの歴史的関係については，否定し打倒するため闘ってきた悪しき植民地主義を批判しつつ，必ずしも全てが悪でなかったことを指摘する。制憲議会での弁論の道具としての英語だけでなく，議会制度自体がイギリスの国制をモデルとしており，そのもとでのルールや規則に則って討議が行われていること，教育制度や軍事機構もイギリスの影響を受

---

23) 'Historic Decision', Broadcast from New Delhi, 10 May 1949, in *Jawaharlal Nehru's Speeches 1946-1949*, Vol. 1, New Delhi : Publications Division, 1949, pp. 269-272.
24) 'A New Type of Association', Speech in the Constituent Assembly, New Delhi, 16 May 1949, in ibid., pp. 272-287.

けており，彼らインドのエリート層が，まるでイギリス軍のように成長を遂げてきたことを認めた。その上で，「今日の協力が自由意志に基づくことを前提に，インドは，たとえ過去に闘った相手であろうとも協力する用意があること」を明確にした。その上で，インドは他国との相互理解を促す「架け橋」（bridge）の役目を演じること，この種の新たなタイプの諸外国との連携を，癒し（healing）の感情を持って始めたことは，インドと世界にとって良きことであろうと結論づけ，ロンドン首脳会談での決定の承諾を求めた。ここでネルーは，「公共財」（public goods）の提供者としてイギリスが果たしてきた積極的な役割を冷静に評価していた。

その翌日の 1949 年 5 月 17 日に，ネルーは制憲議会での「転向批判」に応えてさらに「われわれは未来を拘束しない」（We Have not bound the Future down）と題する反論を展開した[25]。

まず彼は，インドは政治問題を解決したが，政治問題は経済状態と緊密に結びついており，インドが多くの経済的困難に直面していること，外国からの援助がなければ，経済的苦境の打破には困難が伴い時間がかかることを認めている。

この演説の主眼は，戦後の世界情勢の変動を見極めて，ヨーロッパとイギリスに対する認識を改めるよう要請することに置かれた。彼は，帝国主義，植民地主義，人種主義の悪弊を指摘しそれらを根絶する必要性を認めた上で，ヨーロッパがもはや世界の中心ではなく過去に属すること，帝国主義が残存しているとしても，かつての威力はないことを指摘した。

> フランスはアジアの一部で帝国主義的に振る舞っている。しかし，それを永続的に続ける能力が失われたという事実は変わらない。（中略）オランダも別の場所で同様に振る舞えるかもしれないが，歴史的観点から眺めてみると，これら全ては，過去の残滓である。今日の帝国主義には力があり，数年は継続するかもしれず，それゆえに，我々は帝国主義と闘い，絶えず警戒を怠ら

---

25) 'We have not bound the future down', Speech in reply to the debate in the Constituent Assembly, 17 May 1949, in ibid., pp. 287-297.

ないようにすべきである。それは否定しない。しかし、ヨーロッパあるいはイングランドが、15年あるいは20年前と同じであるとは考えないで欲しい。決して同じではない[26]。

ネルーは、国際情勢の変化を強調し、イギリスの過去の誤り、あるいは他の諸国の帝国主義・植民地主義の罪に言及するのは容易であるが、単に批判するだけでは将来に向けた相互協力の良き基盤を築くことは困難であることを指摘したのである。彼の、現実を重視した政治家としての歴史認識と国際秩序の理解を読み取ることが可能であろう。

4 現実主義と歴史認識、経済協力

以上、南アジアにおける脱植民地化と新たな国際秩序形成の問題を、インドのコモンウェルス残留問題を事例に考察してきた。

この事例から明らかになるのは、インド側の交渉の当事者であった首相ネルーの透徹した現実主義と柔軟な姿勢である。反英、反植民地主義闘争の闘士として知られ、第二次世界大戦中は「クイット・インディア」（インドを立ち去れ）運動の先頭に立ったネルーも、1947年8月に政治的独立を達成する過程で、国民会議派内部の穏健派、指導的な政治エリートとして、柔軟かつ巧みな外交政策を指揮・展開した。彼は、反植民地主義・非同盟主義を掲げる一方で、本章で明らかにしたように、経済政策・金融政策においては、コモンウェルスおよびスターリング圏諸国との関係強化が不可欠であった新興独立国インドで、理念と現実を接合するリアリスト（現実主義者）として優れた政治指導力を発揮した。本章では特に、ネルーが指導力を発揮した初期の経済外交を重視したが、貧困・飢饉からの脱却、そのための経済開発主義（第一次五カ年計画の立案）遂行の課題を前にして、インドにとって利用可能な方策・手段は全て活用する現実的な対応と政策が不可欠であった。

---

26) Ibid., p. 295.

この現実主義的な外交政策を遂行する過程で，本章でも言及したように，ネルーは，イギリス帝国主義，ヨーロッパの植民地主義に対する批判的な論調を抑制して，制憲議会において歴史の見直しを主張した。コモンウェルス諸国との相互協力，相互の和解と癒しの精神，未来志向の政策提言を前にして，敵対的な歴史認識への言及は抑えられた。政治的な意図が優先されたとはいえ，この背後には，英語教育を受けた穏健派エリート層主導による，東アジアとは異なる「権力委譲」型脱植民地化の特質があった。権力委譲をスムーズに進めるためには，統治権力の受け手となる現地人社会エリート層の協力が必要であった[27]。また，特にネルーの場合には，イギリス側の交渉相手であった労働党政権，特にアトリー首相に対する強い個人的な信頼関係があり，それは両者の親密な書簡のやりとりに反映されていた。

　ネルーの現実主義はこれ以降も続いていった。1950年1月にコロンボで開催されたコモンウェルス外相会議では，コモンウェルス加盟諸国間の経済開発援助計画である「コロンボ・プラン」創設の方向性が固まり，まず技術支援から相互協力を始めることになった。資金援助に関しては，インドとパキスタンの凍結されたスターリング残高から，一定額を取り崩して資金援助計画に組み込むことになった[28]。この交渉過程で，アジアのコモンウェルス諸国を代表する形で指導力を発揮したのもネルーであった。

　また，1957年にインドのスターリング残高がほぼ枯渇すると，経済開発・

---

27) この点は，帝国・植民地支配をめぐりR. ロビンソンが提起した協力・協調理論にも重なる論点である。R. Robinson, 'The Non-European Foundations of European Imperialism : Sketch for a Theory of Collaboration', in Roger Owen and Bob Sutcliffe (eds.), *Studies in the Theory of Imperialism*, London : Longman, 1972.「コラボレーター」概念を適用したアメリカの対アジア冷戦政策の分析として，菅英輝『冷戦と「アメリカの世紀」――アジアにおける「非公式帝国」の秩序形成』（岩波書店，2016年）を参照。

28) Shoichi Watanabe, 'The 1950 Commonwealth Foreign Ministers' meeting and the International Aid Programme for Asia' ; B. R. Tomlinson, '"The Weapons of the Weakened" : British Power, Sterling Balances, and the Origins of the Colombo Plan', in Shigeru Akita, Gerold Krozewski and Shoichi Watanabe (eds.), *The Formation of the International Order of Asia : Decolonization, the Cold War, and the Colombo Plan*, London and New York : Routledge, 2014, chaps. 1-2 ; 渡辺昭一編『コロンボ・プラン――戦後アジア国際秩序の形成』（法政大学出版局，2014年）第1～2章も参照。

工業化を推進するために新たな借款の導入が必要になった。第3章で詳述するように，1958年から国際復興開発銀行（IBRD）のイニシアティヴで，資金援助を行いインドの国際収支危機を救済するために，新たにインド援助コンソーシアムが組織されたが，その交渉でも，ネルー政権は巧みな交渉を通じて，英米を中心とした西側諸国から多額の借款を導入することに成功した。

　こうした経緯から明らかなように，インドの場合，帝国特恵関税などモノの輸出入面での恩恵，コモンウェルス市民権の適用による旧宗主国イギリスやその属領でのインド系住民（ヒト）の自由な移動の保証など，現実面でコモンウェルスの枠組みに留まることで利益が得られた。加えて，経済開発資金（カネ）の面でも，スターリング残高の経済開発への転用が可能であった1950年代後半までは，インドがスターリング圏の一員であることは有益であった。この実質的な利益を前にして，理念的な反植民地主義の主張は後景に退き，旧宗主国イギリスや帝国・コモンウェルスに対する歴史認識も，批判を抑えた穏健な論調に変化した。

第 2 章
コロンボ・プランの変容とスターリング圏

1　コロンボ・プランの変容——資金援助から技術協力へ

　本章で検討の対象とする「コロンボ・プラン」(The Colombo Plan for Co-operative Economic Development in South and South-East Asia) は，1950 年 1 月にセイロン（現スリランカ）で開催されたコモンウェルス外相会議での問題提起を契機として始まった，イギリスとコモンウェルス諸国を中心とする南アジア・東南アジア諸地域に対する経済援助計画である[1]。当初は，中華人民共和国の成立に象徴されるように，社会主義・共産主義のアジアでの影響力拡張を抑制するために，アジアのコモンウェルス諸国の経済開発，生活水準の引き上げが緊急の検討課題となった。そのためコロンボ・プランは，コモンウェルス諸国が南アジア・東南アジア地域の経済開発のために相互に協力することを目的としつつ，コモンウェルスだけでは不足する開発資金や人材を，域外の先進諸国からの経済援助として受け入れる国際組織として発足した[2]。そのため発足当初のコロンボ・プランは，アジアにおける冷戦の始まりと密接な関連を持つ組織

---

1) 渡辺昭一編『コロンボ・プラン——戦後アジア国際秩序の形成』（法政大学出版局，2014 年）；L.P. Singh, *The Colombo Plan*, Canberra : Australian National University, 1963.
2) コロンボ・プランの形成過程については，以下を参照。山口育人「コロンボプランの成立とアトリー労働党政権のスターリング政策」『史林』90-6（2007 年）；渡辺昭一「イギリス内閣府調査委員会とコロンボ・プランの作成過程」『ヨーロッパ文化史研究』11（東北学院大学ヨーロッパ文化研究所，2010 年）；渡辺昭一「戦後アジア国際秩序再編とコロンボ・プランの指針——1950 年第 2 回コモンウェルス諸問会議報告書分析」『歴史と文化』46（2010 年）。

図 2-1 コロンボ・プランの
シンボルマーク

であった。

コロンボ・プランは，本来，経済開発への資金援助と技術協力の二本柱から構成されていた。プランの正式発足に先立って，1950年5月のシドニー会議直後から，技術協力については技術協力協議会 (Council for Technical Cooperation) が開催され，その相互調整の事務局として技術協力局 (Bureau for Technical Cooperation) がコロンボに設置された。協議会は毎年2回開催され，援助国 (donor) におけるアジア現地人技術者の訓練，技術専門家の被援助国 (recipient) への講師としての派遣，被援助国での訓練施設の建設などが話し合われた。他方，年1回，加盟国の首都持ち回りで開催された諮問会議 (Consultative Committee) では，関係する高級官僚（テクノクラート）や各国の大臣クラスによる会議がそれぞれ開催され，全般的な援助計画，プロジェクト援助の構想案や基本方針が議論された（表 2-1 参照）。諮問会議では，援助国と被援助国が対等であることを原則として，プラン加盟国間での合議とコンセンサス形成を前提として，資金援助の事前協議と決議が行われた。実際の援助金額と具体的なプロジェクトの詳細は，当事国間での二国間交渉で決定された。諮問会議での協議の結果は，コロンボ・プラン年次報告書 (The Annual Report) としてまとめられ，前年の実績と共に出版された。

コロンボ・プランには，コモンウェルス諸国政府が拠出した開発資金のほか，世界銀行，輸出入銀行，イギリス植民地開発基金などからの資金援助だけでなく，後述のインド・パキスタン両国のスターリング残高の凍結解除資金[3]，さ

---

3) 各国が貿易決済を行うため，あるいは通貨準備金，さらに第二次世界大戦時のイギリスに対する強制的貸付金（約30億ポンド）として，ロンドン（イングランド銀行）で保持したポンド残高。イギリス側は，その使用・取り崩しを資金援助と位置づけているが，残高保有国にとっては，自国の資金の回収であった。コロンボ・プランの発足に際して，インド・パキスタンが累積した巨額の残高の段階的処理が重視された。この点については，ブライアン・R. トムリンソン「衰退国家の武器——イギリスのス

図 2-2　コロンボ・コモンウェルス外相会議（1950 年 1 月）

表 2-1　コロンボ・プラン諮問会議の開催国一覧（1950〜61 年）

開催年月	開催都市		新規加盟国
1950 年 1 月	コロンボ	コモンウェルス外相会議（立ち上げ会議）	イギリス，オーストラリア，カナダ，ニュージーランド，インド，セイロン，パキスタン
5 月	シドニー	第 1 回諮問会議	
9 月	ロンドン	第 2 回　〃	
51 年 2 月	コロンボ	第 3 回　〃	カンボジア，ラオス，南ベトナム，アメリカ
52 年 3 月	カラチ	第 4 回　〃	ビルマ，ネパール
53 年 10 月	ニューデリー	第 5 回　〃	インドネシア
54 年 10 月	オタワ	第 6 回　〃	フィリピン，タイ，日本
55 年 10 月	シンガポール	第 7 回　〃	
56 年 12 月	ウェリントン	第 8 回　〃	
57 年 10 月	サイゴン	第 9 回　〃	マラヤ
58 年 11 月	シアトル	第 10 回　〃	
59 年 11 月	ジョグジャカルタ	第 11 回　〃	シンガポール
60 年 11 月	東京	第 12 回　〃	
61 年 11 月	クアラルンプール	第 13 回　〃	

出所）Venue of CP-2, CAB134/ 2514（1961）（TNA）（http://www.colombo-plan.org/index.php/about-cps/consultative-committee-meeting/ 2016 年 8 月 25 日アクセス）．

らに，日本の東南アジア諸国（ビルマ，フィリピン，インドネシア，南ベトナム）への戦時賠償（経済協力資金）なども，「資金援助」としてカウントされていた．

ターリング・バランスと開発支援」渡辺編『コロンボ・プラン』第 2 章を参照．

コロンボ・プランは，公式には1951年7月から6年間の経済開発計画として開始され，その第一次年次報告書は，1950年9〜10月にロンドンで開催された第2回諮問会議に提出された[4]。

その後，プランは1950年代前半の初期段階で多くの注目を集め，57年6月までは順調な発展を遂げてきた。その間，1955年にシンガポールで開催された第7回諮問会議で，57年7月から61年6月まで，プランの4年間の延長が決定され，同時に，59年にインドネシアのジョグジャカルタで開催の第11回諮問会議で，プランの将来計画を議論することが決められた。

しかし，この最初の4年の延長期間中に，「コロンボ・プランの将来」(the Future of the Colombo Plan) をめぐって，様々な議論が提起された。1950年代の後半，プランの開始から10周年を迎える頃から，資金援助は大きく縮小する一方，技術協力が重視され強調されるようになった。なぜ，コロンボ・プランの存在感はこの時期に急速に小さくなり，その役割は低下したのであろうか。このコロンボ・プランの変容は，1960年代初頭のアジア国際経済秩序にどのような影響を与えたのであろうか。本章では，1950年代後半〜60年代初頭の，コロンボ・プランの変容の過程を再考し，その変化がアジア国際経済秩序に与えた影響を，次の三つの観点から考察する。

第一の論点は，1950年代中頃からのスターリング圏の変容と，その植民地開発計画に対する金融面での影響である。資金援助計画として，スターリング圏とコロンボ・プランの関係性を提示するために，1955〜57年に活動した，「スターリング圏に関する大蔵省・イングランド銀行共同作業部会」(The Treasury/ Bank of England Working Party on the Sterling Area) での議論と報告書を検討する。

第二の論点は，コロンボ・プランの「10周年記念」(the Tenth Anniversary) 時に出された，3回の諮問会議（1959年の第11回ジョグジャカルタ会議，1960年の第12回東京会議，61年の第13回クアラルンプール会議）における，プランの将

---

4) Cmd. 8080 : The Colombo Plan for Co-operative Economic Development in South and Southeast Asia : Report by the Commonwealth Consultative Committee, London September-October 1950, *British Parliamentary Papers*.

来政策をめぐる議論や論争の整理である。特に，1960年の東京諮問会議でフィリピンとビルマ代表により提起された，資金援助の相互調整を求める新たな提案に着目し，プランの被援助国であるアジア諸国の必要性の変化を明らかにしたい。

第三の論点は，1950年代末に見られた，コモンウェルス諸国に対する開発援助の組織面，プログラム面および思想面における変化と代替案・機構の出現が持った意味である。1957〜59年の「コモンウェルス経済開発に関するイングランド銀行・内閣委員会」（The Bank of England and the Cabinet Committee on the Commonwealth Economic Development）での議論や，開発資金供給源の国際機関・機構への移行の問題，新たな多角的経済援助計画の形成とコロンボ・プランの変容を関連づけて考察する。

2　1950年代末の経済開発援助とスターリング圏

本節では，1950年代末におけるイギリス・コモンウェルス圏の対外経済援助の全体像を概観し，その中におけるコロンボ・プランの位置を確認したい。この作業は意外に困難である。というのも，コロンボ・プラン自体の援助には，「海外におけるイギリス政府の支出」で非常に大きな比重を占めた軍事援助が含まれておらず，資金援助としてその比重は低いからである。本節では，イギリス大蔵省やイングランド銀行の史料により，全体像を概観する。

ところで，アジアにおけるイギリスのプレゼンス（存在感）は，コモンウェルスを通じた影響力の行使に限定されるだけではなく，スターリング圏の存在によっても大きく規定された。大蔵省・イングランド銀行共同作業部会は，スターリング圏について次のように述べている。「連合王国〔イギリス〕為替統制規則のポンド地域（the Scheduled Territories in the United Kingdom's Exchange Control Regulations）として列挙された諸国のリスト以外に，スターリング圏を規定するのは困難である。しかし，それは本質的に，全てではないが大半がコモンウェルスのメンバーであり，海外での金融取引で全般的に類似した政策を

採用している一群の諸国である」[5]。我々は，このイギリスを中心とした，コモンウェルスとスターリング圏という二つの制度的枠組みと，それらのアジアにおける域外諸国・地域との関係に留意する必要がある。

1）1950年代末の経済開発に対する資金援助とコロンボ・プランの実績

1959年のイングランド銀行の報告書は，50年代末の58～59年における低開発諸国に対する国際資本援助の全体像を把握する上で有益である（表2-2）。それによれば，世界全体の開発援助は約42億ドルで，アメリカ合衆国が29億7200万ドル（70.7パーセント）を提供する突出した第1位の援助国であった。イギリスは，2億3800万ポンド（6億6600万ドル；15.9パーセント）を提供し，アメリカに次いで第2位の位置にあった。その内訳は，①政府間借款3500万ポンド，②贈与3300万ポンド，③ロンドン金融市場の民間ローン1500万ポンド，④植民地開発公社500万ポンド，⑤スターリング残高使用額1億5000万ポンドで，その3分の2弱がロンドンに蓄積されたスターリング残高の活用（取り崩し）であった点が特徴的である。国際機関も，後で言及する国際復興開発銀行（IBRD）を中心に4億3300万ドル（10.3パーセント）の援助を行っていた[6]。英米両国の政府援助の大半は，軍事支援のための援助であり，それは世界的規模での冷戦の展開と緊密に関連していた。

この1958～59年の単年度における援助額を前提に，いくつかの関連するイギリス政府文書を組み合わせて，50年代末までのコロンボ・プランを通じたイギリスの援助の実績を確認する。

1955年5月に書かれたコモンウェルス関係省による，コロンボ・プランに対するイギリスの拠出に関する覚書は，50年代半ばにおけるイギリスの資金援助とその問題点を，以下のように示している。

1950年にコロンボ・プラン諮問会議が認めたように，アジアにおける開発

---

5) Problems of the Sterling Area: Report by a Working Party of the Treasury and the Bank of England, 25 June 1956, OV44/33 (Bank of England Archives：以下 BoE と略す), p. 30.

6) Note on 'Development Assistance', 21 August 1959, OV171/1 (706) (BoE).

表2-2　1958～59年の開発援助

		（百万ポンド）	（百万ドル）
イギリス	(a) 政府間借款	35	
	(b) 贈与	33	
	(c) ロンドン民間ローン	15	
	(d) 植民地開発公社	5	
	(d) スターリング残高取り崩し（概算額）	150	
	小計 £ 238		$ 666
アメリカ	(a) 国際協力局		
	（i ）技術支援		159
	（ii）開発援助（主として開発借款基金）		128
	（iii）軍事援助		815
	（iv）その他の援助		470
	(b) 輸出入銀行融資（年平均概算額）		500
	(c) PL480による援助（年平均概算額）		900
	小計 $ 2,972		
国際機関	(a) 国際復興開発銀行（世銀）		426
	(b) 国際金融公社		7
	小計		$ 433
その他	西ドイツ・日本（概算額）		$ 100
	総　　計（概算額）		$ 4,200

出所）'Development Assistance', 21 August 1959, OV171/1 (706) (BoE).

に対する主要な障害は，全てのレヴェルにおける資金の欠乏と専門的技術の不足である。従来我々は，我が国の資金拠出が，(i) インド，パキスタン，セイロンのスターリング残高の取り崩し，(ii) ロンドン市場に対するコモンウェルス諸国のアクセス，(iii) イギリスの民間利害によるコモンウェルス諸国への投資，(iv) 1954年にパキスタンに与えられた1000万ポンドの特別クレジット，(v) 認可されたプロジェクトに対する国際復興開発銀行〔世界銀行〕へのイギリスの拠出金からの融資，以上を通じてなされてきたと認識してきた。しかし，この理解は浅薄である，というのも特に，インド，パキスタン，セイロンとの金融協定に基づいて，これら諸政府は1957年までに，自国のスターリング残高をさらに取り崩すであろうし，それら諸国の政策が，外部から多額の民間資金を引き付けることは考えられないからである[7]。

48　第Ⅰ部　コロンボ・プランからインド援助コンソーシアムへ

表 2-3　コロンボ・プラン加盟諸国へのイギリスの援助額（実行額）（1951〜59年）

(単位：百万ポンド)

援助の類型	1951〜52	1952〜53	1953〜54	1954〜55	1955〜56	1956〜57	1957〜58	1958〜59	1959年4〜6月	累計額
1. マラヤ連合州										
植民地開発福祉	0.237	0.588	0.562	0.484	0.833	0.642	0.155			3.501
植民地開発公社	2.250	1.460	1.665	1.627	1.483	0.510	0.792	0.817		10.604
植民地サーヴィス経費	6.500	7.500	10.000	10.000	1.537					35.537
コモンウェルス・サーヴィス経費								1.130	0.179	1.309
2. シンガポール										
植民地開発福祉	0.057	0.062	0.521	0.459	0.740	0.402	0.412	0.272	0.038	2.963
植民地開発公社	0.100		0.010				0.020	0.040		0.170
3. 北ボルネオ										
植民地開発福祉	0.262	0.397	0.279	0.430	0.514	0.526	0.612	0.491	0.104	3.615
植民地開発公社	0.918	1.402	0.255	0.200				0.200	0.100	3.075
植民地サーヴィス経費	0.047		0.175							0.222
4. サラワク										
植民地開発福祉	0.194	0.184	0.253	0.030	0.041	0.162	0.452	0.371		1.687
植民地サーヴィス経費	0.175	0.033								0.208
マラヤ・ボルネオ小計	10.740	11.626	13.720	13.230	5.148	2.242	2.443	3.321	0.421	62.891
5. 技術支援計画										
(a) 外国			0.030	0.060	0.150	0.179	0.299	0.318	0.035	1.071
(b) コモンウェルス諸国	0.029	0.182	0.343	0.531	0.509	0.563	0.708	0.671	0.165	3.701
6. パキスタンへの輸出信用保証				2.800	1.725	1.345	1.990	1.170	0.615	9.645
7. インドへの輸出信用保証								18.800	5.250	24.050
総計	10.769	11.808	14.093	16.621	7.532	4.329	5.440	24.280	6.486	101.358
8. 世銀拠出金からのポンド融資										
(a) インド					1.520	2.804	9.760	10.431	1.853	26.368
(b) パキスタン				3.370	2.221	0.570	0.192	3.163	1.152	10.668
(c) セイロン					0.001	0.018	0.027	0.001	0.033	0.080
(d) ビルマ							0.004	0.014	0.006	0.024
(e) タイ	0.050			0.043	0.002	0.002	0.019		0.002	0.118
小計	0.050			3.413	3.744	3.394	10.002	13.609	3.046	37.258

出所）H.M. Treasury, 22nd September 1959, CAB134/ 2514 (TNA).
注）上記の数字には，以下の項目は含まれていない。スターリング残高の解除分，民間部門の投資，コロンボ・プラン地域で活動する国際諸機関に対するイギリスの拠出金，マラヤ非常事態およびマラヤ連合州軍拡張のための現金・物資の贈与。

　これは，南アジアと東南アジアのコロンボ・プラン加盟国に対する資金援助に関する，便利な要約である。

　1959年9月のイギリス大蔵省が作成した文書（表2-3）によれば，プランを

---

7) The UK's Contribution to the Colombo Plan, 19 May 1955, by H. A. F. Rumbold, Commonwealth Relations Office, T236/ 5978 (7) (The National Archives, UK：以下 TNA と略す)。

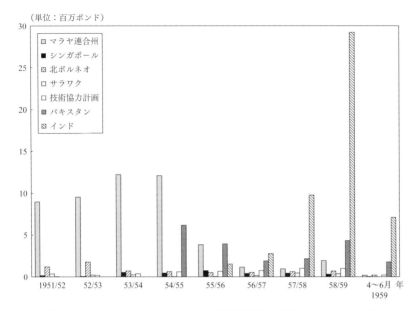

図 2-3 イギリスのコロンボ・プランド加盟諸国向け援助額（1951〜59 年）

出所）CAB 134/ 2513 (1959) O.F.T.4, Treasury, 22 September 1959 (TNA).

通じた援助は，当然コモンウェルス諸国に限定されており，特に 50 年代後半は，マラヤ連合州とインド，パキスタンに集中していた（図 2-3 も参照）。1951〜59 年 6 月までの累計額は約 1 億 136 万ポンド，そのうち 58 年から本格化したインド・パキスタン両国に対する輸出信用保証の供与を通じた援助は，約 3370 万ポンド（33.2 パーセント）を占めていた[8]。だが，この文書には，上記の (i) スターリング残高使用額と，(ii) コモンウェルス諸国によるロンドン金融市場での起債，(iii) ロンドン金融市場の民間ローンが含まれていない。

このギャップを補正するために，公的資金あるいは政府間協定（例えば，イ

---

8) Appendix Table, UK Assistance to Colombo Plan Countries, O.F.T.4, H.M. Treasury, 22nd September 1959, CAB134/ 2513 UK Contribution 1959 (TNA). イギリス独特の輸出信用保証局（Export Credits Guarantee Departments : ECGD）を通じた資金貸付については，渡辺昭一「1960 年代イギリスの対インド援助政策の展開――インド援助コンソーシアムとの関連で」『社会経済史学』1-3 (2015), 9-11 頁を参照。

ギリスとインド・パキスタン間でのスターリング残高解除協定）で動いた資金に関する1956年の大蔵省報告[9]を併用すると，次のような数字が浮かび上がってくる。すなわち，世銀への拠出金からのローン（3726万ポンド）を含めて，1951〜59年前半までの資金供与額は1億3860万ポンド，これに1951〜57年のインド・パキスタン・セイロンとの政府間協定によるスターリング残高使用額2億8700万ポンド，さらに1951〜57年のロンドン金融市場で承認されたローン金額2億91万ポンドを加えると，大蔵省が推計するコロンボ・プランを通じたイギリスの資金援助額は，1951〜59年に総額で6億3470万ポンドに達した。

だが，この大蔵省による推計値には，軍事援助が含まれていない。その点を補正する上で，1960年に大蔵省が「東南アジア開発に関する内閣委員会」に提出した覚書，「南・東南アジアにおけるイギリスの経済・金融利害」が有益である。それによれば，「イギリス政府の経常費（軍事費，経済的贈与，政府勘定での他の諸経費）は，過去5年にわたり，年間約6000万ポンドであった。(中略)政府支出の大半（約5000万ポンド）が軍事目的に振り向けられてきた。経済的贈与は，ごく最近になって増大しており，1959年は600万ポンドであった」。軍事費の大部分は，マラヤとシンガポールに集中しており，年間4000万ポンドを下らなかった。また，「この地域の諸国に対するイギリス政府の資金供与（1958〜59年2150万ポンド，1959〜60年3520万ポンド）は，5カ年計画を資金面で支えるためのインド向け貸付の増大（1958〜59年1880万ポンド，1959〜60年3300万ポンド）により，急激な増加を示した」[10]。

これらの記述は，1950年代末の時点で，南・東南アジアにおけるイギリスの軍事援助の増大と，1958年から本格化したインドに対する資金援助の重要性を示していた。同時に，コロンボ・プランの資金援助の成果を知る上で有益である。

---

9) Funds made available by the UK either from Public Funds or by Government Agreement, T. 1254-56, H.M. Treasury, A.F.T.4, September 1956, T236/5979 (TNA).

10) United Kingdom Economic and Financial Interests in South and South East Asia, Note by the Treasury, D.S.E. (60) 9 July 1960, CAB134/1644, Future, p. 3 (TNA).

2) スターリング圏の諸問題——大蔵省・イングランド銀行共同作業部会

　すでに見たように，低開発諸国に対するイギリスの資本援助は，ほとんどがコモンウェルス諸国に向けられていた。その資本援助の規模（金額）は，援助国イギリスの通貨であるポンド（スターリング）の強さに大きく依存していた。従って，低開発諸国に対する資金援助計画としてのコロンボ・プランの重要性を明確に理解するためには，1950年代後半のスターリングをめぐる諸問題と対スターリング圏向けの政策を考察する必要がある。

　ところで，1950年代のイギリス政府にとって，戦後の「ドル不足」により引き起こされた，ポンドと米ドルとの交換性の回復が，米ドルに次ぐ国際通貨としてのポンドの地位を維持するため焦眉の課題となった。イギリス政府は1950年代半ばにその問題をしばしば議論し，55年12月に，大蔵省とイングランド銀行の共同作業部会が設置され，対スターリング圏政策が再考された。その部会は，1957年2月に，閣内経済政策委員会に最終報告書を提出した[11]。その報告書には，資金援助に関係した多くの示唆に富む考察やデータが含まれている。

　大蔵省・イングランド銀行作業部会報告書は，国際通貨としてのポンドの強さは，イギリス本国の経常収支に依存しており，その本国経常収支は，イギリスの海外投資（経済援助を含む），スターリング圏諸国（the Rest of the Sterling Area : RSA）の経常収支，および非スターリング圏世界（the Non-Sterling World）のポンド保有額によって左右されると主張した。報告書の第2部は全面的に，コロンボ・プランを通じたイギリスの資金援助と直接リンクした，イギリスの海外投資の分析にあてられていた。

　作業部会は，スターリング圏諸国へのイギリスの長期的投資が，コモンウェルスとスターリング圏にとって政治的，経済的に重要である点を強調した。特に，コモンウェルスの経済開発について，以下のように要約している。

---

11) The Sterling Area, Note by the Economic Steering Committee for the Cabinet Economic Policy Committee, EA (57) 12, 4 February 1957, CAB134/ 1675 (TNA) ; Problems of the Sterling Area : Report by a Working Party of the Treasury and the Bank of England, 25 June 1956, OV44/ 33 (BoE).

政治的諸要因に言及せねばならない。1952年のコモンウェルス経済会議と，54年のシドニーでの蔵相会議において，イギリス政府は，コモンウェルス開発のための資金供給を続けることが政策目標であると明言し，コロンボ・プラン諸国の諸会合等を活用して資金拠出を行ってきた（我々は常に，イギリスがコモンウェルスの経済開発に関与することを明らかにしているため，他のコモンウェルス諸地域への資金移動を特別に制限することはほとんど不可能である）。こうした公約を別にしたとしても，この資本流出がコモンウェルスの重要なリンクであり，長期的に見ると，コモンウェルス内部での我が国の通商上の，また政治的地位にとっても決定的に重要である。従って，我々が貯蓄増大を実現しない限り，たとえ実施が遅れたとしても，また仮に，国内投資と海外投資のために資金を供給する金融機構の活用が困難になったとしても，我が国のコモンウェルスの経済開発に対する政策を意図的に覆すのは問題外である[12]。

報告書は，具体的に対コモンウェルス諸国向け海外投資がもたらすイギリスへの負担の増大を，次のように予測していた。

来る数年間のうちに，少なくとも年間1億ポンドの追加的負担がイギリスの資金にのしかかってくることが予想される。作業部会は，我が国の準備金が不充分であるがゆえに，その負担は経常収支で支えざるをえないと確信している。（中略）現在の水準で準備金を維持するためには，たとえ長期の海外投資額を若干削減したとしても，我が国の経常収支で1億ポンド以上の負担が求められている[13]。

次いで作業部会報告書は，イギリス以外のスターリング圏諸国（RSA）のスターリング残高の水準を考察している。この残高に関して作業部会は，全体として，スターリング圏諸国の経常収支の赤字額増加と，それに伴う諸国のス

---

12) Problems of the Sterling Area : Report by a Working Party of the Treasury and the Bank of England, 25 June 1956, OV44/33, p. 18 (BoE).
13) Problems of the Sterling Area, D. Implications for the UK's Reserves and Liabilities, OV44/32, pp. 22-24 (BoE).

ターリング残高の趨勢の変化を予測していた。すなわち，最近ほぼ年1億ポンドのペースで漸増傾向にあったコモンウェルス諸国と植民地の残高が，減少するであろうと予測した。低開発の独立したコモンウェルス諸国，特にインドでは，従来の安定した残高に代わって，年間5000万ポンド強の残高の減少が，逆に，オーストラリアなどの発展したコモンウェルス諸国では，残高の漸増が，さらに中東の産油国では，残高の大幅な増加が見込まれる，と予想した。従って，コモンウェルス諸国全体では，年5000万ポンド以上のペースでスターリング保有残高の低下が起こるため，イギリス本国の経常収支にとって，年間1億〜1億5000万ポンドの負担増となり，結局本国の準備金の重荷になる，と結論した[14]。これは，準備額を維持するために必要とされるイギリス本国の経常収支の黒字額が，前述の海外投資継続分と合わせると，年平均で2億5000万ポンドから3億ポンドに達することを意味した。

　以上の「スターリング圏の諸問題」に関する大蔵省とイングランド銀行の共同作業部会の議論から，ポンドの米ドルとの交換性回復，国際通貨としての地位の保持を重視する本国金融当局（大蔵省とイングランド銀行）にとっても[15]，スターリング圏内の低開発諸国に対する資金援助問題が大きな懸案となっていた点が明らかになる。我々は，スターリング圏諸国のスターリング残高，コモンウェルス諸国の経済開発，そしてイギリス本国の経常収支と金融的資源に対する対外的な制約・束縛との間で見られた，微妙な関係を認識することができる。こうした相互に矛盾した関係の存在が，1950年代末の南アジアおよび東南アジアの低開発諸国に対するイギリスの諸政策に影響を及ぼすことになった。

---

14) Problems of the Sterling Area, The Trend of the Sterling Balances of the R.S.A., OV44/ 31, pp. 10-16 (BoE).
15) 対ドル交換性の回復をめぐる研究として，Catherine R. Schenk, *Britain and the Sterling Area : From Devaluation to Convertibility in the 1950s*, London : Routledge, 1994 ; Catherine R. Schenk, *The Decline of Sterling : Managing the Retreat of an International Currency 1945-1992*, Cambridge University Press, 2010, chap. 3.

3 「コロンボ・プランの将来」——コモンウェルス経済開発計画

これとほぼ同じ時期の1957～59年に,アジアの加盟国を含むコモンウェルス諸国の経済開発問題が,イギリス政府とコモンウェルス諸国政府間で盛んに議論された。その転換点となったのが,1957年6月末の対インド・パキスタンのスターリング残高解除に関する政府間協定の失効と,残高急減・枯渇に伴うインドの国際収支危機であった。この問題は,1957年9月の南ベトナム・サイゴンでのコロンボ・プラン諮問会議のために用意されたイギリス大蔵省の覚書でも,次のように的確に指摘されている。

インドとパキスタンとのスターリング残高凍結解除協定は,1957年6月30日に失効した。歴史的に見れば,スターリング残高の解除は,インド,パキスタン,セイロンの戦後復興と開発のために賦与された対外的支援で重要な役割を果たしてきたし,我々のコロンボ・プランに対する貢献を表明するにあたり常に際立った実績であった。実際,これらの残高が使われたか,あるいは急速に消化されているのは,戦後直後と現在である。コロンボ・プラン最終年である昨年,インドは,大部分がスターリングから成る約1億6000万ポンドの外貨準備を消耗した——その全額がイギリス経済に対する支払請求となった[16]。

低開発の独立したコモンウェルス諸国や植民地全てが,対外的資金を即座に必要としていたわけではなかった。イングランド銀行の史料によれば,「例えば,マラヤやナイジェリアのように,巨額のスターリング残高を保有する地域もあったが,インド,パキスタンやいくつかの植民地のように,現在あるいは近い将来,開発資金として利用可能な対外資金が全くない地域も存在した」[17]。

---

16) Colombo Plan Consultative Meeting, Saigon 1957, UK Assistance to Colombo Plan Countries, Note by H.M. Treasury, 20 September 1957, T236/ 5978 (204) (TNA). インドの外貨使用額は1950～57年9月まで,約1億6000万ポンドと指摘されている。

17) Finance for Commonwealth Development, Working Group on Commonwealth Development (chaired by Roger Makins), 17 July 1958, OV44/ 57, p. 2 (BoE).

第2章 コロンボ・プランの変容とスターリング圏 55

本節では，同時期に展開された，コモンウェルス諸国の経済開発に関する主要な議論を合わせて参照することで，コロンボ・プランを広範な開発援助計画の枠組みに位置づけ直し，その意義と重みを考察する。

1)「コモンウェルス開発金融会社」構想とパース委員会

1957年2月，コモンウェルス関係相のヒューム卿は，コモンウェルスの経済開発のための新機構創設をめぐり，カナダ，オーストラリア，ニュージーランド，南アフリカ，インド，パキスタン，セイロン，ローデシア・ニアサランド連邦に対して質問状を送付した[18]。この質問は，前年1956年11月末に庶民院で行われた議会討論で表明された「低開発諸国がさらに多くの資金を必要とすることへの不満」に基づいていた。質問状の宛先には，資金拠出国と受入国両方のコロンボ・プラン加盟諸国が含まれていた。この打診に対して，全ての資金拠出国は，経済開発資金の供給源としてコロンボ・プランが果たしてきた役割に言及し，新たな機関の創設に否定的な意見を表明した[19]。この新機関創設への懐疑論は，インド，セイロンなど資金受入国にも共有され，パキスタンは，主権と「自国の優先順位に従い自国経済開発を計画する責任」の侵害を理由に，経済開発のための新機関創設に反対した[20]。

コモンウェルス関係省によるこの打診と並行して，ガーナ（ゴールド・コースト）とマラヤ連邦に対する独立付与に先立ち，同じく1957年2月，コモンウェルス経済開発委員会（通称パース委員会）が設立された。そして，同年5月に内閣委員会に対して，資金援助・技術協力に関する勧告と報告書が提出された[21]。パース委員会は，通常のパターンとしての政府間援助には反対し，

---

18) Circular Despatch No. 1. Confidential, from Secretary of State for Commonwealth Relations to UK High Commissioners in Canada, Australia, New Zealand, South Africa, India, Pakistan, Ceylon and Federation of Rhodesia and Nyasaland, 26 February 1957, OV44/ 56 (BoE).
19) Department of External Affairs [Canada], AIDE MEMOIRE : Commonwealth Development, 1 May 1957, OV44/ 56 (BoE).
20) Commonwealth Development Agency and Bank, Telegram from UK High Commissioner in Pakistan to Commonwealth Relations Office, 13 May 1957, OV44/ 56 (BoE).
21) Cabinet Committee on Commonwealth Economic Development : Report on Provision of Capital (C.E.D. (57) 44, 16 May 1957) and Technical Assistance (C.E.D. (57) 45 (Final), 28

「通常,コモンウェルス諸国が経済開発のために資金を求めるべき対象は,専ら民間の企業と金融であるべきだ」と提言した。同委員会は,コモンウェルスの経済開発のニーズに応えるには,コモンウェルス開発金融会社 (the Commonwealth Development Finance Company : CDFC) がイギリス本国民間企業の資金と専門知識を活用するには最適の機関であると確信し,コロンボ・プランの役割を含めて,技術協力の重要性を大いに強調した。この提言に対して,イングランド銀行の金融専門家は,次のように客観的に論評していた。「閣僚たち〔植民地相パース卿,コモンウェルス関係省政務次官アルポート卿〕は,とりわけ技術協力とイギリスにとっての国家的威信の側面に関心を抱いているようだ。つまり,彼らは,イギリスがエリア〔コモンウェルス諸国〕の必要物全ては提供できず,追加の支援をどこか他に求めざるをえないという現実を暴露するような,統計的操作を望んでいない」[22]。

このパース委員会の提言は,コモンウェルス経済開発でのイギリスの役割をめぐる 1957 年白書で打ち出されたイギリスの政策の基盤となった[23]。

2) 1958 年コモンウェルス貿易経済会議と関連諸委員会

1958〜60 年,コロンボ・プランの 10 周年が近づき,プランの将来像と展望が諮問委員会で議論された時に,コモンウェルス経済開発問題とその資金源が,58 年のモントリオールで開催されたコモンウェルス貿易経済会議 (the Commonwealth Trade and Economic Conference) といくつかの関連下部委員会で議論された[24]。

この会議の前後に,イングランド銀行は,金融政策と開発に関する小委員会を設けて,コモンウェルス諸国への開発資金の確保を検討した。イングランド

May 1957), OV44/ 46 (BoE).
22) Note on Commonwealth Development, 19 February 1957, by E.P.H., OV44/ 45 (BoE).
23) Cmnd. 237 : United Kingdom's Role in Commonwealth Development (July 1957), *British Parliamentary Papers*.
24) Cmnd.539 : Commonwealth Trade and Economic Conference : Report of the Conference, 8 October 1958, *British Parliamentary Papers*. 同会議については,森建資「1950 年代の日英通商関係(三・完)」『経済学論集』(東京大学) 77-2 (2011 年) 67-72 頁も参照。

銀行小委員会の報告書は,コモンウェルスの経済的発展だけでなく,コモンウェルス関係の全体構造と自由な機構の維持のためにも,経済開発が決定的に重要である点を強調した。世界的規模での資金不足の下で,全ての発展途上のコモンウェルス諸国は,程度の差こそあれ,海外から資金を引き寄せる必要があった。小委員会は,その目的のためにコロンボ・プランが果たしてきた役割を評価した。だが,その報告書ではコロンボ・プラン以上に,国際復興開発銀行(IBRD,世銀)の援助実績を高く評価し,世銀の開発融資能力の強化・拡充に対する支持を表明した。それによれば,世銀の融資総額(1959年6月末までに44億2700万ドル)の3分の1弱の約12億ドルが,オーストラリア,セイロン,インド,パキスタン,南アフリカなどのコモンウェルス諸国に投入され,世銀は,コモンウェルス諸国が開発プロジェクトのために利用できた最大の米ドル資金源であった[25]。

　当初,コモンウェルス経済諮問評議会として招集された1958年モントリオール会議では,①植民地開発公社のコモンウェルス開発公社への再編成,②イギリスからの輸出信用保証制度を通じた政府間援助の拡大,③新たにコモンウェルス諸国への金融支援に特化した援助機構の創設可能性の検討,が議論された。そして,③の課題に関してコモンウェルス開発に関する特別諮問部会の設置を決め,その部会では,「(a)共同行動を通じて,コモンウェルス内外から,さらなる資金を動員するために必要な手段の検討,(b)既存の諸機関に配慮した上で,コモンウェルスの経済開発資金を提供する新たなコモンウェルス機構の必要性」が検討課題とされた[26]。部会は11カ国のコモンウェルス諸国・植民地の代表で構成され,議長に大蔵省事務次官のR. メイキンが就任した。

　特別諮問部会の報告書において,コロンボ・プランは,資金のコモンウェルス間移動の源とされ,1950～58・59年に,オーストラリアが3070万オーストラリアドル,カナダが2億3900万ドル,ニュージーランドが930万ポンドの

---

25) Report of the Committee on Financial Policy and Development, Note by the Secretaries, 17 June 1958, C.O. (J) (58) 54, OV44/ 56 (BoE).
26) Commonwealth Development, Memorandum by the UK Government, 19 June 1959, A.G. (59) 1, OV44/ 58 (BoE).

資金を供給したとされる。1959年6月には,世銀のアメリカ政府代表が,世銀の付属機関として,優先順位の高い健全なプロジェクトに資金を供与することで発展途上国の経済開発を促進するために,資本金10億ドルで,国際開発協会（IDA）を設立する提案を行っていた[27]。そのため諮問部会での議論の焦点は,①経済開発のためのコモンウェルス金融機構設立の可能性,②アメリカによる国際開発協会構想の分析にあてられた。

　4日間の集中的な議論の末に,特別諮問部会は,1959年7月22日に報告書を提出した。部会は,「最近の世銀,コモンウェルス開発金融会社（CDFC）,植民地開発公社（the Colonial Development Corporation : CDC）の資金力増強と国際開発協会設立の提案を勘案すると,低開発コモンウェルス諸国は,これら複数の機関からの増大する開発資金の流入を期待できること」で意見が一致した。従って,新たなコモンウェルス金融機構設立の提案に関しては否定的な見解をとった[28]。前述のイングランド銀行の小委員会報告と同様に,部会でも世銀の役割の重要性が強調された。「世銀は,コモンウェルス外部からの資金が独立後の低開発コモンウェルス諸国に投資された最も重要な経路であった。最近の世銀資金の増強により,この資金源は資金流入の増大のために活用できるし,この流れを妨げぬように配慮が必要である」[29]。この結論が示すように,世銀とコモンウェルス金融機構の間で資金集めの競合が起こる可能性があったため,特別諮問部会は,新たなコモンウェルス機関の創設には否定的であった。

　アメリカの提案による国際開発協会について,一部のコモンウェルス諸国代表は,（例えばコロンボ・プランのような）コモンウェルス内部やその外部からの二国間援助の有益性を強調し,国際開発協会の設立の結果,二国間援助が減少する危険性を指摘した[30]。これにより,イギリスの資金援助に関する二国間

---

27) Annex : The United States Proposal for an International Development Association, C.E. (A.G.) (59) 6 (Final), 22 July 1959, OV44/ 58 (BoE).
28) Final Report of the Commonwealth Development Advisory Group, 22 July 1959, C.E. (A.G.) (59) 6 (Final), Part I. Finance for Commonwealth Development, OV44/ 58, p. 9 (BoE).
29) Ibid., p. 8.
30) Ibid., Part Ii. International Development Association, pp. 10-13. 特にインド代表は,二国間の政府間援助が国際機構による援助より望ましい点を強調した。1959年7月15日会合における Swaminatham 氏の発言を参照。

主義の存続を認識できる。諮問部会議長の大蔵省のメイキンは，「このアメリカの新たなイニシアティヴは，重要な転機になるであろう。開発援助を供与するにあたり，アメリカ合衆国が純粋な二国間主義から多国間システムに移行する明白な兆候がある一方で，両システムが長期にわたり共存しうることも明らかである」と述べた[31]。最終的に諮問部会は，国際開発協会の詳細にわたる慎重かつ前向きな検討を勧告した。彼らは，世銀の活動を補完する形で，アメリカ合衆国が多額の資金提供の意思を表明したことを歓迎したのである。

このアメリカ側の提案に基づいて，翌1960年11月にIDAが発足し，低開発国を対象として世銀による長期（返済期間50年）の低利融資が開始された[32]。こうして，1958～59年は，アジアのコモンウェルス諸国に対する経済開発援助をめぐって，従来のコロンボ・プランに加えて，新たな資金援助を供与するための機関の創設と方法が多方面で議論され，資金援助の事実上の多角化が検討され始めた。

3）「コロンボ・プランの将来」——1959年の5年間延長

以上のような，コモンウェルスの低開発諸国に対する開発援助をめぐる原則と機構が再考されると同時に，コロンボ・プラン自体も1950年代末に，一つの転換点を迎えていた。1955年のシンガポールにおける第7回諮問会議で，プラン自体は当初の6年計画を超えて，57年から61年まで4年間延長することで合意が得られた。そのため，プランの将来像を，1959年末にインドネシアのジョグジャカルタで開催予定の諮問会議で検討する必要があった。

イギリス政府は，ジョグジャカルタ諮問会議に先立つ1959年8月に，「コロンボ・プランの将来」とその継続期間について，「南・東南アジアに関する内閣委員会」で議論を行った。

大蔵省は，コロンボ・プランが短期的な成功だけでなく，今や，アジアの低開発諸国を支援するための西側諸国による「純粋で非政治的な努力」を目に見

---

31) Proposal for an International Development Association, C.E. (A.G.) (59) 3rd Meeting, 15 July 1959, OV44/58, p. 11 (BoE).
32) 平野克己『アフリカ問題——開発と援助の世界史』（日本評論社，2009年）32-34頁。

える形で示す参照の枠組みになった，とプランの実績を高く評価した。プランは，アジア諸国が経済開発計画を立案する際に，西側諸国との緊密で友好的な協力を実現し，西側の政治指導者層の援助の認識を深め，さらに，低開発諸国支援に関する世界のプロパガンダ（政治的宣伝）においても，非常に効果的であった，とされた。こうした肯定的評価に基づいて，大蔵省は，1961年からさらに5年間のプラン延長を提案した[33]。これに対して，コモンウェルス関係省は，開発計画の継続性と一貫性の観点から，プランの10年間の延長を主張した[34]。イギリス政府は大蔵省の提案を採用し，最終的に1959年11月のジョグジャカルタ諮問会議において，66年6月までプランを5年間延長することが決定された。この時点では，フルシチョフ政権のもとで1955年から本格化したソ連によるアジア諸国への経済援助[35]を意識した上で，冷戦構造のもとでの西側諸国によるコロンボ・プランを通じた政治的・経済的影響力の行使が重視された。

ジョグジャカルタ諮問会議直後の1959年12月10日に，イギリス議会貴族院において，「低開発諸国向け援助」をめぐり4時間の議会討論が行われた。この貴族院での討論を通じて，イギリスの政策で技術協力が第一に重視されていることが明らかになり，コロンボ・プランに関するいくつかの意義深い論点が提示された。

最初に，過去4回の諮問会議でイギリス代表団を率いたレディング侯爵が，低開発諸国への援助問題，とりわけコロンボ・プランに注意を喚起した。彼は，コロンボ・プランによる援助を，借款の提供と贈与〔資金援助〕，資本財の供給，および技術協力の供与の3項目に分類し，イギリス政府が技術協力に専念することの妥当性を強調した[36]。野党労働党のパッケナム卿は，二国間の政府

---

33) Note by Treasury, 10 August 1959 (T.826-59), in : Future of the Colombo Plan, CAB134/ 2513, pp. 46-49 (TNA).
34) 1 Draft, 'The Future of the Colombo Plan', DO35/ 8783 (1959) (TNA).
35) イリヤ・V. ガイダック「二つの戦争の間の平和攻勢――フルシチョフの対アジア政策，1953〜1964年」渡辺編『コロンボ・プラン』第9章。本書第3章第3節も参照。
36) The Parliamentary Debate (Hansard), 5th series, Vol. 220, House of Lords, 10 December 1959, 'Aid for Under-developed Countries', The Marquess of Reading, cols. 270-280.

図 2-4　ジョグジャカルタ諮問会議（1959 年）

間援助と国連を通じた低開発諸国に対する多国間援助が，保守党政府のもとで不十分な水準（年間 9000 万ポンド）にとどまっている点を批判した[37]。

この非難の動議に応えて，外務省政務次官でジョグジャカルタ諮問会議のイギリス代表であったランズダウン侯爵は，彼が率いた使節団の成果［1950 年からの 1 億ポンド，59 年の約 3000 万ポンドの資金援助，年間 100 万ポンドの技術支援・世銀への 11 億 1700 万ドルの拠出金］を説明し，コロンボ・プランに対するイギリス政府の取り組みの正当化を試みた。彼は，プランの諮問と評価を通じて「協力，独立，さらに自助の精神」が生まれた点を強調した。加えて，海外援助のためには強力なスターリング通貨が必要であることを，次のように明確に指摘した。「我々が貢献し援助を供与する能力は，本国における自国経済の健全さと，ポンド・スターリング通貨の強さに全く依拠している」[38]。

ランズダウンの発言は，討論の締めくくり演説において，コモンウェルス関係相のヒューム伯爵により再度強調された。ヒュームは，イギリスの海外援助の主要資金源として，近年のイギリス経常収支の黒字幅拡大（1957 年 2 億 5200 万ポンド，58 年 3 億 5000 万ポンド，59 年 11 月までに 2 億 5000 万ポンド）という

---

37) Ibid., Lord Pakenham, cols. 284-288.
38) Ibid., The Marquess of Lansdowne, cols. 293-300.

プラスの金融要因に言及した。「この国に関して，全ての海外援助は，この国が競争力を持ち，産業面で強力であることに左右される。経常収支はあらゆる海外援助がなされる資金源であり，その受取額が黒字の時に，我々は低開発諸国で一定の投資が可能になる」[39]。こうした政府側の発言から，イギリスの経常収支と，コロンボ・プラン加盟諸国向けの海外援助額の変動との間に，重要な連関性を認めることができる。

この連関性に加えて，コロンボ・プラン加盟諸国が生産する第一次産品の価格変動と，そのイギリスによる海外援助への影響との間で，もう一つ別の関連性を見出すことができる。シェファード卿は，このつながりを次のように明確に指摘していた。「我々が注ぎ込んだ全ての援助は，第一次産品価格の下落により価値を喪失した。我々は，この側面に言及する際に注意せねばならない，というのも，我が国の経済状態の改善の多くは，輸入価格の低落により実現されてきたのであり，それら第一次産品の多くがこの地域〔コロンボ・プラン加盟諸国〕から輸入されていた。我々の利益は，我々が援助することを望んできた，これら低開発の第一次産品諸国の犠牲の上で得られてきたというのが真実である」[40]。イギリスの経常収支黒字は，イギリスからの海外援助の増大につながった。しかし，イギリス本国にとって好都合なこの状況は，コロンボ・プランの低開発被援助国にとっての交易条件の悪化によりもたらされた。この現象は，イギリスの資金援助とアジアの第一次産品諸国の間で見られた，逆説的な負のリンクであった。

4　コロンボ・プラン10周年——東京とクアラルンプール

本節では，コロンボ・プランの10周年の到来に関連して，コロンボ・プランの変容をさらに考察していきたい。1960年11月に東京において，第12回諮問会議が開催された。イギリス政府とコロンボ・プラン事務局は，公式には

---

39) Ibid., The Earl of Home, cols. 327-331.
40) Ibid., Lord Shepherd, col. 311.

1961年11月に開催予定のクアラルンプール諮問会議で,プラン10周年記念行事を行うことにした[41]。だが,1960年は,プランによる技術支援の開始から10周年にあたり,東京会議で一足先にプラン10周年が話題になった[42]。

1) 1960年東京諮問会議

東京諮問会議での閣僚会議冒頭の演説で,日本の首相・池田勇人は,明治維新以来の日本の経済近代化計画と,その過程での日本の諸産業の発展と問題点を回顧した。彼は,1960年代において,産業面で低開発諸国の経済発展の実現が,世界経済が直面する最大の課題であると位置づけた。池田は,「コロンボ・プランの根本精神は,参加国の相互援助にある。日本の経済成長が南および東南アジア諸国の経済成長に貢献するように,これら諸国の成長と生活水準の向上は,我が国の経済成長の促進に寄与する」事実を重視した。彼は特に,コロンボ・プラン加盟国間での相互依存を強調し,日本がとってきた工業化路線が,南・東南アジア諸国にとっては興味深く参考になるであろう,と示唆した[43]。

東京会議で最大の論点になったのは,従来からのコロンボ・プランおよび他の海外資金援助計画において基本的枠組みとされてきた,援助の二国間主義 (bilateralism)[44]の有効性であった。スターリング通貨の力の維持が,イギリス本国だけでなく,スターリングを使用しイギリスが援助しようとする全ての当事国にとって第一の関心事であった点は変わらないものの,東京会議では,

---

41) 'Tenth Anniversary of the Colombo Plan, 1960', DO35/ 8784 (1960) (TNA);アジア協会編『コロンボ計画十年の歩み』(アジア協会,1960年)。その他に,以下を参照:Daniel Wolfstone, 'The Colombo Plan After Ten Years', *Far Eastern Economic Review*, 33-5 (1961); *The Colombo Plan*, 6-7, Colombo Plan Day—Special Issue (1961); *The Colombo Plan*, 6-8 (1961); *The Colombo Plan*, 6-12, Ten Years of the Colombo Plan (1961).

42) 波多野澄雄・李玄雄「多角的援助と「地域主義」の模索——日本の対応」渡辺編『コロンボ・プラン』第11章も参照。東京会議に関する日本側の第一次史料(外務省記録)が,なぜかすべて廃棄されているために,イギリス側の史料(DO198/ 12 (1960); FO371/ 152524-152439 (1960)〔TNA〕)に依拠せざるをえない。

43) Ikeda addresses Colombo Plan Meeting, 25 November 1960, FO371/ 152531 (TNA).

44) Lalita Prasad Sign, *The Politics of Economic Cooperation in Asia : A Study of Asian International Organizations*, Columbia : University of Missouri Press, 1966, p. 170.

図 2-5　東京諮問会議（1960 年）の参加メンバー

「非コモンウェルス諸国に対する資金援助」と「援助の優先順位に関する多角的合意への圧力」が，フィリピンとビルマによって提起され，事前計画と資金援助の調整の問題が大きな注目を集めた。

　フィリピン外相 F. M. セラーノは，より平等な分配を可能とするために，援助国は，事前に援助全体の計画をすべきである，と示唆する次のような問題提起を閣僚会議の席で行った。

> 我が国の代表団は，我が国あるいは他のいかなる国も，現在以上に大きな安心感を持って，資金援助計画を要請できるような，新しい規則に基づいて，コロンボ・プランの新たな可能性の探求を希望したい。すなわち，私が提案するアプローチは，以下の特徴を有するものである。①援助国は，現金あるいは資本財で，プランのどの財政年度にどれだけ資金を提供できるかを示唆する。②受入可能なプロジェクトの部門を示す。③コロンボ・プラン事務局あるいは諮問会議特別委員会は，どの援助国が特定のプロジェクト部門を優先的に考えるのかを打診し，そしてその見解を援助希望国に助言する権限を委任される。④好感を持つ援助国と援助希望国は，公式な二国間合意に至るプロジェクトの状態と条件を詰めるために，共同して協議を行うことができ

第 2 章　コロンボ・プランの変容とスターリング圏　65

図 2-6　東京諮問会議（1960 年）

るものとする。ここで提起するアプローチは，単に手続きの変更を意味するだけであり，既存の二国間での合意という基本的特徴は維持されるものである。（中略）我々は，援助国の選択と行動の自由を全く損なうことなく，コロンボ・プランに真にダイナミックな役割を付与しようとするものである[45]。

ビルマ代表のウ・ラシッドも同様な提案を行い，二国間交渉は資金援助の不平等な配分につながってきたため，もはや適切ではないと明言した[46]。ラオス，南ベトナム，さらに間接的にインドネシアの代表も，プラン内の全ての非コモンウェルス諸国が，フィリピンとビルマ両国の考えを是認した。その提起は，援助供与に際して二国間で話し合う従来からの二国間主義は，援助のニーズに十分に応えることができず限られた資金の有効活用につながっていない点を指

---

45) Statement by the Honourable Felixberto M. Serrano, Chairman of the Delegation of the Philippines, on the Draft Annual Report, in *The Colombo Plan for Co-operative Economic Development in South and South-East Asia : Proceedings of the Meetings of the Consultative Committee 1960*, Tokyo, 1960, pp. 93-94, 199.
46) Statement by Houourable U Raschild, Leader of the Delegation of Burma, on the Draft Annual Report, in ibid., pp. 87-90, 208.

摘し，プラン全体での事前調整と資金の非コモンウェルス諸国への優先的配分を主張するもので，援助原則の多角化の検討を援助国側に迫る内容であった。

この両国の提案に対して，イギリス代表ランズダウン卿は，個別プロジェクトに関する二国間交渉の原則に反するとして強く反対し，アメリカ，オーストラリア，ニュージーランドの他の援助供与国もイギリスを支持した。また，他のアジア諸国も，自国に対するプランを通じた資金援助の減少を懸念して，現行のプランの構造を大きく変えることには消極的であったため，フィリピン・ビルマ提案が採択されることはなかった。しかし，東京会議の直後にランズダウン卿は，イギリスの資金援助が一般的にコモンウェルス諸国に限定される原則は再考すべきであると指摘した。「我々がこれらの友好的な非コモンウェルス諸国に対する我が国の確固たる関心を示すことができなければ，コロンボ・プラン地域における我が国の影響力と立場は低下するだけでなく，コロンボ・プランをコモンウェルスとそれ以外に分裂させるリスクを負うことになるであろう」[47]。ここでは東京会議において，新たな多角主義援助の提案がなされた点と，コロンボ・プラン内部において非コモンウェルス諸国の発言力が高まったことに着目しておきたい。

2)「10年経過したコロンボ・プラン」──見直し

翌1961年11月のクアラルンプール諮問会議での議論に備えて，イギリスでは大蔵省を中心に政府内部で，コロンボ・プランに対する関与の方法が議論された。大蔵省は，1961年10月に閣内委員会での審議のために，「10年経過したコロンボ・プラン」(The Colombo Plan after Ten Years) と題する興味深い覚書を作成した。その覚書で大蔵省は，1950年から60年までのプラン加盟国の拡大と開発計画自体の改善を評価した上で，プロジェクトの事前投資審査の重要性を強調した[48]。また大蔵省は，イギリスの経常収支が困難な状況にあること

---

47) Lord Lansdowne's Report on the 12th Session of the Consultative Committee of the Colombo Plan held at the Tokyo during November 1960, 13 December 1960, DO198/12 (TNA).
48) The Colombo Plan after Ten Years, Brief by the Treasury, S.E.A. (61) 25—First and Final Revise, 18 October 1961, CAB134/2515 (TNA).

を認めた上で，政策上の最優先事項がスターリング通貨を強化することである点を，次のように指摘した。「我々は，資本流出を補うために，経常勘定黒字を確保せねばならないが，現在はできていない。（中略）我々は，貿易決済と準備通貨としてのスターリングに対し責任を負っているため，イギリスの第一の優先事項がスターリングの強化であることは，至上命題である」。

こうした大蔵省の見解に基づいて，クアラルンプール諮問会議へのイギリス代表団は，「多くのことが経常収支の難局の打開に依存していること」を表明するよう訓令された[49]。

3) 1961年クアラルンプール諮問会議――10周年

クアラルンプール諮問会議に際して，援助供与国による援助の事前調整問題が，イギリス政府にとって難題となった。東京会議からの懸案であった，資本援助の原則，二国間主義の継続か，それとも多角主義を新たに導入するのかという問題については，慎重な検討が加えられた結果，援助の相互調整を研究する必要性を認めるものの，従来の実績を考慮して，二国間主義を堅持し，資本援助の共同プール方式は採用しない点を，イギリス政府の方針として改めて確認した[50]。

これに加えて新たな政策方針として，イギリス政府は，大蔵省，外務省さらに新たにコモンウェルス関係省内に創設された技術協力局（Department of Technical Cooperation）の合議で，年間100万ポンド弱のコロンボ・プラン技術協力計画を，1966年まで現状のレヴェルで続けることを強調した。この「安価な援助戦略」は，1961年諮問会議の直前に，「プランの10周年記念に関連したイギリスのジェスチャー」と題する覚書で確認された[51]。イギリス政府は，次

---

49) Brief for the UK Delegation : Themes for Chapter II and the UK Statement, Note by the Treasury, S.E.A. (61) 24, 19th October 1961, CAB134/ 2515 (TNA).

50) Cabinet Committee on South and South East Asia, S.E.A. (61) 2nd Meeting, October 1961 and 3rd Meeting, 17 October 1961, CAB134/ 2515 (TNA) ; UK Policy : Policy Questions which may arise at the Meetings of the Colombo Plan Consultative Committee, Kuala Lumpur, November 1961, Draft Paper by the Treasury, S.E.A. (61) 28, 20 October 1961, CAB134/ 2515 (TNA).

51) Note of a Discussion with Lord Lansdowne on 13th October, 1961 regarding the Colombo Plan

図 2-7　クアラルンプール諮問会議（1961 年）

期諮問会議において，資金援助よりも安価な技術協力の分野において，そのプレゼンスを示そうと試みたといえよう。

　クアラルンプール諮問会議では，韓国がコロンボ・プランのオブザーバーとして正式に承認された。閣僚会議は，マレーシア首相のトンク・アブドル・ラーマンが，コロンボ・プランの過去 10 年間の実績，特に，建設的で実践的な国家間協力を賞賛する演説で始まった。次いで，ホスト役のラーマンは，第一次産品価格，特に天然ゴムとスズの急激な変動（下落）と在庫の蓄積に言及し，援助国側からの支援を要請したのであった。この問題は，前述の 1959 年 12 月の貴族院での議会討論で，シェファード卿が提起しており，開催国の事情を反映して，閣僚会議で主要議題の一つになった[52]。

　イギリス代表のランズダウン卿は，イギリスが直面する金融的困難を特に強調した上で，イギリスの対外援助の努力継続を表明した[53]。東京諮問会議で問

　　Meeting at Kuala Lumpur, by A. H. P. Humphery, Department of Technical Cooperation, DH6/ 90, FO371/ 160014 (TNA).
52) Text of Speech given by Tunku (Abdul Rahman) at the Meeting of the Conference, 12 November 1961, Telegram from Kuala Lumpur to Commonwealth Relations Office, DK6/ 104, FO371/ 160016 (TNA).

題となった援助の二国間主義に関しては，事前の情報開示を求める声が一部の被援助国から表明されたものの，それへの批判は表立っては見られずに，平穏な会議に終始した。フィリピンやビルマのようなコモンウェルス非加盟国による，資金援助の事前調整を求める要求は，当初の目的を達成することができなかった。クアラルンプール諮問会議後に，ランズダウン卿は，コロンボ・プランの過去の実績に関して，以下のような肯定的印象を表明している。「政治的宣伝の相対的欠如は，これら会議の著しい特徴である。この点は重要であり，多くが非同盟国であるコロンボ・プラン加盟の発展途上国は，明らかに政治的動機で供与される援助よりも，率直な人間らしい協力の姿勢を通じて，より効果的に影響を及ぼすことが可能である」[54]。

5　イギリスの開発援助政策の転換点——1958年

　最後に，1950年代後半～60年代初頭のアジア国際経済秩序との関連でまとめを試みたい。
　第一に，当初6年間の予定でスタートしたコロンボ・プランは，当該期の1950年代に，2度にわたって（1955年のシンガポール諮問会議と，59年のジョグジャカルタ諮問会議），64年まで有効期限が延長された。この全会一致での期間延長と加盟国の増加は，援助国とアジアの被援助国の間で，資金援助と技術協力の両方の領域において，双方で経済援助のニーズが高まったことを示している。しかし，1950年代末から60年代初頭において，プランを通じた経済援助の重心は，資金援助から技術協力へとシフトした。この点は，1961年クアラルンプール諮問会議に先立つイギリス政府内部での議論に明確に反映されていた。このプランの変容は，イギリスの経常収支の悪化と，それによるスター

---

53) Colombo Plan Meeting 1961, Text of Lord Lansdowne's Speech in Meeting, 15 November 1961, Telegram from Kuala Lumpur to Commonwealth Relations Office, DK6/107, FO371/160016 (TNA).
54) Lord Lansdown's Report of the 13th Meeting of the Colombo Plan Consultative in Kuala Lumpur, 15 December 1961, DK6/116, FO371/160016 (TNA).

リング通貨の弱体化への懸念，さらに，インドとパキスタンのスターリング残高枯渇による開発用資金への新たな圧力によりもたらされた。その意味で，1958年はイギリスの開発援助政策の転換点になったといえよう。

　第二に，コロンボ・プランの基本原則であった二国間主義は，1960年の東京諮問会議で，フィリピンとビルマによって批判された。援助計画の相互調整（coordination）や，資金の「公正な」分配，さらに多角的援助方式が，東京とクアラルンプールで議論された。1950年代は依然として，二国間援助が主流であったが，援助に関するこうした新たな主張，特に複数援助国と世銀・国際通貨基金（IMF）などの国際機構を通じた多国間援助方式は，1958年に始まった世銀を中心としたインド援助コンソーシアム[55]や，60年にアメリカのイニシアティヴで発足した国際開発協会（IDA）を通じた，低利・長期間の経済開発援助の展開，さらにコモンウェルス諸国間での相互援助の検討（1958年モントリオールでのコモンウェルス貿易経済会議）など，コロンボ・プランに代わって60年代に登場する新たな開発援助の先例として注目に値する。

　第三に，アジア諸地域におけるイギリスのプレゼンスは，1956年末のスエズ危機の後でも，コロンボ・プランを通じた経済援助・技術協力と，通貨面でのスターリング圏の存在によって，50年代末から60年代初頭においても依然として維持されていた。しかし，当該期におけるコロンボ・プランの変容と，国際通貨としてのスターリングの弱体化によって，イギリスのプレゼンスを支えてきたこの金融的基盤が漸進的に掘り崩されていくことになる。だが，1年に1回開催される諮問会議と二国間主義をベースとして運営されたコロンボ・プランの緩やかな組織体，それを直接・間接的にリードしたアジアのコモンウェルス諸国の指導者を自認したインドのネルー外交[56]の展開によって，1950

---

55) 戦後インドの経済開発計画と海外からの援助との関連性については，本書第3章および秋田茂「経済援助，開発とアジア国際秩序」秋田茂編『アジアから見たグローバルヒストリー──「長期の一八世紀」から「東アジアの経済的再興」へ』（ミネルヴァ書房，2013年）第7章を参照。

56) ネルーの対コモンウェルス政策については，本書第1章および秋田茂「南アジアにおける脱植民地化と歴史認識──インドのコモンウェルス残留」菅英輝編『東アジアの歴史摩擦と和解可能性──冷戦後の国際秩序と歴史認識をめぐる諸問題』（凱風社，2011年）第12章を参照。

年代末の南・東南アジア地域において，非常に緩やかな「開放的地域主義」(open regionalism) の萌芽が形成された。もちろん，本格的な開放的地域主義の展開は，1960年代後半のベトナム戦争の展開やネルー死去（1964年）後のインド経済政策の保護主義とソ連への傾斜を経て，70年代の2度の石油危機後に持ち越されたが，コロンボ・プランを通じた相互協力の経験は，間接的に，アジアの地域主義の形成に貢献したといえよう。

第3章
インド援助コンソーシアムと世界銀行

1 五カ年計画と経済援助

　1950年代のアジアでは，47年8月に独立したインド，パキスタン等の新興国にとって，統治の安定と貧困からの脱却のために，経済開発が至上命題となった。その代表例が，インドが1951年から着手した「五カ年計画」である。

　1950年代後半のインドは，第二次五カ年計画（1956～60年）と第三次五カ年計画（1961～65年）を通じて，開発経済学で注目の的になった。統計学者 P. マハラノビスは，首相ジャワハルラル・ネルーの全面的な信任を得て強力な指導力を発揮し，「ネルー＝マハラノビス戦略」と呼ばれた経済開発戦略が採用された[1]。

　だが，1950年代前半の第一次五カ年計画は，ほとんどインド独自の資金によって遂行された。インド大蔵省の国際金融担当財務官であった B. K. ネルーが指摘するように，「国際収支は，わずかに3億1700万ドル（15億1000万ルピー）の赤字を生じたのみである。（中略）第一次計画中に，外国援助の支払額は4億2400万ドル（20億2000万ルピー）で，その内，1億9000万ドル（9億ルピー）がアメリカの麦借款であった。この特別な借款を除くと，外国援助は，第一次計画の全投資額の3.3パーセントに過ぎない。加えて，外国為替準備金

---

1) Terence Byres (ed.), *The Indian Economy : Major Debates since Independence*, Delhi : Oxford University Press, 1998；絵所秀紀『開発経済学とインド——独立後インドの経済思想』（日本評論社，2002年）。

〔スターリング残高〕を 2 億 6700 万ドル（12 億 7000 万ルピー）取り崩した」。従って，第一次五カ年計画中の外国援助に対するインドの依存度は二義的なものであった[2]。前章でも指摘したように，1950 年代前半のインドの経済開発政策は，インドが蓄積した巨額のスターリング残高の取り崩しに支えられて，外国からの援助にほとんど依存することなく順調に実施された。コロンボ・プランの実行をはじめとする，ネルー首相の積極的な非同盟外交の模索，コモンウェルスでの主導権の発揮も，こうしたインド政府独自の金融・財政的裏付けがあって初めて可能になったのである。

ところで通常，冷戦体制のもとで，東アジア沿海部（海域アジア世界）では，開放的な地域秩序，自由貿易体制が維持されたのに対して，戦後の南アジアでは，計画経済（五カ年計画）の採用，ソ連の影響力増大を通じて，次第に世界経済に対して「閉鎖的」な保護主義的経済秩序，「閉じられた」国際秩序が形成されたと比較されることが一般的である[3]。本章では，1950 年代末から 60 年代前半のインド・ネルー政権の経済・金融政策を再考する。とりわけ前章で着目した，国際経済援助政策の転換点である 1958 年に始まった，世界銀行を中心とする「インド援助コンソーシアム」に対するインド側当局の政策と対応を詳細に分析することで，第二次・第三次五カ年計画下におけるインドの経済・金融政策の「国際性」を明らかにしたい[4]。

---

2) B. K. Nehru, 'Foreign Aid : Retrospect and Prospects', The Shastri Memorial Lectures organized by the Institute of Public Enterprise, 12-13 January 1968, New Delhi, in B.K. Nehru Papers, III-A Speeches/ Writings by Him, No. 9 (Nehru Memorial Museum and Library, New Delhi).
3) Bipan Chandra, Mridula Mukherjee and Aditya Mukherjee, *India after Independence 1947-2000*, Delhi : Penguin Books, 2000, chaps. 26-27.
4) 当該期の世界銀行とインドの関連全般については，世銀の 25 周年・50 周年史を参照した。Edward S. Mason and Robert E. Asher, *The World Bank since Bretton Woods : The Origins, Policies, Operations, and Impact of The International Bank for Reconstruction and Development and Other Members of the World Bank Group*, Washington, DC : The Brookings Institution, 1973 ; Devesh Kapur, John P. Lewis and Richard Webb, *The World Bank : Its First Half Century, Vol. 1 : History* ; (eds.) *Vol. 2 : Perspectives*, Washington, DC : Brookings Institution Press, 1997. また，次の研究書も参照。Jason A. Kirk, *India and the World Bank : The Politics of Aid and Influence*, London, New York and Delhi : Anthem Press, 2010, chap. 1.

2 コロンボ・プランからインド援助コンソーシアムへ

1) スターリング残高の「枯渇」

　1958年は,アジアにおける経済援助計画の転機となった。1958年に始まる,世界銀行を中心としたインド援助コンソーシアムの展開である。その背後には,インドの第二次五カ年計画の順調な展開に伴う資本財輸入の急増,その支払いのための外貨準備急減,およびインドのスターリング残高の事実上の「枯渇」という開発政策の行詰まりがあった。

　1958年8月にワシントンで,インドのスターリング残高枯渇と経常収支危機,インド政府から打診された借款供与について緊急に議論するために,国際復興開発銀行（IBRD）の呼びかけで,アメリカ,イギリス,西ドイツ,日本,カナダの5カ国と世銀による国際会議が開催された。そのイニシアティヴをとったのは,第3代世銀総裁ユージン・ブラックであった。これが,その後1980年代末まで続く,多角的なインドへの資金援助計画であるインド援助コンソーシアムの始まりとなった。

　この1958年8月の世銀での国際会議に先立って,イギリスの金融当局（大蔵省とイングランド銀行）は,イギリス単独での対インド資金援助は不可能であることから,国際協力と世銀の影響力に対する期待感を示していた[5]。さらに前章で論じたように,同時期の1958年9月に,カナダのモントリオールで開催されたコモンウェルス貿易経済会議では,経済開発を促進するために,コモンウェルス諸国間で一層の相互協力を目指す政策課題が討議された。当初,コモンウェルス経済諮問評議会として招集されたモントリオール会議では,①植民地開発公社のコモンウェルス開発公社への再編成,②イギリスからの輸出信用保証制度を通じた政府間援助の拡大,③新たにコモンウェルス諸国への金融支援に特化した援助機構の創設可能性の検討,が議論された[6]。

---

5) Treasury Meeting, 22 July 1958, OV56/57 (Bank of England Archives : 以下 BoE と略す).
6) Cmnd.539 : Commonwealth Trade and Economic Conference : Report of the Conference, 8 October 1958, *British Parliamentary Papers*.

また，この会議の前後に，イングランド銀行は，金融政策と開発に関する小委員会を設けて，コモンウェルス諸国への開発資金の確保を検討した。その中でイングランド銀行は，世銀の援助実績を高く評価している。それによれば，世銀の融資総額の3分の1に近い約12億ドルが，オーストラリア，セイロン，インド，パキスタン，南アなどのコモンウェルス諸国に投入されていた。イングランド銀行は，世銀の開発融資能力の拡充を支持した[7]。

図 3-1 第3代世界銀行総裁 ユージン・ブラック

こうして，1958～59年は，アジアのコモンウェルス諸国に対する経済開発援助をめぐって，従来のコロンボ・プランに加えて，新たな資金援助を供与するための機関の創設と方法が多方面で議論され，資金援助の事実上の多角化が始まった。最大の被援助国インドのネルー政権にとっても，国際機関である世銀を仲介とする資金援助は，彼の非同盟中立外交路線とも整合的で，二国間援助よりも政治的に受け入れやすい開発援助であった。

2) インド援助コンソーシアムの始まりと世界銀行

インド政府は，対外援助を獲得するために，インド援助コンソーシアムの枠組みを最大限に活用して，巧みな多国間経済・金融外交を展開した。コンソーシアムの立ち上げに際して，首相ネルーは一定のイニシアティヴを発揮したが，実際の援助供与国・機関との複雑な交渉は，蔵相モラジ・デサイ（在任：1958～64年）を筆頭とするインド大蔵省や連邦準備銀行（The Reserve Bank of India：RBI）の国際金融・財政の専門家が担当した。その中心にいたのが，1958年8月にワシントン駐在のインド大使館付経済顧問，61年には駐米インド大使（在任：1961～67年）に昇任した，首相ネルーの甥，B. K. ネルーであった。

---

[7] Report of the Committee on Financial Policy and Development, Note by the Secretaries, 17 June 1958, C.O. (J.) (58) 54, OV44/56 (BoE).

図 3-2　B. K. ネルー

　B. K. ネルーは，独立前にロンドン大学（LSE）およびオクスフォード大学で高等教育を受け，その後インド高等文官（Indian Civil Service）に任官した，英米派の現地エリートであった。インド独立後は，大蔵省での数少ない国際金融問題の専門家として，スターリング残高の凍結解除をめぐる対英交渉にも参加していた。1958年のコンソーシアム緊急会議では，首相ネルーの意向を受けて，英米金融界との人脈を駆使して，公式・非公式の両面で借款交渉の立役者となった[8]。

　1958年にインドの外国為替準備（外貨準備）が急激に減少し，年末に底をつく緊急事態が予想された。第二次五カ年計画が順調に進展したために，当初の予想を超えて資本財（機械類）の輸入が増えて，毎週1000万ドルの勢いで外貨準備が減少していった。1958年の時点で，世銀は，毎年約1億ドルをインドに融資する主要な資金供与者であった。このインド外貨危機を打開するために，インド政府の非公式の要請を受けて，世銀総裁ブラックは，8月25〜27日にワシントン本部で，前述の5カ国を交えた会議を招集した。インド政府の意向を受けたアメリカ大使館付経済顧問 B. K. ネルーは，影の主役として会議での諮問に対応した。それに先立ち彼は，事前に旧宗主国イギリスと事前交渉を行い，イギリス大蔵省から金融援助の約束を取り付けた[9]。結果的に，初回のコンソーシアム会議では，インドの外貨危機に対する「緊急援助」措置として総額3億5000万ドル，イギリスが1億800万ドルと最大の資金提供を約束し，世銀は1億ドルの対印資金援助を約束した[10]。この時点では，依然としてスターリング圏の有力国であるインドに対して，旧宗主国イギリスは最大の金融支援を行ったのである。

　インド蔵相デサイは，2カ月後の1958年10月にワシントンで開催された世

---

8) B.K. Nehru, *Nice Guys Finish Second : Memoirs*, New Delhi : Viking Penguin India, 1997.
9) Note for Record, 23 June 1958, OV56/ 57 (BoE).
10) India : Washington Discussions, 25-28th August, 29 August 1958, OV56/ 57 (BoE).

銀と国際通貨基金（IMF）の年次総会にインド代表団を率いて出席し，自国の経済開発五カ年計画への国際的支援を要請した。デサイは，①インドのような新興国家の民主主義を擁護するために，アジア・アフリカ・ラテンアメリカ諸地域の経済発展が緊急の課題であること，②経済開発五カ年計画を成功に導くには，インドの輸出拡大が不可欠であり，先進国と発展途上国の間で工業製品生産の役割分担（分業）が必要である，と主張した。すなわち，アメリカのような先進工業国は，原子力プラントや航空機のジェットエンジンのような最新技術の高付加価値資本財の生産に特化する一方で，低開発諸国には，綿・ジュート製品や軽工業製品の分野を譲り渡すような輸出構造の再編が望ましいことを強調した[11]。

翌1959年3月には，ワシントンの世銀本部で，インドへの緊急融資の効果と，インド経済の現状を検証するため第2回会議が開催された。この会議では主として，第二次五カ年計画の最後の2年間におけるインドの外貨危機の救済が議論された。具体的には，1959年度の為替ギャップ3億ドルへの救済支援をめぐり，アメリカが1億2500万ドル，世銀と他の4カ国が残り1億7500万ドルを提供すること，1年後に第3回会議を開催することで合意が得られた[12]（図3-3参照）。

同時に世銀総裁ブラックは，アメリカ連邦議会上院で可決された上院議員J. F. ケネディとJ. S. クーパー提出のインド支援決議に促されて，世銀も独自に南アジア（インド，パキスタン）の経済状況とインド政府が立案中の第三次五カ年計画の規模と課題を調査するために，次のコンソーシアム会議までに調査団を派遣することを提案した[13]。

---

11) Papers relating to Finance Minister's Visit to UK, US and Canada : Includes Copy of Report on His Visit, in B.K. Nehru Papers, II Subject Files, (xii) Miscellaneous Files, no. 96 (1958), Letter from Moraji Desai to Jawaharlal Nehru, 11 October 1958 (Nehru Memorial Museum).

12) 2nd Meeting on India's Foreign Exchange Situation : Report of Proceedings by President of IBRD, 16 March 1959, OV56/59 (BoE) ; Second Meeting on India's Foreign Exchange Situation, Report of Proceedings Prepared by the Chairman, IND 10-B (World Bank Archives, Washington, DC).

13) ケネディ=クーパー決議については，吉田修「ヘゲモニー・ギャップとインド——世界システムの状態とアメリカの認識」渡辺昭一編『帝国の終焉とアメリカ——アジア

(単位：千万ルピー)

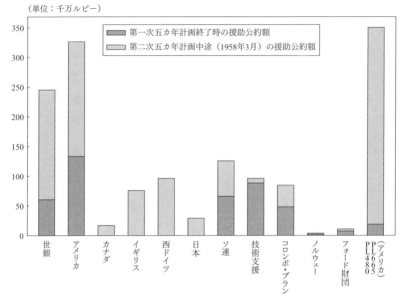

図 3-3　インド援助コンソーシアムによる第一次・第二次五カ年計画への援助公約額
出所）Reserve Bank of India, *Report on Currency and Finance*, Bombay, 1959, p. 78.

　インド政府は，世銀を中心とした多国間（マルチ）での経済援助獲得に努力する一方で，通常の二国間交渉を通じた援助獲得にも力を注いだ。たとえば，蔵相のデサイは，1959年10月にアメリカからの帰国途上，日本に立ち寄り，当時の岸信介首相，池田勇人通産相，藤山愛一郎外相ら政権首脳部と会談を行った。デサイは，東京の国際文化会館で演説を行い，アジアの主導的工業国として，日本に対する高い期待感を表明した。その中で彼は，発展途上国の工業化を促進することで，アジア諸国間の地域経済協力が展開する可能性を指摘した。その実現には，世銀のような国際機関からの援助に加えて，日本が供与してきた二国間経済援助が依然として重要であると主張した[14]。同時期に岸内

　　『国際秩序の再編』（山川出版社，2006年）第8章を参照。
14) Speech at the International House in Tokyo on October 21, 1959, in *Speeches on Economic Development in India*, by Moraji Desai (Ministry of Finance, Government of India, 1959), F52

閣が提唱していた「東南アジア開発基金構想」とも重なり合う，インド側から日本の経済援助に対する積極的要請でもあった[15]。

世銀総裁ブラックの使節派遣提案にインド政府は同意し，翌1960年2月に，3名の国際金融の専門家（ドイチェバンク頭取ヘルマン・エイブス，ロイズ銀行頭取オリバー・フランクス，前ニューヨーク連邦準備銀行総裁アラン・スプロール）から成る「三賢人使節団」（The Three Wise Men's Mission）が，世銀からは独立して自由な立場から提言を行う民間の金融専門家として，インドとパキスタンに派遣された。

三賢人使節団は6週間現地に滞在し，インド，パキスタン両国の経済状況を視察するとともに，経済開発計画を実施する際の問題点について両国指導層と議論し，次のような提言を行った。すなわち，①貧困国である両国への外国による開発援助は長期間に及ぶため，贈与か，あるいは寛大な条件の政府間借款が望ましいこと，②援助の規模・形式・条件に関して，援助供与国の側で政策面での十分な調整が行われるべきこと，③被援助国は民間投資を引き付けられるような条件を整備すること，④援助供与国は，インド，パキスタン両国が現実的に開発計画を立案できるように，援助の事前保証に努めること[16]。この三賢人使節団の報告書は，現地の事情に寛大な理解を示し，南アジア両国政府にとって基本的に歓迎すべき提案であった[17]。

1960年3月12日に，ワシントンの世銀本部で，第二次五カ年計画への経済援助実績の検証のため会議が開かれた[18]。それを受けて1960年9月12～14日に，パリにおいて第3回会議が開催された。この1960年9月の会議では主に，翌61年4月から開始される第三次五カ年計画でインドが必要とする外国からの援助金額が議論された[19]。インド政府を代弁してB. K. ネルーは，次の五年

---

(46), AMS/ 59 (National Archives of India)；『朝日新聞』1959年10月22日朝刊「さらに援助期待」。
15）波多野澄雄「東南アジア開発をめぐる日・米・英――日本のコロンボ・プラン加入を中心に」『年報・近代日本研究』16（1994年）。
16）Bankers' Mission to India and Pakistan February-March, 1960, 3/ 19/ 1960, in India-General -Missions -Three Wise Men-Correspondence, Vol. 2 (World Bank Archives).
17）Mason and Asher, *The World Bank since Bretton Woods*, p. 677.
18）Indian Consortium—Third Meeting, Washington, March 1960, OV56/ 62 (BoE).

間で第二次計画のほぼ倍にあたる 15 億〜17 億 5000 万ドルの経済援助が必要であると主張した。向こう 5 年間の経済開発計画のためにインドが必要とする長期の対外援助額とその様式を議論したことにより，コンソーシアム自体が，外国為替危機を救済するにわか仕立ての緊急会合から，幅広い見地から長期にわたる経済開発を議論する場に変容した点が特徴的であった[20]。

3) 世界銀行による国際開発協会設立とインド

以上のインド援助コンソーシアム発足に加えて，開発援助政策，後の政府開発援助 (ODA) につながる援助機構の変革があった。1960 年 11 月に世銀主導で発足した国際開発協会 (IDA) がそれである[21]。

実は 1940 年代末から，国連社会経済理事会で，低利での多角的援助を可能にする新たな機関の可能性が議論され，四つの公式報告書が 51 年までに国連とアメリカ政府に提出されていた。構想案には差があったが,「ソフトローン」の必要性では意見の一致が見られた。1950 年代末になると世銀内部でも，信用貸し基準 (creditworthiness considerations) だけでの資金運用には限界があり，融資対象国の拡大が困難なことが認識されるようになった。とりわけ，南アジアのインド，パキスタン両国向け融資が検討課題となった。最終的には，IDA の設立に当初消極的であったアメリカ政府の姿勢が変わり，1959 年 6 月には，世銀のアメリカ政府代表が，世銀の付属機関として，優先順位の高い健全なプロジェクトに資金を供与することで発展途上国の経済開発を促進するために，資本金 10 億ドルで，IDA を設立する提案を行った[22]。このアメリカ側

---

19) Third Meeting on India's Foreign Exchange Situation : Report of Proceedings Prepared by the Chairman, IND 5, 9/14/1960, India-General-Consortium Meeting No. 3 (1959), Vol. 1 (World Bank Archives).
20) India Consortium, July 10, 1968, *Working Paper* 80480, pp. 9, 19 (World Bank Archives).
21) 国際開発協会設立の経緯については，Richard Webb, 'Approaching the Poor, 1959-1968', in Devesh Kapur, John P. Lewis and Richard Webb, *The World Bank : Its First Half Century, Vol. 1 : History*, chap. 4, pp. 154-175 ; John P. Lewis, 'IDA : The Bank as a Dispenser of Concessional Aid', in Kapur, Lewis and Webb, in ibid., chap. 17, pp. 1119-1138 ; 駒井義明「国際開発援助機関の概要および援助機構」原覚天編『経済援助の研究』(アジア経済研究所，1966 年) 付録・第 12 章。

の提案に基づいて,翌 1960 年 11 月に IDA が発足し,低開発国を対象として世銀グループによる長期のソフトローンの提供が始まった。「ソフト」の解釈には柔軟性が付与された(融資期間 50 年,10 年の支払い猶予,11 年後から年利 1 パーセント,20 年以降年 3 パーセント,手数料 0.75 パーセント)。融資対象は,世銀本体の融資と同様にプロジェクトが想定されたが,水道事業・公衆衛生・実験的住宅建設など,すぐに収益を見込めない社会関連・貧困軽減(poverty alleviation)のプロジェクトも融資対象として認められた。

IDA の資本金は当初 10 億ドルと比較的小規模であり,全額加盟国政府の出資金(1961〜64 年の 4 年間分割で払い込み)で賄われた。IDA の発足後,最大の融資先になったのは南アジアのインド,パキスタン両国であり,全融資額の約 75 パーセントを占め,「インド゠パキスタン開発協会」(India-Pakistan Development Association)と皮肉られた[23]。正にインドのために IDA が創設されたような状況で,融資を通じた世銀グループとインドとの関係は急速に深まったのである。IDA の創設は,従来の世銀の「市場媒介型」の金融仲介業務が貧困軽減のミッションと統合され,後の 1970 年代の第 5 代ロバート・マクナマラ総裁時代(1968〜81 年)に世銀が変容する契機になった[24]。

4)ワシントン大使館付経済顧問 B. K. ネルーの活躍

国際開発協会(IDA)の設立が世銀で議論されていた 1950 年代末に,インド側でも,B. K. ネルーを中心に,C. S. クリシュナモルティ,I. G. パテールなど,ワシントンに駐在し世銀・国際通貨基金のインド代表を務めていた国際金融問題の専門家が中心となって,世銀に基盤を置く新たな機関からの大規模低利融資の確保を目指す動きが見られた[25]。外貨危機に陥ったインドも,世銀-IDA

---

22) Annex : The United States Proposal for an International Development Association, C.E. (A.G.) (59) 6 (Final), 22 July 1959, OV44/ 58 (BoE).
23) Kirk, *India and the World Bank*, pp. 8-9.
24) Richard Webb, 'Approaching the Poor, 1959-1968', in Kapur, Lewis and Webb, *The World Bank*, chap. 4.
25) John P. Lewis, 'IDA : The Bank as a Dispenser of Concessional Aid', in Kapur, Lewis and Webb, *The World Bank*, chap. 17, p. 1127, note 13.

構想実現にあたり積極的に関与した。

B. K. ネルーによれば，「インドにおける外国援助の全盛期は，第三次五カ年計画の形成期にあった」。「第三次計画中に，ほぼ52億ドル（248億8000万ルピー）相当の新規援助が約束され，実際に42億ドル（201億6000万ルピー）が提供された。計画終了時に将来援助として活用できる約24億ドル（114億2000万ルピー）が未執行であった。この金額には，約18億ドル（85億ルピー）相当のPL480〔第4章を参照〕による輸入品が含まれていない。債務返済経費を差し引いた上で総計すると，第三次計画中に実際に利用された純外国援助額は，ほぼ48億3000万ドル（230億ルピー），あるいはインド経済への純投資額の約21パーセントに達した」[26]。

この年平均約10億ドルの対インド外国援助のうち，アメリカからの援助の重要性が増大し，インド援助コンソーシアム内部でもアメリカが最大の援助国であった（図3-4参照）。アメリカでは，1961年のケネディ政権の発足とともに，同年9月対外援助法を制定し経済援助重視の姿勢を明確にした。11月には，国際開発局（Agency for International Development：AID）を創設して対外援助窓口を一本化し（PL480を除く），援助総額も年約50億ドル強から年64億ドルに増額した。1960年に創設されたIDA，66年に発足するアジア開発銀行（The Asian Development Bank：ADB）の準備過程でも主導的役割を演じ，多国間援助（総額の約6パーセント）も重視された。ケネディ政権とともにアメリカの「開発の時代」が到来した[27]。

このケネディ政権からジョンソン政権への対米関係を最大限に活用したのが，インド援助コンソーシアムの始まりと同時にワシントンに赴任したB. K. ネルーであった。彼は，アメリカ政府および財界からの共感と金融支援を得るために，インドの経済的挑戦を強調する演説を頻繁に行っていた。1960年5月には，デトロイトの経済倶楽部で「インドの経済的挑戦——民主主義はそれに

---

26) B. K. Nehru, 'Foreign Aid: Retrospect and Prospects', The Shastri Memorial Lectures organized by the Institute of Public Enterprise, 12–13 January 1968, New Delhi, in B.K. Nehru Papers, III-A Speeches/ Writings by Him, No. 9 (Nehru Memorial Museum).

27) 川口融『アメリカの対外援助政策——その理念と政策形成』（アジア経済研究所，1980年）第3章。本書第4章第2節も参照。

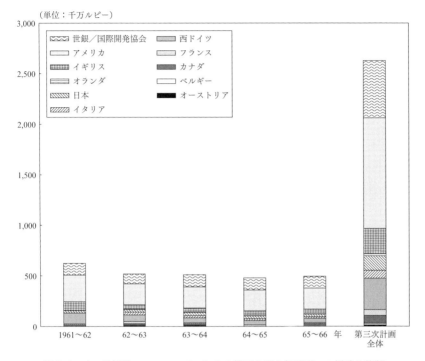

図 3-4 インド援助コンソーシアムによる第三次五カ年計画への援助公約額

出所）Reserve Bank of India, *Report on Currency and Finance, 1964-65*, Bombay, 1966, p. 26.

応えることが可能か」と題する講演を行った。

中国が全体主義による開発の象徴であるのと同様に，インドは，民主主義を通じた開発の象徴となった。我々は世界のいかなる地域とも経済的競争を行っているわけではないが，非常に多くの国々が強い関心を持って，どちらが自国の課題解決のため好都合であるかを見極めるために，このアジアの二大国の発展動向を凝視しているのは明らかである。

彼は，経済開発に冷戦の論理を持ち込んだ上で，アジアにおける民主主義国の旗手として，経済成長の速度を維持するためにも，外国からの経済援助が必要であると強調した[28]。これに先立つ1960年4月に彼は，『ニューヨーク・タイ

ムズ・マガジン』に「年2,700ドルあるいは70ドル」と題する論文を寄稿し、この経済的較差は先進国からの資本移転により乗り越えられると主張した[29]。

1961年7月に駐米インド大使に任命されたB. K. ネルーは、信任状奉呈の際、アメリカが価値観と理念を共有するインドの経済開発のパートナーであることに謝意を表した[30]。これ以降、ケネディ大統領と大使B. K. ネルーの個人的信頼関係に支えられて、アメリカのインド経済開発への支援はさらに拡大・強化された。インド政府は、開発援助競争を巧みに操ることで、1962年10月の中印国境紛争での敗北、軍備増強による財政負担増にもかかわらず、第三次五カ年計画を順調に展開することができた。

5）インド連邦準備銀行の援助認識

インド側で借款交渉の実務を担当したのが、インドの中央銀行であった連邦準備銀行（RBI）であった。1935年に設立されたRBIは、49年に国有化されて以降、インド大蔵省の監督下に入り本部はボンベイ（ムンバイ）に置かれていた。RBI総裁のB. K. マダンは、1959年10月の時点で、次期の第三次五カ年計画には二国間援助の獲得が重要であり、インドのスターリング残高が急激に減少しているため、特定のプロジェクト向けでない一般目的クレジットが必要であると考えた[31]。「外国援助は、1956～57年の全赤字額の43パーセント、57～58年の54パーセント、58～59年の89パーセント、1959～60年の94パーセントを融資し、準備金への負担が多いに軽減された。（中略）その意味

---

28) 'The Economic Challenge in India : Can Democracy meet it', delivered before the Economic Club of Detroit, Michigan, May 9, 1960, *Vital Speeches of the Day*, Vol. XXVI, No. 22, September 1960, in B. K. Nehru Papers, III-A Speeches/ Writings by Him, No. 1 (Nehru Memolial Museum).

29) '$2700 a Year or $70 a Year', *The New York Times Magazine*, April 16, 1961, in Ibid., No. 4.

30) 'Indian Ambassador to USA Presents Credentials', Ministry of External Affairs, External Publicity Division, New Delhi, 22 September 1961, F.73 (74), AMS/ 61 (National Archives of India).

31) F41467, Memorandum to the Central Board : The Foreign Exchange Position by Economic Department, Reserve Bank of India, 17/ 10/ 1959, by B.K. Madan, Executive Director (Reserve Bank of India Archives, Pune : 以下RBI Archivesと略す）.

表 3-1 インドの対外収支状況の変化（1956〜60年）

(単位：千万ルピー)

	年度	1956〜57	1957〜58	1958〜59	1959〜60	年平均額 1956.4〜60.3	1951.4〜56.3
1	輸入額						
	(1) 民間	812	696	505	507	630	543
	(2) 政府	287	537	525	416	441	182
	小計	1099	1233	1030	923	1071	725
2	輸出額	635	594	576	623	607	622
3	貿易差額	-464	-639	-454	-300	-464	-103
4	金の移動				6		
5	貿易外収支	111	102	81	65	91	78
6	経常収支赤字額	-353	-537	-373	-229	-373	-25
7	特別資本支出				-24		
8	特別資本収入			34		-32	-32
9	その他の資本取引	-36	-23	-44	-34		
10	総計（赤字額）	-389	-560	-383	-287	-405	-57
11	外国からの援助						
	a-1 贈与	40	34	34	36	36	19
	a-2 借款	31	115	212	162	130	21
	（世銀からの借款）	(17)	(66)	(77)	(26)	(46)	(2)
	a-3 PL480/PL665	42	116	95	97	88	
	援助合計	113	265	341	295	254	40
	b-1 IMF引き出し	55	35		-24	16	-8
	援助総計	168	300	341	271	270	32
12	純赤字額	-221	-260	-42	-16	-135	-25
13	外貨準備高	681	421	379	363		

出所) F41471, Balance of Payments and Foreign Exchange Reserves Positions and Prospects, 22 June 1960, p. 107 (RBI Archives).

で当面，開発は，大部分外国援助の賜物であった」[32]。第二次五カ年計画が終了する時点で，RBI当局は，インドの安定的な経済開発のため外国からの援助が果たす決定的な役割を明確に認識していた（表3-1参照）。

---

32) F41471, Confidential No. B15, Memorandum to the Central Board, Balance of Payments and Foreign Exchange Reserve Position and Prospects, by Division of International Finance, Economic Department, Central Office, RBI, 20/06/1960 (RBI Archives).

第三次五カ年計画の前提条件として，マダンは，インドの輸出を増進して一層多くの外国為替を獲得するために，アフリカと東南アジア地域における地域経済協力，あるいは新たな地域貿易秩序の枠組みの必要性を強調した。

> 東南アジアにおける地域的グループ分けの議論が現在進行中で，ECAFE（国連アジア極東経済委員会 The Economic Commission for Asia and Far East）でその方向で措置がとられ，作業部会の予備的報告書も用意された。(中略) インドは，日本を除くアジア諸地域において最も発展しており，軽工業製品のようなさらに多くの消費財需要だけでなく，ある種の資本財のニーズにも応えることが可能である。(中略) 輸出振興が長期の戦略である一方で，短期的には，ギャップは適切な外国援助を通じて埋め合わせることが可能である[33]。

インドの経常収支を改善する長期的戦略として，地域経済協力は不可欠であり，第二次・第三次五カ年計画を通じてインドの「輸入代替工業化」が進展するにつれて，工業製品輸出の拡大が緊急の課題として浮上してきた。工業化の進展に伴う産業構造の変化，中間財の近隣アジア諸地域への輸出可能性の模索，そのための新たな地域経済協力の必要性を，1960年代初頭の時点で，一部の政策当局者は認識していたのである。

3 ソ連の「経済的攻勢」とインドの輸入代替工業化

1）冷戦の展開と「第三世界」に対する経済援助競争

本節では，冷戦体制の下で展開されたソ連のアジア諸国に対する経済援助政策の展開とアジアの工業化との関連を，最大の被援助国であったインドの事例を通じて考えてみたい。1950年代半ばは，社会主義国ソ連による低開発国への対外経済援助が始まった点でも，注目に値する。1955年に，ソ連の「平和的攻勢」，政策的キャンペーンを通じて，質量の両面で実質的な低開発国向け

---

33) F41481, II The Balance of Payments—April-September 1961 Preliminary Actuals, by B.K. Madan, Executive Director, RBI, Central Office, 16/02/1962 (RBI Archives).

の経済援助が開始された。

　アメリカ国務省の推計によれば，1955〜63年度のソ連圏（東欧諸国を含む）からの低開発諸国向けの経済援助は，累計で49億ドルに達した。ソ連の経済援助は，常に国際政治面で最も効果的と考えられる機会をねらって，その政治的演出効果を十分に計算して供与された。ソ連から経済援助を受けた被援助国は，1963年までに29カ国であった。ソ連の援助政策は，アジア諸国の中でも特定の非同盟中立政策を掲げる国家，インド（9億8200万ドル），アラブ連合（エジプト）（7億3600万ドル），インドネシア（5億9400万ドル），アフガニスタン（5億700万ドル）に集中して供与され，インドが最大の被援助国であった[34]。

　ソ連の援助は，インドのビライ製鉄所，エジプトのアスワン・ハイダムのように，援助受入国の政府による基幹的プロジェクトに借款として，比較的有利な条件（利率2.5パーセント，返済期限12年）で集中的に供与された。援助と商品貿易が緊密に結びついており，実質的には輸出信用の供与に近いが，その返済には被援助国の商品輸出によるバーター取引も認めていた。このソ連の「援助競争」への参入が，他の西側援助国の経済援助政策にも変更をもたらすことになった。同時に，非同盟中立を掲げた第三世界の諸国も，冷戦体制下での主要国による経済援助競争を巧みに利用して，インフラ整備をはじめとする経済開発，工業化に本格的に着手することが容易になった。それを最もうまく実行したのが，1950年代後半から60年代半ばのインドであった。

2）フルシチョフ政権の「経済的攻勢」とインド

　インドに対するソ連の経済援助は，五カ年計画の重化学工業化戦略に沿った借款による資本財（工業プラント，機械設備）の提供と，技術者の派遣とインド人訓練生の受け入れを中心とした技術支援で構成された。

　まず，1955年3月に，インドとソ連両政府の間で，ビライ製鉄所建設の援助協定が調印された。インド中部のチャッティースガル州に位置するビライ製鉄所（年産100万トン）は，借款と技術援助（技術者の派遣）および生産設備の

34）森田節男「ソビエトの経済援助」原編『経済援助の研究』第5章。

供与を通じて 1959 年に操業を開始した。同製鉄所は，インド側の第二次五カ年計画の工業化戦略の中核となる工場で，ソ連にとっても，第三世界の低開発国に対する最初の大規模経済援助であった。1955 年 11 月には，フルシチョフとソ連首相ブルガーニンがインドを訪問して両国の緊密な関係を誇示した[35]。

インド政府の主体性は，技術教育政策の推進に際して，国際援助を最大限有効に活用して，インド工科大学（Indian Institute of Technology：IIT）を設立した過程でも発揮された。インド政府は独立前の 1946 年にサーカー委員会において，戦後インドの工業発展に必要とされる高等技術教育機関の規模と数を検討していた。委員会は，アメリカのマサチューセッツ工科大学（MIT）をモデルとした高等教育機関 4 校の創設を提言し，第一次五カ年計画の初年 1951 年に，アメリカ，イギリス，ソ連および西ドイツの支援を得て IIT カラグプール校を設立した。

首相ネルーは，カラグプール校の実績をもとにさらなる高等技術教育の振興と人材育成を目指して，独自の 4 億 9000 万ルピーの技術教育費に加えて，上記 4 カ国の国際協力により，1956 年からの第二次五カ年計画において残り 3 校の IIT を設立した。具体的には，①ソ連の資金援助とユネスコの協力によって，1958 年に 2 番目の IIT としてボンベイ校（1970 年までの援助総額 720 万ドル），②翌 59 年に，西ドイツの援助により IIT マドラス校（同 750 万ドル），アメリカの援助により IIT カンプール校（同 1450 万ドル）が設立され，やや遅れて③63 年に，イギリスのコロンボ・プランを通じた援助により IIT デリー校（同 480 万ドル）が創設された[36]。ソ連は，IIT ボンベイ校の設立に際して，資金援助に加えて，合計 59 名の専門家と 14 名の技術者を派遣するとともに，自国で 27 名のインド人スタッフの技術教育を引き受けた[37]。他方でネルーは，

---

35) イリヤ・V. ガイドゥク「二つの戦争の間の平和攻勢——フルシチョフのアジア政策，1953〜1964 年」渡辺昭一編『コロンボ・プラン——戦後アジア国際秩序の形成』（法政大学出版局，2014 年）第 9 章。

36) IIT 設立の経緯については，明治大学の横井勝彦氏から御教示を得た。横井勝彦「コロンボ・プランにおける技術援助の諸側面——英印間の技術移転の実態」第 79 回社会経済史学会大会パネル報告（2010 年 6 月 20 日，関西学院大学）；横井勝彦「1960 年代インドにおける産官学連携の構造——冷戦下の国際援助競争」『社会経済史学』81-3（2015），355-357 頁。

主要援助国間の競争と国際機関ユネスコを巧みに利用して，自国予算の不足を外国からの資金援助と技術支援で補完しながら，高等技術教育機関の整備に成功したのである。

さらにインド政府は，第三次五カ年計画に着手するにあたり，西側諸国との借款交渉をインド援助コンソーシアム経由で行うとともに，ソ連との経済協力，資金の獲得を求めて1959年に二国間交渉を行った。B. K. ネルーも，モスクワでの政府間交渉に専門家としてワシントンから加わった。1959年9月の協定で，ソ連は第三次計画で立案中のプロジェクトに対して15億ルーブル（18億ルピー）の借款供与に合意し，その後5億ルーブル（6億ルピー）を加えて，総額で20億ルーブル（24億ルピー）の資本援助を行うことになった[38]。これは，「ソ連と東欧諸国は，第三次計画が始まる前に，その計画への支援として約6億1800万ドル（29億4000万ルピー）の資本提供を公約した」というB. K. ネルーの回想ともほぼ一致する[39]。

ソ連のクレジットは，インドにとって多くの利点（年利2.5パーセント，償還期間12年）があったが，最大の利点は元利の償還を現地通貨ルピーで行い，インド物産のソ連への輸出に活用できる点であった。ソ連は，技術支援で生産のノウハウの移転にも積極的であった。1960年6〜7月に，蔵相デサイがソ連および東欧圏を訪問した際にソ連首脳部に対して，ソ連と共産主義イデオロギーの存在によって，インドがいかに恩恵を受けているか，アメリカの経済援助はソ連の対応に刺激を受けたものである，と深い謝意を表明していた[40]。ソ

---

37) http://www1.iitb.ac.in/about/historyNew.html（2016年8月26日アクセス）.

38) 'Utilization of 1500 million Rouble Credit to India : Agreement Singed (12 February 1960)', F. 6 (21), FC/ 60 Foreign Credits Section : 'Soviet Assistance for the Third Five Year Plan', Ministry of Finance, Department of Economic Affairs (1960) (National Archives of India).

39) B. K. Nehru, 'Foreign Aid : Retrospect and Prospects', The Shastri Memorial Lectures organized by the Institute of Public Enterprise, 12–13 January 1968, New Delhi, in B.K. Nehru Papers, III-A Speeches/ Writings by Him, No. 9, I : Retrospect, p. 18 (Nehru Memorial Museum).

40) 'Copies of Letters of Moraji Desai, Finance Minister, to Jawaharlal Nehru, regarding His Visits Abroad (East European Countries, USSR and West Germany and Egypt)', Top Secret, No. FM/ 60/ 99, July 8, 1960, in B. K. Nehru Papers, Subject File, No. 97 (Part II), 1960 (Nehru Memorial Museum).

連側の対外貿易省は,インド物産(ジュート原料および製品,皮革製品)の輸入拡大を望み,インド側は綿製品のソ連向け輸出の可能性を打診した。現地通貨での借款(債務)返済は,この時点では当事者双方にとって貿易拡大のメリットがあった。さらにソ連側は,借款供与の速やかな実行を約束し,インド側は公約実行後のさらなる支援の拡大に期待を寄せた。

　しかし,1960年代中頃において,ソ連の年間経済援助実行額は4億ドル程度にとどまり,西側の援助実行額よりもはるかに少なく,低開発諸国が必要とした毎年の投資額には及びもつかなかった。政治外交では超大国としてアメリカと張り合ったが,経済力と対外経済援助では「地域大国」レヴェルにとどまったソ連の経済力の限界が,アジア諸国,とりわけインド向けの対外経済援助政策にも反映されていた。こうした限界はあったものの,ソ連の「経済的攻勢」に刺激されて,第2節で言及したインド援助コンソーシアムは初めて成立したといえる。当初は世銀のイニシアティヴで結成されたコンソーシアムも,ソ連への対抗上,インドの第三次五カ年計画への本格的な金融支援に乗り出し,1960年9月の第3回会議から恒常的な国際機構に転換したのである。

4　インド援助コンソーシアムの変容

1)　第三次五カ年計画とコンソーシアム

　前述のように,1960年9月の第3回会議からコンソーシアムは,インドの経済開発に関する広範な諸問題を取り上げ,インド政府が立案する経済開発五カ年計画に関連した意見交換,方針や政策の変更の要請を行う場となった。とりわけ,1961年に開始された第三次五カ年計画が,コンソーシアム自体の変容の契機となった。

　1961年4月25〜27日と5月31日〜6月2日にワシントンで開催された第4回会議から,年2回の会議開催が慣例となった(表3-2を参照)。最初の会議では,通常,インドの経済発展の進み具合と援助利用額(aid utilization)の確認・検証,さらに当年の援助要請の予備的検討が行われた。2回目の会議では,各

表 3-2　インド援助コンソーシアム会議開催一覧 (1958〜68 年)

会議	開催期日	開催場所	議　長
第 1 回	1958 年 8 月 25〜27 日	ワシントン	ユージン・ブラック
第 2 回	59 年 3 月 16〜17 日	〃	〃
第 3 回	60 年 9 月 12〜14 日	パリ	J. B. クナップ
第 4 回	61 年 4 月 25〜27 日	ワシントン	ユージン・ブラック
	5 月 31 日〜6 月 2 日	〃	〃
第 5 回	62 年 1 月 29〜30 日	〃	W. アイリフ
第 6 回	7 月 30 日	〃	〃
第 7 回	63 年 4 月 30 日〜5 月 1 日	〃	ジョージ・ウッズ
第 8 回	6 月 4〜5 日	パリ (OECD)	G. M. ウィルソン
	7 月 18 日〜8 月 7 日	ワシントン	〃
第 9 回	64 年 3 月 17〜18 日	パリ (OECD)	〃
第 10 回	5 月 26 日	ワシントン	〃
第 11 回	65 年 3 月 16〜17 日	パリ (OECD)	〃
第 12 回	4 月 21 日	ワシントン	〃
第 13 回	66 年 11 月 7〜8 日	パリ (OECD)	I. P. M. カーギル
第 14 回	67 年 4 月 4〜6 日	〃	〃
第 15 回	9 月 7〜8 日	〃	〃
第 16 回	11 月 13〜14 日	〃	〃
第 17 回	68 年 3 月 4〜5 日	〃	〃
第 18 回	5 月 23〜24 日	ワシントン	〃

出所）*World Bank Working Paper* 80480 (1968) (World Bank Archives).

国代表が援助可能額を表明して，当該年度における各国の対インド援助公約額 (aid pledges) が確定した。

1961 年の第 4 回会議では，新たに発足したアメリカのケネディ政権の主導により，コンソーシアムの慣例が変更され，インド側に有利な援助の柔軟性を確保する三方針が打ち出された。①プロジェクト援助から「非プロジェクト援助」(non-project aid) へ，②援助の複数年「事前保証」，③「マッチング原則」の採用，以上の 3 点である[41]。

まず援助の形式として，非プロジェクト援助の重要性が正式に認識されるようになった。従来のコンソーシアム諸国の援助は，ダム・発電所等のインフラ

---

[41] Fourth Meeting on India's Foreign Exchange Situation : Report of Proceedings, Prepared by the Chairman, 6/2/1961, IND (1961) 17 (Final), India-General-Consortium Meeting No. 4 (1960-61), Vol. 3 (World Bank Archives).

施設や製鉄所・製油所建設など特定のプロジェクトを対象としたプロジェクト援助が主流であった。しかし，(a) 過去の借款導入に伴う債務の増大，(b) 第二次五カ年計画で完成したプラント（工場）の稼働継続に不可欠な非鉄金属・石油など必需物資の輸入増大，(c) インド産業の成長・高度化による様々な部品輸入の拡大，(d) それらの輸入の増大をカバーすべき輸出収入の伸び悩み，以上の複合的な要因によって，インド政府は，柔軟に使用できる「一般目的のための援助」(general purpose aid)，非プロジェクト援助の増額を要望するようになった[42]。このインド側の要請に対して，第4回会議でアメリカは，第三次五カ年計画の当初2年間の1961～62, 62～63年に関して，10億ドルを非プロジェクト援助向けとすることを認めた。同年，西ドイツもアメリカの方針に追従して，援助全額を非プロジェクトに振り向けることを承認した。

同時にアメリカ政府は，援助額の「事前保証」の側面でも，1961～63年の2年間の継続的な援助の供与を保証し，予算制度上，単年度ごとの支援しか公約できなかった各国政府に援助の継続性，インド側の五カ年計画に合わせた継続的な援助の事前保証を要請した。世銀はいち早くアメリカの方針に賛成し，これによりインド政府は，重化学工業化に必要なプラントや資材の前倒し発注が可能になり，第三次計画の早期実行が促された。

さらに同会議でアメリカは，コンソーシアムの他の加盟諸国に自国と同額相当の援助供与を求める「マッチング原則」の適用を求めた。ケネディ政権のもとで急増する対インド経済援助（1962年度5億ドル）の財政的負担を[43]，コンソーシアム加盟諸国にも応分に求めたのがマッチング原則である。インド援助コンソーシアムの最大の資金供与国であったアメリカが打ち出したこの原則は，以後必ずしも守られたわけではなく，現実としてアメリカの役割が突出していたが，次章で扱うインドの食糧危機の際にも採用されることになった。

---

42) イングランド銀行の金融専門家は，インドの国際収支への影響を軽減するため，一般目的援助の必要性を指摘していた。'Indian Consortium : Rumbold's note of 2nd May', 10th May 1961, OV56/66；'Memorandum by the Treasury', 18th May 1961, OV56/66 (BoE).

43) 菅英輝「アメリカのヘゲモニーとアジアの秩序形成，1945～1965年」渡辺編『帝国の終焉とアメリカ』第7章，214-217頁。

以上に加えて1960年から，インドに供与される借款の「質」，借款条件の緩和，提供される借款の「ソフト化」が課題となった。当初から世銀は，被援助国インドにとって長期間にわたり過大な金融・財政負担が生じないように，借款条件の緩和に努めていた。実際に，インド援助コンソーシアム加盟諸国が提供した借款の条件には大きな格差があった。カナダからの資金は，コロンボ・プラン加盟国ということもあり全額が「贈与」であった。1961年に発足した国際開発協会（IDA）の借款は，非常に好条件（10年の支払猶予期間を含む50年の返済期間，利率年1〜3パーセント，手数料0.75パーセント）であり，アメリカ・ケネディ政権のもとで始まった国際開発局（AID）ローンも，同様に低利のソフトローンであった。他方，1961〜62年に加盟国になったヨーロッパ5カ国が提供した資金は，年利6〜7パーセントで，返済期間10年以内の輸出信用保証であり，通常の一般商業借款と変わらず，インドにとって魅力に欠ける借款であった[44]。IDAを含めた世銀グループによる借款条件のソフト化の背後には，前述のソ連の「経済的攻勢」による援助拡大があった。

2）1962年中印国境紛争の影響──軍事援助の増大

順調にスタートしたインドの第三次五カ年計画を揺るがす事態に発展したのが，1962年10月20日に勃発した中印国境紛争である[45]。それに先立ち，1962年5月28〜29日と7月30日にワシントンで開催された第6回会議では，インドの国際収支が赤字に陥る危機的状態にあることが問題になった。インドへの最大の投資国であり，最大の貿易利害を有していたイギリスは，スターリング圏の有力国としてインドの立場を擁護する姿勢を明確にし，インド国際収支危機を，コンソーシアム加盟諸国全体の集団的連携と，国際通貨基金（IMF）からの特別引き出し2500万ドルで乗り切ることを容認した。この時点で，特にイギリスの金融当局は，前述の「一般目的のための援助」を通じた国際収支赤

---

[44] 'India Consortium', 10 July 1968, *Working Paper* 80480, pp. 19-21 (World Bank Archives).
[45] 吉田修「パクス・アメリカーナとの遭遇と離反──南アジア国際関係の60・70年代」秋田茂・水島司編『現代南アジア6 世界システムとネットワーク』（東京大学出版会，2003年）第5章を参照。

字への支援拡大を主張していた[46]。

中印国境紛争の勃発とインドの敗北は，英米両国によるインドへの緊急軍事援助の実施につながった。インド政府の軍事援助の要請に積極的に対応したのは，イギリス政府であり，イギリスの連邦関係省（Commonwealth Relations Office：CRO）は，当面 3 億ポンド，経済援助を含めると総額 13 億ポンドの対印援助を提案した。この大規模な緊急援助案に対して，イギリスの金融当局（大蔵省とイングランド銀行）は，一般経済援助と軍事援助の混同に対する懸念を表明し，従来からのコンソーシアムと世銀が果たしてきた役割を改めて強調した。そして，軍事援助問題はコンソーシアムの枠組みに馴染まず，当面はインドの国際収支赤字（3 億 1700 万ドル）を補填する長期借款を優先すべき点を強調した[47]。国境紛争（軍事的対立）による軍備増強と軍需物資の増産は，重化学工業化を目指した第三次五カ年計画に資金面から見直しを迫り，援助国イギリス政府内部でも，限られた対印援助資金をめぐる民生部門の経済開発と軍事費の競合，輸入の急増に対する懸念が表面化したのである。

これを受けて開催された翌 1963 年の 2 回の会議（第 7 回：1963 年 4 月 30 日〜5 月 1 日；第 8 回 6 月 4〜5 日，7 月 18 日〜8 月 7 日）では，当初インド側の援助要請額 12 億 5000 万ドル（プロジェクト援助 7 億ドル，非プロジェクト援助 5 億 5000 万ドル）に対して，コンソーシアム援助国側の支援申出額が 9 億 1500 万ドルにとどまり，援助額の積み増しのため会議が一時中断された[48]。結局 8 月の第 8 回パリ会議において，アメリカ，日本，西ドイツ，イタリア，オース

---

46) 'Dispatch : Aid to India', by the Treasury, 25 May 1962, OV56/ 68 ; 'Note : Aid to India', by the Treasury, 26 June 1962, OV56/ 68 ; 'Note : INDIA : The Balance of Payments Position', by the Treasury, 8 August 1962, OV56/ 68 (BoE).
47) Economic and Military Aid to India : Letter from H.A.F. Rumbold (BoE) to Sir Paul Gore-Booth (British High Commissioner in New Delhi), 24 December 1962, OV56/ 69 ; Indian and Pakistan Consortia : Letter from P.S. Milner Barry (The Treasury) to D.B. Pitblado (British Embassy, Washington, DC), 14 March 1963, OV56/ 69 (BoE).
48) India Consortium Meeting (Washington)', 30 April 1963, OV56/ 70 (BoE) ; Seventh Meeting on India's Foreign Exchange Situation, IND (1963) 7 (revised), 5/ 3/ 1963, India-General-Consortium Meeting No. 7 (1962–63), Vol. 2 ; India—Minutes of the Seventh Meeting on India's Foreign Exchange Situation—April 30 and May 1, 1963, India-General-Consortium Meeting No. 7 (1962–63) Vol. 1 (World Bank Archives).

トリアおよび世銀が援助の増額に応じ,最終的に 10 億 5200 万ドル,そのほぼ 4 割を非プロジェクト援助にあてることで合意した[49]。この会議でも,第三次五カ年計画の過大な見積もりのもとで,インドの輸入が急増し(貿易赤字 17 億 4400 万ドル),利払い(3 億 2500 万ドル)も拡大する過程で,インドの経常収支悪化への懸念が表明されていた[50]。

5　山積する課題——インド経済開発計画と経済援助の問題点

1) インド経済の「停滞」と世界銀行ベル調査団の派遣

　前述のように世銀は,インド政府が第三次五カ年計画を作成する最終段階の 1960 年 2~3 月に,現状視察のため三賢人使節団を派遣した。第四次五カ年計画の立案が始まる時期に,同様に世銀は,インド政府に対する政策提言のため経済調査団を派遣した。世銀主席経済顧問バーナード・ベルを団長とするベル調査団である。

　ベル調査団が派遣された背景として,1960 年代半ばからのインドの経済発展の減速があった。毎年のコンソーシアム会議での協議を通じて,10 億ドル以上もの対外経済援助が供与されたにもかかわらずインドの「貧弱な経済実績」(poor economic performance)への失望感が,コンソーシアム加盟諸国に広がりつつあった。

　世銀は,客観的なインド経済の現状調査のためには,外部の専門家の協力が必要であると主張して,総裁ジョージ・ウッドが直接インド蔵相 T. T. クリシュナマチャリを説得して了承を得た。調査団には,農業問題の専門家でオー

---

49) Telegraph : FO No. Eager 198, from Washington DC to Foreign Office, 7 August 1963, OV56/ 71 (BoE) ; Eight Meeting on India's Foreign Exchange Situation, SecM 63- 178, 8/ 7/ 1963 ; India—Minutes of the Eighth meeting on India's Foreign Exchange Situation—Re-convened Session, August 7, 1963, 8/ 13/ 1963, India-General-Consortium Meeting No. 8 (1963) Vol. 1 (World Bank Archives).

50) Note : Indian Memorandum for the 1964 Consortium Meeting, by the Treasury, 25 February 1964, OV56/ 72 (BoE).

ストラリア国立大学の J. クロフォード，ニューデリーのフォード財団に勤務し農村問題が専門のカナダ人 W. D. ホッパーが加わった[51]。ベル調査団は 1964 年 10 月から 65 年 2 月末までインド各地を訪問し，詳細な現地調査と政策当局者との対話を行い，10 月に暫定報告書を世銀総裁に提出した。その報告書の内容をめぐりインド政府と協議を重ね，またコンソーシアム加盟諸国にも暫定報告書は送付されて検討が加えられた。インド政府は，内政干渉・主権侵害を主張する野党勢力からの批判を危惧して報告書の全面的な公表を拒んだが，最終的に世銀の内部文書として，1966 年 10 月に全 14 巻の包括的な報告書が公表された[52]。

このベル報告書は，世銀側の評価によれば，「世銀が行った最も野心的で包括的なインドの経済開発政策のレヴュー」であった[53]。報告書では，第三次五カ年計画後半で顕在化した，インド経済成長の減速とその諸要因が詳細に指摘され，インド政府に経済開発政策の重大な政策転換を求めていた。

ベル調査団が指摘した「進歩の阻害要因」(Obstacles to Progress) としては，①農業の相対的な軽視による農業生産の停滞と食糧輸入の増大，②人口抑制計画の欠如による人口増，③ルピー通貨の高為替レート維持（ルピー高）に伴う輸出の停滞，④行政による価格統制と過度の輸入代替工業化政策による資源の非効率な活用，⑤外国為替（外貨＝米ドル）の不均衡な配分による中間財・部品輸入 (maintenance imports) の不足と，国内産業施設（プラント）の生産能力の低活用，⑥公共投資部門の諸開発プロジェクトの非効率的な運営，⑦外国の民間資本投資の抑制と，外国からの技術移転・経営人材のフル活用の消極性，などが挙げられている。同時に報告書は，前述の中印国境紛争による軍事費増

---

51) John Lewis, 'Agriculture and Rural Development', in Kapur, Lewis and Webb, *The World Bank*, chap. 8, pp. 388-390. 農業部門で第一線の研究者を加えたのは，農業部門への融資に着目していた世銀総裁ウッドのイニシアティヴが働いていた。

52) Report to the President of the International Bank for Reconstruction and Development and the International Development Association on India's Economic Development Effort, 14 vols., October 1, 1965 (http: //documents. worldbank. org/curated/en/1965/10/12648064/report-president-international-bank-reconstruction-development-international-development-association-indias-economic-development-effort-vol-1-14-main-report　2015 年 10 月 12 日アクセス)．

53) 'India Consortium', July 10, 1968, *Working Paper* 80480, p. 14 (World Bank Archives).

大，軍備拡大と経済開発の同時追求による財政的圧迫と経済開発計画への悪影響も指摘していた。

いずれの論点も，インド政府の開発政策における過剰な統制・干渉，ライセンス制の問題点を突き，政策転換＝経済自由化を求めていた。特に問題視されたのが，従来の五カ年計画で軽視されてきた農業政策であり，「最も深刻で，インドの将来の発展にとって最も危険なのが農業の遅延であった」と指摘し，農業重視の政策転換の必要性を最優先課題として強調した。この農業軽視の五カ年計画の問題点が一気に顕在化するのが，次章で扱う1965年食糧危機である。

2）コンソーシアム経済援助の問題点――実行の遅れと債務の蓄積

第三次五カ年計画が終盤に近づくと，インド援助コンソーシアムの運用についても，課題と問題点が明らかになった。

経済援助の運用面においては，①タイド（ひも付き）援助の制約緩和，②援助の公約（pledge）と実行（disbursement）との時間差ギャップが問題となった。援助資金供与国からの資材・機械（プラント）の優先的輸入を求めたタイド援助は，被援助国インドの輸入面での柔軟性を奪う制約原因として，1964年のコンソーシアム会議で初めて話題になった。しかし，援助国側の国際収支の悪化軽減（＝輸出振興策）を理由に，タイド援助は年々強化される傾向にあった。また，援助の公約と実行の時間差，援助の遅れは，特にプロジェクト援助で顕著であった。たとえば，第三次五カ年計画では，援助公約額54億7190万ドルのうち，1967年6月末での実行額は36億9260万ドル（67.5パーセント）にとどまり，開発計画の遅延をもたらした。この問題は，1967年のコンソーシアムでの作業委員会（Working Party）での検討事項とされた。

さらに後の1960年代末に課題となったのが，インド側での経済援助による累積債務の蓄積と「負債救済」問題である[54]。インド政府の対外的な債務（借

---

54) インドの債務問題については，渡辺昭一「1960年代イギリスの対インド援助政策の展開――インド援助コンソーシアムとの関連で」『社会経済史学』81-3 (2015)；'India Consortium', July 10 1968, *Working Paper* 80480, pp. 22-28 (World Bank Archives) を参照。

金）は，1960年に約40億ドルであったが，66年には65億3500万ドルに増大した。第三次五カ年計画中の債務返済額は約12億ドル，第四次五カ年計画では約25億〜30億ドルに膨張することが予想されていた。インドの輸出の伸びを上回る債務の増加により，1965〜66年度の援助公約額10億ドルのうち，債務の返済に3億ドルがあてられ，実際に経済開発に使えるのは援助額の約7割にとどまった。1966年2月にインド政府は，次章で論じる食糧危機の最中に，世銀に対して債務救済の仲介を要請した。それを受けて世銀は，1967年10月にフランスの銀行家G.グインディに累積債務問題の調査と解決策の提言を依頼し，彼は翌68年1月に報告書を提出した。議論の末，世銀とコンソーシアム加盟諸国は，1968年4月にインドの債務軽減（リスケジュール）に同意し，3年間で毎年約1億ドルの債務削減が行われることになった。この債務軽減は，次章で扱う食糧援助問題とも関連した緊急措置として実施されることになる。

ただし，筆者はこの問題に関して渡辺と見解が根本的に異なる。1960年代のインドの債務は，1980年代のラテンアメリカやアフリカ諸国で深刻化する「累積債務問題」と比較した場合，返済可能であり，債務不履行の問題は生じていない。

第4章

1960年代の米印経済関係
—— PL480 と食糧援助問題 ——

1 インドの経済開発と経済援助

　1960年代半ばのインドは，政治経済的な危機に直面した。すなわち政治面では，1964年5月の初代首相ジャワハルラル・ネルーの死去に伴う政治的停滞，経済面では急速な重化学工業化を目指した第三次五カ年計画（1961〜65年）の停滞と，65〜67年の「食糧危機」（food crisis）がそれである。この難局に直面したインドは，いかにして危機を乗り切ったのか。1960年代末から始まる農業生産の発展，いわゆる「緑の革命」（The Green Revolution）はなぜ可能になったのか。本章は，1960年代後半におけるインドの経済政策の変容を通じて，新たなアジア国際経済秩序の形成において対外経済援助が果たした役割，特に最大の援助国であったアメリカ合衆国の経済援助に着目し，経済開発政策と経済援助の関係性を再考する。

　独立以降のインドの経済発展は，1951年に開始された五カ年計画を中心としたインド政府の内発的な政策の有効性が，ネルー＝マハラノビス・モデルとして，国家主導の輸入代替工業化の成功例として注目されてきた[1]。これに対して筆者は，インドの経済開発と国際経済援助の関係と相互連関に着目した。そして，第二次世界大戦後の冷戦構造（冷戦体制）と脱植民地化が南アジア・

---

1) B.R. Tomlinson, *The Economy of Modern India*, 2nd ed., Cambridge University Press, 2013；柳澤悠『現代インド経済——発展の淵源・軌跡・展望』（名古屋大学出版会，2014年）第4章。

東南アジア地域で交錯する中で展開された，コモンウェルス諸国を中心とする経済援助計画である「コロンボ・プラン」[2]，1950年代末からの新たな多角的な国際援助機構である世界銀行を中心とした「インド援助コンソーシアム」の意義を再評価してきた[3]。

本章では，1960年代半ばに顕在化したインド経済開発計画の行き詰まり，重工業化偏重の結果，軽視された農業の停滞とその政策の矛盾が露呈した1965〜67年の食糧危機に際して，対外経済援助が果たした機能を，最大の援助供与国であったアメリカの援助政策と，被援助国インド政府側の主体性に着目しながら考察する。1960年代後半の国際経済援助の枠組みが「アジアの開発の時代」においていかに有効に機能したか，また，インド政府が経済援助を主体的に活用してどのように「緑の革命」につながる成果を残したのか検証したい。

2　アメリカの対印経済援助と PL480

1958年は，アジアにおける経済援助計画において転機となった。前章で詳述した，1958年に始まる国際復興開発銀行（IBRD：1960年の国際開発協会 IDA の成立により世界銀行グループを構成する。以下世銀と略す）を中心としたインド援助コンソーシアムの創設である。世銀は毎年1回開催される年次協議を主宰し，対インド経済援助をめぐる金額と中身の調整を行った[4]。1960年代半ばまでコンソーシアムは，年平均約10億ドルを経済援助としてインドに供与した

---

2) Shigeru Akita, Gerold Krozewski and Shoichi Watanabe (eds.), *The Transformation of the International Order of Asia : Decolonization, the Cold War, and the Colombo Plan*, London and New York : Routledge, 2014；渡辺昭一編『コロンボ・プラン――戦後アジア国際秩序の形成』（法政大学出版局，2014年）；菅英輝編著『冷戦と同盟――冷戦終焉の視点から』（松籟社，2014年）。
3) 秋田茂「経済援助・開発とアジア国際秩序」秋田茂編『アジアからみたグローバルヒストリー――「長期の18世紀」から「東アジアの経済的再興」へ』（ミネルヴァ書房，2013年）第7章。
4) Annex : A Chronology of India Consortium Meetings, July 10, 1968, *Working Paper* 80480 (World Bank Archives, Washington, DC).

が，最大の資金提供者はアメリカ合衆国であり，その援助額は約42パーセントを占めていた。IBRDとIDAの「世銀グループ」のシェアは，約20〜25パーセントで2番目にとどまり，アメリカの対インド援助政策を見ない限り，当該期の経済援助と経済発展の連関性は理解できない（図4-1，図4-2を参照）[5]。

アメリカは1951年に，「インド＝アメリカ・プログラム」として対インド経済開発援助を開始し，それは相互安全保障法（The Mutual Security Act）によって国際協力局（The International Cooperation Administration：ICA）が統轄した。1957年にこの開発援助は，アイゼンハワー政権のもとで創設された開発借款基金（The Development Loan Fund：DLF）とワシントンの輸出入銀行（The Export-Import Bank）に代替された。さらに1961年11月に，ケネディ政権は，技術支援と前述の開発借款基金を統合して国際開発局（AID）を設立した。これ以降インドにおける援助業務は，インド駐在のアメリカAIDミッション（USAID）が管轄することになった[6]。このように，アメリカの援助の形態は，インド現地の援助ニーズの変容だけでなく，アメリカ側の外交援助機構の変更によっても変動したのである。

1960年代中頃におけるアメリカの対インド援助政策と資金源は，表4-1に示されるように[7]，I. 技術協力，II. マラリアの統制・撲滅事業，III. 開発金融，IV.「平和のための食糧計画」，V. 三角貿易の五つに大別できる。この表から明らかなように，アメリカの対印経済援助の半分以上が，ジョンソン政権が開始したIVの「平和のための食糧計画」（The Food for Peace）[8]で供与された。そのうち最大の比重を占めたのが，9回にわたる公法480（The Public Law 480：

---

5) Government of India, *Economic Survey 1965-66*; *Economic Survey 1970-71*, New Delhi: Government Printing Office, 1966, 1971.
6) 川口融『アメリカの対外援助政策——その理念と政策形成』（アジア経済研究所，1980年）第1章。
7) The United States Contribution to Indian Development, by US A.I.D. Mission to India, New Delhi, June 30, 1965, AID (US) INDIA, RG59 General Records of the Department of State, Central Foreign Policy Files (CFPF), 1963-69, Box 555 (The US National Archives and Records Administration：以下NARA IIと略す）．
8) ジョンソン政権の食糧援助政策については，以下を参照。Kristin L. Ahlberg, *Transplanting the Great Society : Lyndon Johnson and Food for Peace*, Columbia and London: University of Missouri Press, 2008; D.N. Prasad, *Food for Peace : The Story of U.S. Food Assistance to India*, Bombay : Asia Publisher, 1980.

102　第Ⅰ部　コロンボ・プランからインド援助コンソーシアムへ

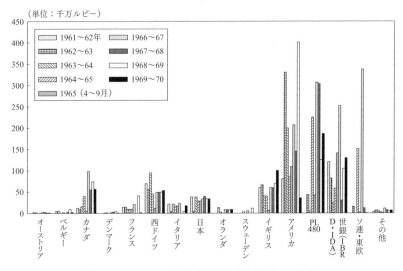

図 4-1　インドへの対外経済援助公約額（1960年代）

出所）Government of India, *Economic Suvvey 1965-66, 1970-71*, New Delhi : Government Printing Office, 1966, 1971.

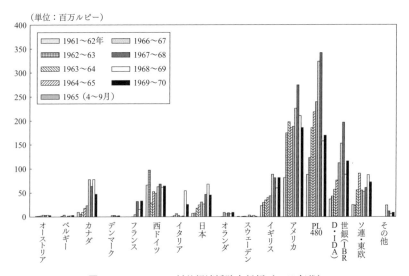

図 4-2　インドへの対外経済援助実行額（1960年代）

出所）Ibid.

表 4-1　インドの開発に対するアメリカの援助
(単位：百万ドル)

I　技術協力		113.7
II　マラリアの統制・撲滅事業		90.2
III　開発金融		2,617.1
A　1957 年 6 月までの開発支援	306.6	
B　開発借款基金（DLF）からの借款	742.8	
C　国際開発局（AID）からの借款	1,143.0	
D　オリッサ鉄鉱石開発計画	18.3	
E　輸出入銀行からの融資	406.4	
IV　「平和のための食糧計画」		3,352.7
A　1951 年小麦借款	189.7	
B　公法 480（PL480）売却契約	2,911.5	
C　PL480 Title II	15.8	
D　PL480 Title III	230.2	
E　その他の救済のための贈与	5.5	
V　三角貿易		5.8
総　計		6,179.5

出所）The United States Contribution to Indian Development, by US A.I.D. Mission to India, New Delhi, 30 June 1965, AID (US) INDIA, RG59 General Records of the Department of State, CFPE, 1963-69, Box 555 (NARA II).

PL480）による食糧売却契約であった。金額面では，この PL480 による援助額は，通常の経済援助手段である DLF 借款や AID 借款の金額を凌駕する最大の援助費目となっていた。この PL480 は，当該期のアメリカの対インド援助政策に特別の重要性と重みを与える契機になったのである。

ところで PL480 は，アメリカ農務省が管轄する海外援助であり，国内の余剰農作物，主として余剰小麦を海外に輸出する方策として立案された。アイゼンハワー政権のもとで 1954 年農業貿易開発援助法として開始された。インドは 1956 年 8 月から PL480 の受入国となり USAID デリー事務所が重要な役割を演じることになった。

PL480 による援助の形式は，①余剰穀物を被援助国現地で売却し，それで得た現地通貨資金を被援助国の経済開発のための援助資金として運用する方式（タイトル I），②飢饉で悩む友好国国民への食糧の無償配給（タイトル II），③慈善団体と国際機関を通じての贈与（タイトル III）の三つに分類されたが，こ

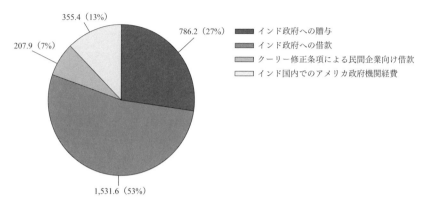

図 4-3 インドへの PL 480 タイトル I 供与（1956〜64 年）

出所）NSF Komer Box25 INDIA-Food January-March 1966 [20f4] Food for Peace (Public Law 480) (Johnson Presidential Library, Austin).
注）単位は百万ドル。

の中でもタイトル I が中心であった。この PL480 タイトル I による食糧援助は，DLF 借款と並んで，現地通貨での返済を認める「ソフト・ローン」として運用された。1960 年代半ばに DLF 借款がドル建て返済に変更された際も，PL 480 援助は従来通りの現地通貨での返済が容認された。アメリカ国内の余剰農産物の処理という，農業政策を兼ねた援助としての特殊性が色濃く反映された経済援助方式であった[9]。

インドに 1964 年までに提供された PL480 の内訳は，贈与が 27 パーセント，対インド政府借款が 53 パーセント，アメリカ資本の子会社や関連会社，アメリカの農産物利用を促進しうる倉庫業・製粉業・運輸業関連のインド民間企業への民間借款（The Cooley Amendment Loans）が 7 パーセント，現地のアメリカ政府機関（USAID や総領事館等）が支出する諸経費が 13 パーセントを占めていた[10]（図 4-3 参照）。PL480 タイトル I による輸入穀物売却で得られたインド・

---

9) 川口『アメリカの対外援助政策』45-46 頁。
10) U. S. Information Service (Economic Aid Section), 'Food for Peace (Public Law 480)', October 1964, National Security Files [NSF] Robert Komer, Box 25, INDIA—Food January-March 1966 [2 of 4], New Delhi (Johnson Presidential Library, Austin).

第 4 章　1960 年代の米印経済関係　105

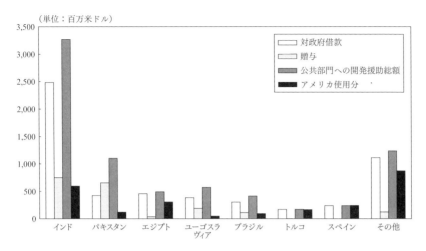

図 4-4　PL480 タイトル I の援助額（1954 年 7 月～71 年 12 月）

出所）B. R. Shenoy, *PL 480 Aid and India's Food Problem*, New Delhi : Affiliated East-West Press, 1974, pp. 16-17.

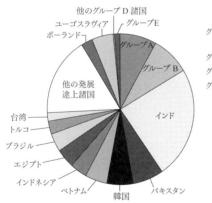

グループ A：ベルギー，フランス，西ドイツ，イタリア，日本，オランダ，スイス，イギリス
グループ B：ギリシア，イスラエル，スペイン，その他
グループ D：計画経済（社会主義）諸国
グループ E：人口 200 万人以下の諸国

図 4-5　PL480 タイトル I による食糧援助の国別構成（1954 年 7 月～71 年 12 月）

出所）Ibid., pp. 6-7.

ルピー通貨による収益は，その 30 パーセント強が，発電・灌漑・洪水調整のためのインド水資源の開発プロジェクトやダムや水力発電所の建設のために，18 パーセントが電化諸事業に，11 パーセントが中小企業向け投資諸機関の資金調達を支援するために使用された[11]。こうした事実は，PL480 のルピー収入

表 4-2　PL480 タイトル I 使用の内訳

(単位：千米ドル)

	契約締結日	対政府贈与	民間事業向け借款	対政府借款	米政府使用分	合　計
1	1956 年 4 月 29 日	54,000		226,256	74,300	354,556
2	58 年 6 月 23 日		13,819	33,377	8,081	55,277
3	年 9 月 26 日	37,500	65,000	129,700	27,600	259,800
4	59 年 11 月 13 日	119,110	14,910	119,110	44,740	297,870
5	60 年 5 月 4 日	577,565	68,555	577,565	146,115	1,369,800
6	62 年 5 月 1 日		393	34,977	3,930	39,300
7	年 11 月 20 日		5,155	87,635	10,310	103,100
8	年 11 月 30 日		255	4,338	510	5,103
9	64 年 9 月 30 日		80,740	911,893	194,727	1,187,360
10	67 年 2 月 20 日	29,700	6,750	87,750	10,800	135,000
11	年 6 月 24 日		4,390	76,386	7,027	87,803
12	年 9 月 12 日		3,375	58,725	5,400	67,500
13	年 12 月 30 日		8,430	146,682	13,488	168,600
14	68 年 12 月 23 日	21,010	4,775	63,030	6,685	95,500
15	69 年 4 月 25 日		1,080	19,008	1,512	21,600
16	年 10 月 13 日		3,830	65,876	6,894	76,600
17	71 年 4 月 1 日			27,900	2,100	30,000
	総　額 (比率 %)	838,885 (19.3)	281,457 (6.4)	2,670,208 (61.3)	564,219 (13.0)	4,354,769 (100.0)

長期の借款

	合意日時			商品価値	海運料	合　計
1	1967 年 6 月 24 日			22,000	2,200	24,200
2	67 年 9 月 12 日			17,000	2,000	19,000
3	年 12 月 30 日			42,100	4,800	46,900
4	68 年 12 月 23 日			64,700	6,900	71,600
5	69 年 4 月 25 日			32,500	3,100	35,600
6	年 10 月 13 日			114,900		114,900
7	71 年 4 月 1 日			120,000		120,000
	合　計			413,200	19,000	432,200
	全合意の総額					4,786,969 (2,662 千万ルピー)

出所) Fact Sheet: No. 23, *United States Economic Assistance to India June 1951-April 1971*, The United States Information Service, New Delhi, 1971 (http://pdf.usaid.gov/pdf_docs/pcaac160.pdf 2016 年 9 月 1 日アクセス).

---

11) Ibid.

の大半が，インドの経済開発のためのインフラ整備に投入されたことを示していた。PL480 は DLF/AID による借款を補完し，場合によっては，通常の経済開発援助方式を上回る重要な役割を演じる場合もあった。

1956 年に食糧供与が始まると，インドはアメリカの PL480 食糧援助による最大の被援助国になった（図 4-4，図 4-5 を参照）[12]。1971 年 4 月に PL480 の援助が終わるまでに，インド政府は，全部で 10 の主要協定，35 の補完協定をアメリカ政府と締結して食糧援助を受けた。その食糧輸入総量は，約 5100 万トンの小麦，米を含む約 800 万トンの諸穀物類に及び，総額は約 48 億ドルに達した[13]（表 4-2 参照）。

こうした大量の対インド食糧援助のうち，総量の約 4 分の 1 の 1400 万トン強が，1965〜67 年に集中して供与された。なぜこの特定の年度に PL480 による食糧援助がインドに集中したのか，またインド政府当局はどのように対処したのか，次節でその歴史的背景と経緯，複雑な交渉過程を考察したい。

3　インド食糧危機とアメリカの経済援助

1) インドの農業問題と食糧危機の勃発

1965 年後半になって突然，食糧危機が発生する前から，インド援助コンソーシアムの援助諸国と世銀は，インド経済の持続的な発展を継続していく上で，農業開発の現状を問題視し始めていた。前章第 5 節で詳述したように，1964 年 10 月から 65 年 2 月末まで，世銀は，次期の第四次五カ年計画をめぐるインド政府との事前協議に備えて，インドの経済事情を調査するために，バーナード・ベルを団長とする特別経済調査団を派遣した。このベル調査団は，帰国後の 1965 年 8 月に，14 巻に及ぶ大部の報告書「ベル・レポート」を提出

---

12) B.R. Shenoy, *PL 480 Aid and India's Food Problem*, New Delhi : Affiliated East-West Press, 1974, pp. 16-17.

13) Government of India, *Economic Survey 1970-71*, New Delhi : Government Printing Office, 1971.

した。その報告書は，インドの対外的信用と継続的な経済成長を損なう可能性のある，インド政府の経済政策の問題点，すなわち，為替政策，輸入品への行政的統制，そして農業の相対的な軽視の三つの問題を指摘した。ここでは，農業問題が報告書の論点とされたことに改めて着目しておきたい。

1950年代のインド農業の発展は緩慢で，60年代初頭のインドの食糧生産高は，年間約8000万トンで推移していた。1961年に着手された第三次五カ年計画に基づく経済政策では，工業部門が重視され，鉄鋼・機械類・石油精製などの資本財産業の発展が経済計画での最優先事項とされた。農業に対する政府の無関心あるいは軽視と，農作物，特に食糧の低価格により，インド国内の農業生産は伸び悩み，諸外国，特にPL480の枠組みを通じたアメリカからの大量の食糧輸入を導いたのである[14]。PL480によりアメリカから提供された農産物は，1965年に終わる第三次五カ年計画までは，インド国民の食糧を補い，経済開発計画を遂行する上で重要な役割を果たした。換言すれば，アメリカからの大量の食糧援助により，インド国内の食糧価格は相対的に安価で安定的に維持され，インド政府は，経済開発，重化学工業化のために多額の資金を振り向けることが可能になったのである。インドの資本集約型重化学工業化は，PL480と共存・相互補完関係にあった。

アメリカ側はこの連関性を次のように認識していた。「PL480の小麦は両刃の剣であった。一方で，それは市場に流入する穀物の非常に重要な部分であり，インド政府が都市の貧困層向けに安価な食糧を提供することを可能にした。こうして政治的安定に貢献した。他方，それはインド農民にとって〔農産物〕価格を引き下げる重要な要因となり，食糧生産の継続的な低迷を導いた」[15]。

他方，インド政府も農業生産の伸び悩み，食糧生産の低迷が経済開発政策にとって問題であることを認識し始めており，1964年6月に発足したラル・バハデュル・シャストリ政権は，新たに農相にC.スブラマニアムを任命し，農

---

14) インドの経済学者シェノイが，この問題点を早くから指摘していた（Shenoy, *PL480 Aid and India's Food Problem*）。

15) 'India's Food Crisis, 1965-76', National Security Council [NSC] File, Box 26, Indian Famine, August 1966-February 1967, Vol. 5, Appendix : Agriculture & State Department Histories (Johnson Presidential Library).

業政策の転換に着手した[16]。それは，農産物価格を引き上げるとともに，科学技術に基づく新たな農業政策の導入，具体的には，化学肥料の多用，高収量品種の導入，灌漑設備の整備を通じた穀物類（主に小麦）増産を目指す政策で，「緑の革命」につながる農業振興策であった[17]。また，第四次五カ年計画を立案する過程で，農業生産の拡大に向けてインド食糧農業省においても，課題と政策目標を掲げた報告書が出されている。その中では，過去10年余に農業の生産性は年間1.5パーセントの伸びにとどまり，人口の増加に追いつかず大量の食糧輸入を余儀

図4-6 第2代インド首相L. B. シャストリ

なくされてきたこと，農業生産の停滞がインド経済の発展の主要な制約要因であること，その打開のために第四次五カ年計画では，集約的農業を通じた土地の生産性向上を目標とすべき点が強調された。生産停滞の原因の一つとして，農産物価格の統制，価格誘因の欠如も指摘されている[18]。ここでは，世銀の「ベル・レポート」とほぼ同時期に，インド政府が主体的に農業政策の見直しに手をつけていた点に着目しておきたい。だが，その政策見直しはまだ始まっ

---

16) インド側からの食糧援助をめぐる政策分析は，吉田修の先行研究がある。Osamu Yoshida, 'What was Wrong with Possible Convergence? : Politics of Food Aid between Shastri Government and Johnson Administration', 『法政論集』（名古屋大学法学部）153号（1994年）。また，James Warner Bjorkman, 'Public Law 480 and the Policies of Self-Help and Short Tether : Indo-American Relations, 1965-68', in Lloyd I. Rudolph and S.H. Rudolph (eds.), *The Regional Imperative : The Administration of U.S. Foreign Policy towards South Asia States under President Johnson and Nixon*, Delhi : Concept Publishing Company, 1981；上池あつ子「インドにおける経済自由化の政治的背景──1966年の平価切下げと「緑の革命」の導入をめぐって」『社会科学』（同志社大学・人文科学研究所）66（2001年）も参照。
17) インド政府の新農業政策については，農相スブラマニアムの回顧録 C. Subramaniam, *Hand of Destiny : Memoirs, Vol. II : The Green Revolution*, Bombay : Bharatiya Vidya Bhavan, 1995, chaps. 9-11 を参照。
18) Approach to Agricultural Development in the Fourth Five Year Plan (DES. 82-1500), New Delhi : Ministry of Food & Agriculture, July 1964.

たばかりで，アメリカの PL480 による食糧輸入への依存は依然として続いていた。1964 年 9 月にインド政府は，恵まれた雨季により収穫の大幅増が予想されていたにもかかわらず，440 万トンの穀物を輸入する新たな PL480 契約を締結したのである。

しかし，インドの食糧事情は 1965 年の夏に劇的に変化した。1965〜66 年度のインドの農業生産は，過去 80 年間で最も深刻で長引いた旱魃の傷跡を残すことになる。1966 年春までに，インドの北部と西部（ケララ州）で最も深刻であった旱魃により，穀物収穫量は 7200 万トンに落ち込み，大規模な食糧不足が生じた。この不足分を救済するため，アメリカ政府は 800 万トン（約 5 億ドル相当）の穀物をインドに送った。このジョンソン政権の緊急援助措置は，国際的な食糧支援を求めた大統領の決定を是認する 1966 年 3 月の米議会決議により強化され，66 年 7 月までに，カナダ，イギリス，オーストラリア，フランス，西ドイツを含む 42 カ国が，1 億 7940 万ドル相当の対インド食糧援助に応じたのである。この間，インド政府自体も配給制の導入も含めた緊縮・耐乏政策を実施し，諸外国からの食糧援助と合わせて，この危機を乗り切り，飢饉あるいは栄養失調の蔓延は回避されたのである。

翌 1966 年 7 月末までは，雨季の降雨は極めて順調で，9000 万トンに達する豊作が予想された。しかし，同年 10 月までにこの予想は覆され，インドの北部中央地域の天候不順が明らかになった。ビハール州，ウッタル・プラデシュ州，マドウア・プラデシュ州の 7500 万人が，不毛の大地，干上がる井戸，失業と飢饉の事態にさらされた。前年をわずかに上回る 7800 万トンの 1966〜67 年収穫予想の下で，北部中央地域が旱魃と食糧不足に見舞われたため，インドは 2 年連続で食糧をめぐる緊急事態に直面したのである[19]。

こうした危機的状況の下で，インド政府は後述するように，真っ先にアメリ

---

19) Information Memorandum : from NEA-William J. Handley to Mr. W. Howard Wriggins, National Security Council, Executive Office of the President, 'The Indian Food Crisis : I. 1965-66 ; II. 1966-67 The US Role—The International Response—The Indian Effort', December 17, 1966, E-Economic Affairs (Gen) E8 Food Situation July-September, RG 59 Lot Files : 68 D 49 Entry 5254, Records Relating to Indian Economic Affairs, 1964-1966, Box 11 (NARA II).

カ政府に対して追加の食糧援助を要請し，次いで1966年11月には，カナダ，オーストラリア，フランス，そしてソ連にも支援を請うた。インドからの支援要請に対して，即座にカナダ政府は2100万ドル相当の食糧を贈与するとともに，1967年度に食糧援助として7500万ドルの支出を約束した。オーストラリア政府は，短期商業信用ベースで15万トンの小麦をインドに売却し，さらに贈与として追加で15万トンを供与する決定を下した。主要な小麦生産国からの支援をとりあえず確保したインドであったが，食糧危機を乗り越える最後の拠り所となるのは，アメリカからのPL480の枠組みを通じた食糧援助であることは明らかであった。

2）アメリカの対インド食糧政策の再検討と「小出し政策」

以上のようなインドでの食糧危機に対して，PL480を通じた最大の穀物輸出国であったアメリカはいかに対応したのか。

実は，1965年夏にインド食糧危機の予兆が現れる前に，アメリカ政府はインドの食糧援助の要求を問題視し始めていた。ある文書は，次のようにインドの農業政策の失敗を指摘している。「過去10年間に，食糧輸入は着実かつ急激に増大した。1954年の穀物輸入は100万トン以下であったが，64年までに550万トンの水準に達した。この増加の趨勢が維持できないのは明らかである。アメリカ農地の巨大な生産力も，急増する穀物供給に追いつかないであろう。（中略）アメリカの対インド食糧政策の見直しは，インド経済全般の伸び悩み，今や明らかになった第三次五カ年計画の失敗に対する失望を背景として始められた」[20]。

1965年初春にジョンソン大統領は，インドとの新たな食糧あるいは借款契約は，自分の承諾がない限り認められないとの方針を提示した。その直後の1965年4月に，第二次印パ戦争が勃発した。戦争自体はインド側の優勢下に短期間で終結したが，冷戦体制と1962年中印国境紛争の下で，インド，パキ

---

20) 'India's Food Crisis, 1965-76', National Security Council [NSC] File, Box 26, Indian Famine, August 1966-February 1967, Vol. 5, Appendix : Agriculture & State Department Histories (Johnson Presidential Library).

スタン両国ともアメリカから経済・軍事援助を受けており，両国ともアメリカから供与された兵器で戦闘したことが問題となった[21]。ジョンソンは1965年6月9日に，インド，パキスタン両国に対する軍事・経済両援助政策の見直し，PL480契約を通じた対インド食糧輸出の一時的停止を含む，「強気の新見解」（Hard New Look）を求めた[22]。彼は，印パ両国への巨額の援助を継続すべきかどうか，また，一層効果的な自助とアメリカの政治目的を実現するために，いかにすればアメリカの資金でさらに影響力を行使できるのか，再検討を求めた。

同時にジョンソンは，インドに対する新たなPL480契約に関して，早期の政策提言も求めた。その結果，経済援助を管轄する国際開発局（AID）は600万トンの小麦援助を提案したが，大統領は援助を100万トンに限定するよう命じた[23]。1965年7月26日に締結されたこの100万トンのPL480による輸出契約が，「小出し政策」（the short-tether policy）として知られるようになる新政策の第一歩となった。それは，毎回の新たなPL480契約交渉に先立って，かなりの頻度でインドの農業生産実績を精査することを求め，1カ月単位での短期のPL480契約のみを認可し，毎回その援助対効果を検証しようとする政策であった。

前述のように1965年の終わりまでに，インドの食糧不足の状態は悪化の一途をたどったため，インド政府は継続的に複数のPL480の契約合意を追求した。他方，ジョンソン大統領は，アメリカ政府の新たな食糧政策を実施する権限と責任を農相O. フリーマンに委任した。ジョンソン政権は，インド政府が農業生産を改善する措置をとる限り，アメリカが技術支援と化学肥料向けの借款でインドを支援する，という極めて限定的な条件を付けて初めてインドに

---

21) 印パ両国に対する軍事戦略，軍事援助については膨大な文書が残されているが，本章では対インド経済援助のみを検討する。第二次印パ戦争前後の軍事援助については，National Security Council [NSC] File, Box 24, National Security Council Histories : South Asia 1962-1966, Presidential Policy toward South Asia 1962-1966 (Johnson Presidential Library) を参照。シャストリ政権の同戦争をめぐる対応は，C.P. Srivastava, *Lal Bahadur Shastri, Prime Minister of India 1964-1966 : A Life of truth in Politics*, New Delhi : Oxford University Press, 1995, chaps. 14-32 を参照。
22) Memorandum from McGeorge Bundy to the Secretary of State, the Secretary of Defense, and the AID Administrator, June 9, 1965 (Johnson Presidential Library).
23) Memorandum to the President from David Bell, June 16, 1965 (Johnson Presidential Library).

第4章　1960年代の米印経済関係　113

図 4-7　インド農相スブラマニアムと米ジョンソン大統領

出所）Dennis Kux, *India and the United states : Estranged Democracies 1941-1991*, Washington, DC : National Defense University Press, 1992, p. 245.

PL480 食糧援助を供与する原則を固めていたのである。

農相フリーマンは 1965 年 11 月末に，ローマで開催された国連食糧農業機関（FAO）の年次総会で，インド政府農相スブラマニアムと秘密裏に会談して，アメリカの対インド食糧支援の条件を詰めた。両者は 1965 年 11 月 25 日に合意に達し，通称「ローマ条約」(The Rome Treaty）と呼ばれる合意に達した。アメリカ側はこの合意を，以下のように非常に高く評価した。

その合意は，全般的方針を転換し，独立以来インド政府が追求してきた経済政策の優先順位を変更する画期的文書であった。その規定によりインドは，経済開発において農業を最優先することに同意し，(中略) 農家に生産拡大のための強い経済的誘因を与える政策に着手し，さらに，経済開発の利益をできるだけ広範囲に均霑させようとした従来の政策を転換して，最も生産性の高い農地支援のための短期集中計画を策定した[24]。

この合意の見返りとして，アメリカは，150 万トンの小麦と，5000 万ドルの農

---

24) 'India's Food Crisis, 1965-76', National Security Council [NSC] File, Box 26, Indian Famine August 1966-February 1967, Vol. 5, Appendix : Agriculture & State Department Histories (Johnson Presidential Library).

薬購入資金を供与した。

　アメリカ側の文書を見る限り，ジョンソン政権にとってこのローマでの合意は，食糧援助政策を通じて「政治的圧力」(political leverage) を行使した成果と位置づけられている。米印両国の間で，インドの食糧増産・農業開発重視と，様々な輸入制限緩和措置の採用に関して政策面で一定の合意が形成された。だが，このインド政府の経済政策の優先順位変更，農業重視政策の採用が，どこまで外圧を通じて，アメリカの食糧援助としての PL480 の「小出し政策」に影響を受けたのかを判断する前に，1965〜67 年食糧危機の際のインド政府側の対応策，諸決定を考察する必要がある。

3）食糧危機に対するインド政府のイニシアティヴ

　食糧危機の最中の 1966 年 1 月に，インド首相シャストリが，ソ連による第二次印パ戦争調停のため滞在していたタシケントで急死したことで，インド政治は 1964 年 5 月末の初代首相ネルー死去に次ぐ 2 度目の首相交代に直面し，ネルーの娘インディラ・ガンディが首相に就任した[25]。彼女は，前内閣の閣僚をそのまま引き継ぐとともに，農相スブラマニアムを経済計画委員会の委員に任命した。これでスブラマニアムの経済政策での影響力は強化された。

　1966 年 3 月に，インド国会上院で「食糧討議」(Food Debate) が行われ，農相スブラマニアムは新政権による政策変更の背景を明確に説明するために，長大な演説を行った。彼は，十分な食糧を確保するための第三次五カ年計画の失敗を率直に認めた上で，およそ 1000〜1200 万トンの食糧を主にアメリカから輸入せざるをえないと推計した。しかし，同時期にアメリカから派遣された食糧事情調査団の報告書を引用しながら，アメリカ産穀物に過度に依存する危険性を指摘した。

　　我々が 1 億 1000 万〜2000 万トンにまで生産が拡大するように農業計画を強化しない限り，この PL480 への継続的依存は，インドにとって最大の危険

---

25) Katherine Frank, *Indira : The Life of Indira Nehru Gandhi*, Boston and New York : Houghton Mifflin Company, 2002, chap. 13.

となるであろう。この危険性を指摘しているのは社会主義者だけではない。アメリカ合衆国自体も，こうした過度の依存はなくすべきである，と主張しているのだ[26]。

だが彼は，現在の深刻な諸問題を克服して農業生産で飛躍的な前進を図るためには，インド農業への迅速な「科学・技術の導入」が必要であること，具体的には，化学肥料・改良品種の全面的な導入と灌漑施設の整備が不可欠である点を強調した。最後に彼は，対外援助の決定的な重要性を指摘した。「我々はこの国で飢饉が起こり，餓死者が出るのを阻止せねばならない。現在受けつつある援助のおかげで，困難な食糧事情を乗り切れると私は確信している。だが，我々の努力は，外国からの支援に頼るのではなく，できるだけ早く，この新たなプログラムに基づいて，自給を達成することにある」[27]。この発言は，インド農相による政策転換の明確な説明であり，外国からの食糧援助，特にアメリカのPL480が決定的に重要であることを示していた。だがスブラマニアムは，この農業重視への政策転換が，近い将来に食糧自給の達成を目指すインド政府独自の決定に動機づけられた点を強調した。

この「食糧討議」の2週間後，新たに首相に就任したインディラ・ガンディは，経済援助，とりわけ食糧支援の要請でジョンソンと会談するため，最初の公式訪問先としてアメリカを訪れた。シャストリ政権の下で，米印両国は首相の公式訪問で合意し準備を進めていたため，インディラ・ガンディの訪問は前政権による既定方針を踏襲するものであった。だが，彼女の訪米前に，ジョンソン政権は，インド国内の政治情勢や外交政策だけでなく，インド経済と食糧事情の現況を詳細に分析する戦略文書を作成していた。

その文書によれば，「我々〔アメリカ〕が要請してきた経済政策の根本的転換（化学肥料使用を含む新たな農業第一主義）に，インド政府は同意したものの，

---

26) Report of the Indian Foodgrains Survey Team regarding Emergency Needs of India for Foodgrains and Grain-handling Capability of Indian Ports, January 28, 1966, US Department of Agriculture, Background Papers, 38pp., RG59 Lot Files : 68 D 49, Entry 5254, Records Relating to Indian Economic Affairs, 1964–1966, Box 9 (NARA II).
27) Food Debate in Rajya Sabha, Speech by C. Subramaniam, 8 March 1966, in ibid.

我が国や世界銀行・国際通貨基金（IMF）や他のコンソーシアム加盟諸国が，成長と援助の有効活用のために必要であると確信している，より広範な経済改革プログラムをいまだ確約してない時に」，インディラ・ガンディはアメリカを訪れた。ジョンソン政権は，中華人民共和国への対抗勢力として，アメリカの利害にとってインドはパキスタン以上に中心的であるが，アジアにおけるこの基軸的機能をインドが発揮できるかどうかは，経済問題，特に食糧問題をいかに効果的に克服するかに左右される，と想定していた[28]。その上で，アメリカは可能な限りインドの経済改革を支援する姿勢を示した。しかし，援助を供与する基本原則として，アメリカ政府はインドとの互恵的関係を模索した。それは，第一にインド経済を強化すること，第二に南アジア亜大陸でパキスタンとの平和が永続する状態を創出・維持すること，そして第三にアメリカの東南アジア政策に対する批判を公的な場で抑制することを意味した。

インドの経済的な実力と問題点に関して，アメリカ政府は同文書で，次のように明確に指摘していた。

中央による計画と過度の官僚統制により経済目標の達成は妨げられ，民間の創意・イニシアティヴと市場機能も阻害されてきた。政府は新たな重工業の建設を強調したが，現在にいたるまで，農業を重視することには失敗している。（中略）昨年の例外的事態により，インドの経済的困難は一段と悪化した。旱魃は食糧生産を急激に低下させただけでなく，棉花のような重要な工業原料の供給を減少させ，水力発電能力の低下を引き起こした。パキスタンとの戦争が通常の経済活動を混乱させ，防衛のために追加的資金が流用されることになった[29]。

ジョンソン大統領や，国務長官 D. ラスク，農相フリーマンら主要閣僚との友好的な会談を終えて，インディラ・ガンディは共同声明を発し，アメリカ政府

---

28) Visit of Prime Minister Indira Gandhi of India March 27-April 1, 1966 Strategy Paper, March 24, 1966 (Secret PGV/G-1), Official Visit to the US of Indira Gandhi 1/2, RG59 LOT Files : 68 D 207, Political 1964-1966, Box 13 (NARA II).

29) Ibid., Background Paper, India's Economy—Performance and Foreign Assistance (SECRET PGV/B-4), March 15, 1966.

が事前に準備していた草案にほぼ全面的に同意した。政権首脳部との公式会談に加えて，ガンディは，改革姿勢とインド経済政策の自由化方針を訴えるために，アメリカの財界関係者との会合を重ねた。それらの会合を通じて彼女は，化学肥料生産の拡大を実現するために特に重要であると考えたアメリカ民間企業の対インド直接投資を優遇する姿勢を明確にし，部分的な外資導入による化学工業振興策を模索したのである[30]。

4）インドの経済外交の展開と駐米大使 B. K. ネルー

1966年3月にインディラ・ガンディがアメリカ訪問を終えた後，インド政府は，経済計画相で著名な経済学者であった A. メータを4～5月初めまでアメリカに派遣した。その目的は，世銀グループからの融資の詳細を詰めるとともに，インド援助コンソーシアム加盟諸国からさらに多額の援助を得るための調整・説得工作で，世銀に指導力の発揮を要請することにあった[31]。交渉の結果，世銀は，インドの経済政策の転換を促すために，コンソーシアム加盟国からの現物支援として9億ドル相当の拠出を提案し，インド政府は交渉の成功を大々的に宣伝・強調した。同時にインド大蔵省は，国際通貨基金（IMF）と協議した後の1966年6月5日に，通貨ルピーを1ドル当たり4.76ルピーから7.5ルピーへ，36.5パーセント切り下げる決定を行った[32]。このルピー切下げは，前シャストリ政権の時から議論され，ガンディのワシントン訪問時にも暗黙裡に確認されていた「公約」事項の一つであり，新首相も一連の経済改革・自由化政策の一環として，それが及ぼす影響を十分考慮しないまま容認したのである。

ルピー切下げを含めた，これら一連の急激な政策の転換は，翌1966年7月頃から，国内の野党，特に左派陣営からの強力な政治的批判を巻き起こした。インディラ・ガンディ政権の主要閣僚である農相スブラマニアムやメータ，さらに，1950年代末にインド援助コンソーシアムの立ち上げに関わり，米ジョ

---

30) Ibid., Prime Minister's Speech at the Economic Club, March 30, 1966.
31) Office Memorandum : Discussions between Asoka Mehta and George Woods—April 21 to May 6, 1966, May 9, 1966, India-Consortium Meeting No. 12, File No. 4 (World Bank Archives).
32) ルピー切下げの経緯とその影響については，G. Balachandran, *The Reserve Bank of India 1951-1967*, Delhi : Oxford University Press, 1998, chap. 17 を参照。

図 4-8　B. K. ネルーと米ジョンソン大統領

出所) Dennis Kux, *India and the United States : Estranged Democracies*, Washington, DC : National Defense University Press, 1992, p. 246.

ンソン政権とインド政府間の金融交渉で主導的な役割を演じていたインドの駐米大使 B. K. ネルー[33]らは，政治的意図を持った厳しい批判の矢面に立たされたのである。

　こうした批判の中で，インディラ・ガンディは 1966 年 8 月初頭に，大蔵官僚 J. K. ジャハを委員長とする農産物価格委員会（The Agricultural Prices Commission）を立ち上げ，食糧危機の中で棚上げされた第四次五カ年計画を見直し，農産物価格統制の再検討を命じた。ジャハ委員会では，市場原理の導入と農産物価格統制緩和による農業への価格誘因政策の導入が改めて議論され，同年 9 月にジャハ委員会は首相に対して，農業政策の全面的転換を求める報告書を提出した。食糧危機が深刻化する過程で，1964 年からシャストリ政権が部分的に着手していた農業重視への政策優先順位の変更を公式に政府として再確認した[34]。

　他方で，1966 年 8 月 17 日に，インドへの一時帰任からワシントンに戻った駐米大使 B. K. ネルーは，自ら懇願してジョンソン大統領と面会した。彼は，持ち帰った首相インディラ・ガンディの親書を手渡し，インド帰任の間の見聞

---

33) B.K. Nehru, *Nice Guys Finish Second*：*Memoirs*, New Delhi： Viking, 1997, Part VIII： The Washington Years, Lyndon Johnson (1963-1968).
34) Subramaniam, *The Green Revolution*, chaps. 13-14.

で意気消沈した状況を次のように伝えた。

> 国民会議派の内外で，欲求不満・怒り・不快感から生じた「険悪なムード」が蔓延していた。ガンディ夫人は援助を獲得するため，特に通貨切下げ問題で，外国の圧力に屈していると根拠もなく批判されている。その論調は，援助獲得が主権放棄を意味するのであれば，断固として受け入れられない，という非常に悪意に満ちた表現であった。(中略) 批判の矛先は，農相スブラマニアム，蔵相チョードリ，経済計画相メータ，そして駐米大使〔の私自身〕に向けられている[35]。

この大使の発言に対してジョンソンは，ガンディ政権への共感・同情の念を表明するとともに，インド側の政策転換の実績を称賛し，首相宛に共感の信書を送付した。

だが，インドの経済官僚と経済政策担当者は，この政治経済的な難局を，巧みな対外的交渉，経済外交を展開することで乗り切った。その典型例として，駐米大使 B. K. ネルーの活躍を一瞥したい。

1966 年の秋に，2 年目の食糧危機がきわどい段階に達した際に，B. K. ネルーはアメリカの政策当局者に対して，PL480 の枠組みを使って迅速に食糧を提供してくれるように強く要請した。すなわち，1966 年 11 月 16 日，アメリカ国務省次官のユージン・V. ロストウは駐米大使ネルーを国務省に呼び，インド食糧危機への対策を議論した。その会談では，ビハール州や他のインド北部中央地域での飢饉を回避するため，食糧援助の緊急性が焦点となった。ネルーはその席で，ジョンソン政権の「小出し政策」により凍結されている 200 万トンのインド向け穀物割り当て分の解除が遅れている事態への失望感と懸念を表明した。

このネルーの批判と要求に対してロストウは，インドは商業ベースの国際穀物市場で小麦を購入することでこの難局を乗り切るべきであると示唆した。そ

---

35) Memorandum of Conversation, August 17, 1966, 'India-Pakistan Problems', Political Affairs & Relations INDIA' 66 POL 17 Diplomat & Consular Representation B. K. Nehru Indian Ambassador, RG59 LOT Files : 68 D 207, Entry 5255, Political 1964-66, Box 17 (NARA II).

れにネルーは強く反論し,インドは商業取引として食糧購入を支えるのに十分な外貨を保有していないと発言した。そうした取引は自由に使用できる外貨で決済されるべきであるが,その範疇に属する外貨は,負債の返済と,石油類および武器の輸入で使用されるべきであった。仮にインドが商業ベースの小麦の輸入に頼らねばならなくなると,インド経済は石油類の不足に直面して破綻し,インド政府は債務の支払いを停止することになるであろう,インドにとって,「食糧の購入と債務支払いの両立は不可能である」と,ネルーは強く主張し,アメリカのPL480プログラムに対する賢明でない方策(小出し政策)を直ちに見直すように要請した。最終的にロストウは,インドに対する食糧供給の継続性を保証するために,商業ベースでの購入よりもむしろ他の金融的措置を模索することに同意した[36]。

この1966年11月のエピソードは,インド側の政策担当者たち,特にワシントン駐在の大使ネルーが,食糧危機が深刻化する過程で難局打開への強い意志を持ちながら,粘り強く巧みに最大の援助国アメリカ政府と交渉したこと,また,食糧危機の打開策が,外貨不足による債務返済への影響や,中印国境紛争と第二次印パ戦争に伴う軍備増強・兵器輸入による財政負担の増大とも関連し,インド政府には国際市場で食糧を買い付ける財政的余裕がなかったことを示唆している。ネルーは大使在任中に,ジョンソン大統領との親しい個人的関係と,親英米派としての人的ネットワークを最大限活用して対米交渉を取り仕切ったのである。

4 世界銀行主導の食糧コンソーシアムとその余波

1) 食糧援助の「国際化」

ジョンソン政権は,依然として食糧援助の「小出し政策」を継続していた。

---

36) Memorandum for Conversation, (no title), November 16, 1966, E-Economic Affairs (Gen) E8 Food Situation, July-September, RG59 Lot Files : 68 D 49 Entry 5254, South Asia 1964-66, Box 11 (NARA II).

さらに政権は，1967年春に開催予定の第14回コンソーシアム会議を前にした同年1月に，前述のユージン・ロストウ国務次官をコンソーシアム加盟諸国に派遣した。アメリカ政府は，通常の経済援助に加えて各国に対インド食糧追加支援を求め，食糧援助の「国際化」と負担軽減策としての均等負担（マッチング原則）政策を追求し始めた。その背景として，対外援助急増に伴うアメリカ国内の穀物在庫量の急減による価格上昇への懸念と，ベトナム戦争の激化による軍事費増大と国家財政状況の悪化があった。ジョンソン政権は，インドへの食糧援助増大に対する連邦議会内での政治的批判を回避するために，インドの食糧危機の「国際化」を試みたのである。同時期にインド政府も，国際的な食糧支援要請を行った。

ジョンソンは，1967年2月6日に，連邦議会に対するインド食糧メッセージ（The Food Message）を通じて，他の諸国が応分の負担をするならば，1967年中にインドに引き渡すため，アメリカ政府は1億9000万ドル相当の追加の300万トンの穀物の供与を考慮する用意があることを表明した。これを受けて連邦議会の上下両院は，インド支援決議を可決した。このアメリカによる拠出額と同等の貢献としては，食糧，化学肥料，あるいはインドが食糧を購入するか，輸送費の支払いが可能になるような現金支給の形式が想定されていた。食糧援助の「国際化」を模索したジョンソン政権にとって，世銀が主宰する多角的な利害調整機構であるインド援助コンソーシアムの枠組みは，インドに対して，間接的に政治的・金融的な影響力を行使するために利用可能な価値ある国際援助の枠組みであると思われた。ただし，インドへの食糧援助におけるコンソーシアムの関与は，当面あくまでも，非常事態に対する緊急避難的措置と考えられた。

こうしたアメリカ政権の意向を受けて，世銀は，インドへの食糧援助を各国が分担する相互調整に乗り出した。世銀総裁のジョージ・ウッドは，1967年の定例インド援助コンソーシアム会議の直前の同年4月4～6日に，各国から食糧援助の確約を取り付けるためにパリで特別会議を開催することを提案した。

この「食糧コンソーシアム」（The Food Consortium）主宰を要請するにあたり，議長役の世銀極東部長のI. P. M. カーギルは，次のような声明を発した。

今年の状況は，旱魃により引き起こされた深刻な食糧不足により一層悪化してきた。だが，仮に輸入規制緩和と関連の政策措置が来年も継続・拡張されたとしても，食糧援助は，非プロジェクトの形式でインドが必要とする援助全体のほんの一部にすぎない。（中略）食糧をめぐる措置は特に急を要するため，私はコンソーシアム加盟諸国に対して，アメリカの300万トンの食糧供与案に匹敵するような援助公約を優先的に行うことを要請したい。これから数週間のうちに食糧輸入契約が締結されない限り，今や1967年に最低限必要とされる1000万トンの輸入実現の保証はない。（中略）これと緊密に関連しているのが債務救済——「債務の重荷を軽減する行動」である[37]。

このカーギルの発言が示しているように，食糧援助問題は，1960年代末にインドが直面したもう一つの大きな課題である，非プロジェクト援助の拡大で補塡されていた対外債務支払いの問題と緊密に結びついていた[38]。その前提として，食糧援助と非プロジェクト援助は相互補完的であり，仮に，インドの食糧輸入需要を満たすだけの援助が見込めない場合，穀物類の購入のために輸出収益が転用されるため，非プロジェクト援助で補完すべき外貨不足がさらに悪化するという事態が想定されていた。インド側も，食糧危機と対外債務支払いの問題が非常に緊密に結びついていると認識していた。

　1967年に関してインドは，約1000万トン，3億8000万ドル相当の食糧輸入が必要とされた。このうち，430万トンは事前に購入契約済みであり，前述のようにアメリカがマッチング原則の適用を前提として，300万トンのPL480による穀物供与を表明していた。コンソーシアム未加盟国からの新たな食糧援助として2500万ドル強が予想されたが，依然として270万トン強，1億7000万ドル分の穀物が不足していた。コンソーシアム内部で，カナダが70万トン，4500万ドル相当の追加供与を表明したため，米加以外のコンソーシアム加盟

---

37) India Consortium : Statement by Chairman on April 4, 1967, India Consortium Meetings 1967, Vol. 3 (World Bank Archives).
38) インドの対外債務とその救済問題については，渡辺昭一「1960年代イギリスの対インド援助政策の展開——インド援助コンソーシアムとの関連で」『社会経済史学』81-3 (2015) を参照。

諸国からの食糧援助でカバーすべき不足額は約 200 万トン，1 億 2000 万ドル相当と算定された。そのため世銀は，他のコンソーシアム加盟 8 カ国に対して，1965～66 年の一般開発援助の公約額と同じ比率に基づいて食糧援助を均等負担するという前提で，1 億 2000 万ドル相当額の食糧援助を提案した。その際，加盟諸国は，食糧援助と非プロジェクト援助が密接に結びついていること，またインド政府にとって，食糧輸入以外に自由に使える外貨約 4 億ドルの確保が，債務返済のため不可欠であることを認識したのである[39]。

最終的にコンソーシアム加盟諸国は，食糧援助の必要条件として，援助の責任共有を求めるアメリカ政府の強力な圧力に屈して，アメリカと同額の穀物援助を供与することに同意した。そのマッチング原則に則って食糧不足に対処するために，インドに小麦・小麦粉や他の穀物類を緊急に援助する国もあれば，そうした現物での援助が不可能な国は，インド政府が食糧を輸入できるように非プロジェクト援助額を増やす国もあった（表 4-3 参照）。

1967～68 財政年度の非プロジェクト援助の必要額に関して，食糧援助と「負債」救済を含めた総額を約 12 億 8000 万ドルにすることで，食糧援助コンソーシアムは合意に達した。その援助の一部は，インドが他の必需品の輸入を減らさずに食糧の輸入を可能とするために，またインドの 1967 年の外貨保有残高への圧力を軽減するために，迅速に供与すべき点が強調された。だが，非プロジェクト援助の供与公約額全体が，インドの必要金額の半分以下の 6 億 1000 万ドルにとどまったため，コンソーシアム加盟諸国は，1967 年秋に再び会議を招集し，1967～68 年の非プロジェクト援助の目標額達成状況を検証することを決議した[40]。

最終的に，延期されていたアメリカ政府との PL480 契約は，新たな雨季の最初の降雨が到来した 1967 年 6 月 24 日に締結された。この年の雨季は近年では最良であることが判明し，その結果インド史上最大の収穫がもたらされたこ

---

39) India Consortium—1967 Food Aid Requirements, February 16, 1967 IND 67-3, by the World Bank, in India-Consortium-Food Aid（A1845052）（World Bank Archives）.
40) Letter from European Officer to I.M.P. Cargill, 'Meeting of the India Consortium', April 14, 1967, India Consortium Meetings 1967, Vol. 3（World Bank Archives）.

表 4-3 対インド食糧援助の国際化（援助の申出）

(単位：百万ドル)

	国／国際機関	1965～66 年度 政府	民間	小計	1966～67 年度 政府	民間	小計	援助の内訳（贈与／借款の内容）
1	アルゼンチン	0.29		0.29				小麦
2	オーストラリア	8.92		8.92	10.65	0.01	10.66	小麦（贈与）／小麦粉, 粉乳（借款）
3	オーストリア	1.00		1.00				粉乳, 化学肥料, 現金
4	ベルギー							トラクター1台（金額不明）
5	ブラジル	0.07		0.07				米
6	カンボジア	0.01		0.01				米
7	カナダ	71.00		71.00	71.00		71.00	小麦（贈与）／小麦粉, 乾燥エンドウ豆 (180万トン), 粉乳（借款）
8	デンマーク	4.37		4.37				粉乳（借款）
9	エチオピア	0.03		0.03				現金
10	フィンランド	0.07		0.07				粉乳
11	フランス	4.34	0.04	4.38	1.23		1.23	粉乳, 殺虫剤, ビタミン剤, 小麦粉
12	ギリシャ	2.04		2.04				小麦, 干しブドウ
13	ハンガリー	0.08		0.08				移動式ポンプ, 医薬品, 離乳食など.
14	イラン		0.03	0.03				米
15	イタリア	8.10	10.34	18.44		0.70	0.70	化学肥料（一部借款を含む）, 小麦/小麦粉, 米, 粉乳, 輸送用トラック・車輛（借款）
16	日本	2.00		2.00	7.00		7.00	米, 化学肥料
17	クウェート	0.84		0.84				小麦粉
18	モロッコ	0.21		0.21				燐酸肥料
19	オランダ	1.31	3.38	4.69				離乳食, 粉乳, 化学肥料, 殺虫剤, 米, 現金
20	ネパール	0.01		0.01				米
21	ニュージーランド	0.28		0.28				粉乳
22	ノルウェー	0.36		0.36	0.14		0.14	化学肥料, トロール漁船
23	サンマリノ	0.02		0.02				小麦, 現金
24	スリナム	0.04		0.04				米
25	スウェーデン	1.62		1.62	0.69		0.69	粉乳, 化学肥料, トロール船
26	スイス	0.53		0.53				種子, 機械類
27	トリニダード・トバゴ	0.03		0.03				現金, 化学肥料
28	イギリス	21.00		21.00				化学肥料, 殺虫剤, トラクター・産業用部品・工業原料・港湾設備購入のため, および食糧穀物類の輸送経費のための借款
29	ソ連	5.40		5.40	14.20		14.20	粉乳, ビスケット, 離乳食, 植物油, ビタミン剤, 小麦
30	ヴァチカン市国	1.00		1.09				現金, 米, 輸送用トラック
31	ベネズエラ	0.28		0.28				
32	西ドイツ	3.19		3.19				粉乳, 化学肥料（一部借款）
33	世界食糧機構	6.56		6.56	5.65		5.65	小麦, 粉乳, メイズ, トウモロコシ類
34	ユーゴスラヴィア	1.00		1.00				豆乳粉
35	英領ギアナ	0.01		0.01				米
36	ユニセフ				0.15		0.15	(井戸) 掘削装置
37	タイ		0.03	0.03				米
38	スペイン		0.72	0.72				米, 小麦粉, 輸送用トラック
39	マスカット		0.004	0.004				米
40	ドバイ (インド系住民)				0.003	0.003		米
41	食糧農業機関職員		0.08	0.08				米
	総 計			160.72			111.42	

出所) Government of India, *Eonomic Survey, 1966-1967*, New Delhi : Government Printing Office, 1967-68 各年版.

とで，インド食糧危機は終焉を迎えたのである。アメリカ政府のある公文書は，1965～67年のインドに対するジョンソン政権の「食糧危機救済作戦」を，次のように記録し，自画自賛した。「インドは1965～66年に800万トン以上，66～67年には600万トンを超えるPL480の穀物類を受け取った。（中略）それは，かつて一つの国から他の国に対して行われた最大規模の食糧積出であった」[41]。

2）第四次五カ年計画と「緑の革命」の始まり

1969年4月21日に，待望の第四次五カ年計画がインド国会に提出された。当初，第四次計画案は，1966年8月に提出される予定で準備が進められていたが，65年夏に勃発した第二次印パ戦争と，65～67年の2年連続の旱魃により引き起こされた経済的混乱により審議が延期されてきた。この間の1966年4月から69年3月までの3年間の経済政策は，急遽作成された三つの年次計画（The Annual Plan）に基づいて実施されていた。1967年9月には経済計画委員会も委員構成が刷新され，インド政府は，15年間，三次にわたった経済計画の結果構築された経済力と今後必要となるものを根本的に再検討する機会を得た。

この第四次計画の特徴は，①公共部門支出の相対的縮小と，農業・小規模産業・運輸業における民間投資の重視と，②外国援助と赤字財政依存から脱却し国内資金に頼る財政運営にあった。すなわち「資金調達全体で純援助の割合を17.5パーセントまで縮小させるのは（第三次計画で28パーセント，当初の第四次計画で29パーセント，3年間の年次計画中が約40パーセント）[42]，自助達成への国

---

41) 'India's Food Crisis, 1965-76', National Security Council [NSC] File, Box 26, Indian Famine, August 1966- February 1967, Vol. 5, Appendix : Agriculture & State Department Histories (Johnson Presidential Library).

42) 1968年9月に，アメリカの駐印大使チェスター・ボールズは，外国援助への依存率について，1966～67年が41パーセント，67～68年が45パーセントであったと指摘している。彼は1968～69年年次計画においても，インドは3分の1以上の資金調達を援助に頼る事実を強調した。Airgram A-1454 from AmEmbassy New Delhi to Department of State, September 13, 1968, 'GOI Annual Plan for 1968-69', by Chester Bowles, p. 4, E202 GER-E 1/1/67, RG59 General Records of the Department of State, CFPF, 1963-69, Box 624

表 4-4 インド食糧生産と穀物輸入量（1964～72 年度）
(単位：重量万トン，（ ）はパーセント)

年　度	国内生産量	穀物輸入総量	PL480
1964～65	8,070	625 （ 7.7）	543 （ 6.7）
65～66	8,940	744 （ 8.3）	635 （ 7.1）
66～67	7,320	1,031 （14.1）	806 （11.0）
67～68	7,420	866 （11.7）	596 （ 8.0）
68～69	9,501	567 （ 6.0）	421 （ 4.4）
69～70	9,400	382 （ 4.1）	257 （ 2.7）
70～71	9,950	355 （ 3.6）	245 （ 2.5）
71～72	10,842	201 （ 1.9）	121 （ 1.1）

出所）Ibid., 1965-72 各年版.

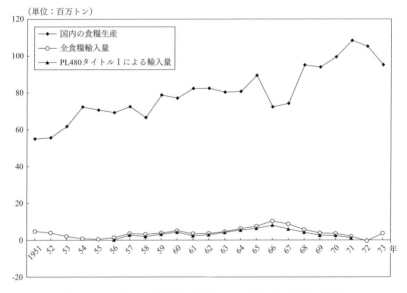

図 4-9　インドの食糧生産と PL480 による輸入量（1951～73 年）

出所）B. R. Shenoy, *PL 480 Aid and India's Food Problem*, New Delhi : East-West Press, 1974, pp. 258-259.

家の決定を反映している。国内生産の増大により 1971 年以後は消滅が予想される食糧援助を例外とすると，純援助額の低下は，増大しつつある負債返済の

(NARA II).

重荷を斟酌するだけでなく，獲得可能な外国援助額への現実的な認識を反映していた」[43]。

表4-4と図4-9に見られるように[44]，この第四次五カ年計画が始まる前年から，インドの食糧生産高は急速に伸びて9500万トンを突破し，1971〜72年度には1億トンを超えた。それに伴い食糧輸入総量とPL480による輸入量は，急激に減少した。穀物輸入は完全になくなったわけではなかったが，1960年代末から，インドは農業生産面で自立の道を歩み始めた。いわゆる「緑の革命」の始まりである[45]。

5　「緑の革命」の起源とインド食糧援助，世界銀行

1965年後半から67年前半のインドは，総計で約1400万トン強，多い時に月平均で100万トンを超える穀物類をアメリカから輸入することで，食糧危機の難局を乗り切った。PL480による食糧援助がこの大量の穀物輸入を可能にしたのである。最後に，本章の論点を整理するとともに，本書第I部からの展望を提示したい。

第一に，1960年代後半において，アメリカ政府が供与した経済開発援助の一角を占めたPL480は，食糧危機に直面したインドが経済政策を修正・変更する過程で一定の役割を演じた。ジョンソン政権は，インドの経済政策，特に農業政策に対して影響力を行使するための外交的手段として，初めてPL480を活用した。ジョンソンの食糧援助「小出し政策」は，インド政府が，農業政策を重視し，農産物価格の統制緩和と部分的な市場原理導入への政策転換を行う一つの要因となった。1969年のアメリカ政府のある覚書は，政策的効果に

---

43) Airgram A-299 From AmEmbassy NEW DELHI to Department of State, May 1, 1969, 'India's Revised Fourth Five-Year Plan', by Whatheby, pp. 2-14, E5 INDIA 1/1/67, Ibid., Box 624 (NARA II).

44) Government of India, *Economic Survey, 1964-1971*, New Delhi : Government Printing Office, 1965-72 各年版.

45) Nick Cullather, *The Hungry World—America's Cold War Battle against Poverty in Asia*, Cambridge, Massachusetts : Harvard University Press, 2010, chap. 9.

ついて次のように評価していた。

> インドの新農業政策は優れた結果を生み出している。価格誘因政策，販売の自由化，化学肥料輸入のための政府による外貨の優先的割当，そして新しい高収量品種の導入が結びついて，また良好な気象条件にも助けられて，昨年は記録的な収穫がもたらされた。例年並みの降雨に恵まれた今年の収穫高は，昨年の記録に匹敵するであろう。これは，堅実な技術と政策を基盤として，インド農業で永続的で飛躍的な変革が進行しつつあることを意味する[46]。

これは危機的な状況のもとで，経済援助が政治的な圧力として機能し被援助国の政策転換を促した事例であり，経済開発援助が被援助国の政策に一定の影響力を持ったことを例証している。

しかし第二に，アメリカ政府からの圧力があったとしても，国内農業の近代化と食糧自給を追求する国内事情と主体的なインド政府の政策決定，特にシャストリ政権の決断がなければ，インド農業の発展，「緑の革命」につながる政策の転換は実現しなかった。幸運にも，インドの食糧危機は1967～68年の雨季降雨により終息した。だが，農業生産の伸び悩みと人口増のギャップ（人口圧力）が顕在化したシャストリ政権下の第三次五カ年計画の終盤で，農相スブラマニアム，経済計画相メータ，蔵相M. デサイ（後にインディラ・ガンディ政権の副首相・蔵相）ら改革派の政治家と，大蔵省出身の首相秘書官ジャハ（後のインド連邦準備銀行〔RBI〕総裁）やI. G. パテール（大蔵省主席経済顧問）ら官僚層の連携と協力により，農業政策の自由化，市場原理の導入，価格誘因政策など，農業改革に向けた独自の取り組みが始まっていた。他方で，インド援助コンソーシアムの創設に関わった駐米大使B. K. ネルーは，米大統領特別政治顧問で近代化論を唱えた経済学者W. W. ロストウや，アメリカの駐インド大使チェスター・ボールズ[47]らと緊密に連絡をとり，引き続き本国政府と米ジョ

---

46) Memorandum for the President : Economic Assistance to India, June 23, 1969, by William P. Rogers (the Secretary of State), AID (US) INDIA 1-1-67, RG59 General Records of the the Department of State, CFPF, 1963-1969, Economic AID (US) INDIA, Box 475 (NARA II).

47) Chester Bowles, *Promises to Keep : My Years in Public Life 1941-1969*, New York and London : Harper & Row, Publishers, 1971, Part IV.

ンソン政権との外交的橋渡し役を演じていた。アメリカ主導の国際政治経済に精通した，これらインド政府内部の親英米派（イギリス留学経験を有する経済・金融の専門家）は，1960年代末までは，西側先進諸国，特にアメリカから経済開発援助（資本援助と技術支援）を獲得する上で重要な役割を演じた。彼らが展開した巧みでしたたかな「経済外交」は，PL480の食糧売却収益を開発資金としたインフラ整備や化学肥料製造のプラントの増設を実現し，1960年代末のインドで「緑の革命」を引き起こす端緒となった。現地人エリート層の政治家，テクノクラートの主体性と主導力が経済開発を実現する上で決定的に重要であった。

第三に，世銀が主宰したインド援助コンソーシアムによる多角的な対インド援助機構の存在は，食糧危機を克服する上で不可欠であった。世銀は，1967年4月に「食糧コンソーシアム」を開催するため尽力し，インドへの食糧援助に協力するようコンソーシアム加盟諸国だけでなく非加盟諸国も粘り強く説得した。パリでの「食糧コンソーシアム」終了直後の1967年4月，インド副首相デサイは，コンソーシアム加盟諸国と世銀が公約した食糧援助案に対し，以下のような感謝の言葉を伝えた。

> コンソーシアムのようなフォーラムは，国際協力の重要な発展を象徴している。それは，被援助国，援助国を問わず，全ての加盟国間の好意と真の理解がないと有効に機能しない。その種の最初の機構であるインド援助コンソーシアムが，ほぼ9年間にわたり世界中で多くの諸国の，インド経済開発に対する建設的な関心を引き出せたとすれば，その功績は専ら世界銀行当局者に帰せられるべきである[48]。

1968年の世銀報告書も，インド援助コンソーシアムの実績を次のように評価していた。「コンソーシアムは，その国際的性格により国家機密や国家主権に関わる諸問題を除外できることから，インド開発政策に関して，ある一つの個別の援助国よりも，より深い強力な政策転換を提言できる」[49]。第三代総裁

---

48) Statement by Deputy Prime Minister Desai in the Lok Sabha on April 8, India-Consortium Meetings 1967, Vol. 3 (World Bank Archives).

ウッドのもとでの世銀とインドの関係は,互恵的であり相互依存的であった。世銀グループ(国際復興開発銀行IBRDと国際開発協会IDA)にとってもインドは最大の融資先であり,「世銀がインドに影響力を及ぼしたのとほとんど同じくらい,インドは世銀の行方を左右した」[50]のである。

だが,食糧危機が終息した1967年以降,インド援助コンソーシアムでの援助認可額と,実際の援助実行額に大幅なギャップ(未実行の援助)が生じた[51]。パテールは,ルピー切下げ後の1967年コンソーシアム会議は大きな失望を招き,援助公約に対する「裏切り」(betrayal)と受け止められたと回想している[52]。その後の1969年7月の銀行国有化政策をめぐる閣内対立,デサイの蔵相解任と国民会議派の分裂は,インディラ・ガンディ政権内部での親英米派(改革派)の影響力を削ぐことになった。しかし,世銀グループからの対インド融資額は,アメリカを中心としたコンソーシアム内部の二国間援助が減少した「穴」を埋めるかのように,1968年に就任した新総裁R.マクナマラの下で,IDA融資による「貧困軽減」を新たなミッションとして,農業部門を中心に増大していくことになる[53]。1970年代には,年経済成長率が低下する中で,食糧の自給達成を実現するガンディ政権と世銀との間で,新たな共存関係が形成されていくことになる。

---

49) 'India Consortium', *Working Paper* 80480 (1968), p. 39 (World Bank Archives).
50) Edward S. Mason and Robert E. Asher, *The World Bank since Breton Woods*, Washington, DC : The Brookings Institution, 1973, p. 675 ; Table E-2. IBRD Loans and IDA Credits by Country Net as of June 30, 1971, p. 830.
51) 1968年以降PL480は急激に減少するため,食糧援助を含むコンソーシアムの援助実行額は,1967年度をピークに大幅な減少に転じた(1966〜67年14億ドル,67〜68年15億ドル,68〜69年11億ドル)。実際の援助額は,ベル経済調査団が第四次計画への供与予定額として示唆していた17億ドルを大幅に下回った。Robert W. Oliver, *George Woods and the World Bank*, Boulder and London : Lynne Rienner, 1995, p. 150, note 35.
52) I. G. Patel, *Glimpse of Indian Economic Policy : An Insider's View*, New Delhi : Oxford University Press, 2002, p. 115.
53) Devesh Kapur, John P. Lewis and Richard Webb, *The World Bank : Its First Half Century, Vol. 1 : History*, chaps. 5-6 ; (eds.) *Vol. 2 : Perspectives*, chap. 8 ; S. Guhan, 'The World Bank's Lending in South Asia', Washington, DC : Brookings Institution Press, 1997, pp. 327-336.

第 II 部

東アジアの開発主義と工業化

第5章
1950年代の東アジア国際経済秩序とスターリング圏

1 アジア国際秩序とイギリス帝国

　本章では，1950年代の東アジアにおける国際経済秩序の再編を，スターリング圏と戦後の日本経済の復興・発展との相互連関に着目して新たな関係史の視角から再考する[1]。なぜ，1950年代前半の早い時点で，日本の経済復興は軌道に乗ったのか。イギリス帝国（コモンウェルス）は，東アジアの国際経済秩序再編の過程でいかなる歴史的役割を果たしたのか。具体的な検討課題として，1951～57年に機能した対日スターリング支払協定（The Sterling Payments Agreement with Japan）をめぐる交渉過程と，同協定を通じたスターリング圏の東アジア経済発展に対する影響力を検証する。本章でスターリング支払協定に着目するのは，商品（モノ）の輸出入に関わる貿易活動と，金融・貿易決済（カネ）部門を統合して，東アジア国際経済秩序におけるイギリス帝国（コモンウェルス）の経済利害を総合的に把握するためである。

　ところで，二国間協定としての対日スターリング支払協定は，従来の日英関係史研究で軽視されてきた。例えば，日英両国で出版された日英交流史共同研究においても，1950年代の政治・外交編はもっぱら日英貿易関係，特に綿製品輸出をめぐる貿易摩擦論議と，日本の「関税等貿易に関する一般協定」（The

---

1) 本章の英語版として，Shigeru Akita, 'The East Asian International Economic Order in the 1950s', in Antony Best (ed.), *The International History of East Asia, 1900-1968: Trade, Ideology and Quest for Order*, London and New York: Routledge, 2010 も参照。

General Agreement on Tariffs and Trade : GATT）加盟をめぐる外交問題に限定され，経済編でも支払協定への言及は全くない[2]。支払協定に触れた数少ない先行研究として，横井典子は，戦後日本の経済復興に対するイギリスのネガティヴな姿勢を再検討し，1950年代イギリスの対日貿易・金融政策の多面的な性格を明らかにした。だが，この横井の包括的な研究でも貿易面での摩擦が依然として強調され，日本製品との競合に対するイギリス本国産業（綿工業）の反発，特に1930年代の対日競争の復活を懸念するマンチェスター商業会議所の対応とイギリス商務省の対日政策が重視されている[3]。また，日本金融史の領域では，国際通貨基金（IMF）と日本の関係に関する浅井良夫の研究の中で，1953〜54年の日本の外貨危機とIMFの14条コンサルテーション（年次協議）との関係から日英支払協定の考察が試みられている[4]。これに対して，1950年代の日本綿工業の復活に関する杉原薫の研究は，日英間の競争よりも，戦前から展開されていた綿業をめぐる「アジア間競争」（intra-Asian competition）復活の構造を明らかにした[5]。本章では，従来二国間の関係で論じられた対日スターリング支払協定を，日英二国間関係を超えて，さらに広範なグローバルな文脈に位置づけることを目指す。というのも，スターリング圏自体は，戦後の東アジアだけにとどまらず，コモンウェルス諸国を中心に世界各地を広範囲に

---

2) 田中孝彦「冷戦初期における国家アイデンティティーの模索——1950年代の日英関係」木畑洋一他編『日英交流史1600〜2000 2 政治・外交 II』（東京大学出版会，2000年）；杉山伸也・J. ハンター編『日英交流史1600-2000 4 経済』（東京大学出版会，2001年）。

3) Noriko Yokoi, 'Searching for a Balance : Britain's Trade Policy towards Japan, 1950-1954', Unpublished Ph. D. thesis, University of London, 1998 ; Noriko Yokoi, *Japan's Postwar Economic Recovery and Anglo-Japanese Relations 1948- 1962*, London and New York : Routledge, 2003.

4) 浅井良夫「IMF8条国移行と貿易・為替自由化——IMFと日本：1952〜64年（上）」『成城大学経済研究所研究報告』42（2005年），44-50頁；浅井良夫『IMF8条国移行——貿易・為替自由化の政治経済史』（日本経済評論社，2015年）第4〜5章。

5) 杉原薫「戦後日本綿業をめぐる国際環境——アジア間競争復活の構造」『年報・近代日本研究19 地域史の可能性』（山川出版社，1997年）; Kaoru Sugihara, 'International Circumstances surrounding the Post-war Japanese Cotton Textile Industry', in D.A. Farnie and D.V. Jeremy (eds.), *The Fibre that changed the World : The Cotton Industry in International Perspective, 1600-1990s*, Oxford University Press, 2004, chap. 17.

カバーし，ロンドン・シティの経済利害とイギリス帝国の経済権益を反映した制度であったからである[6]。

1950年代におけるイギリスのスターリング政策を再考するにあたり，近年のイギリス帝国経済史の研究動向に触れておく必要がある。P. J. ケインとA. G. ホプキンズは，イギリス国際経済政策を長期の射程で論じる中で，第二次世界大戦後のスターリング圏に着目して，シティの利害とジェントルマン的秩序の存続を論じている[7]。他方でG. クロゼウスキーは，イギリスの帝国政策と国際関係が交錯した1950年代の脱植民地化＝「帝国の終焉」の過程を分析した。彼は，依然として政治的支配が可能であった1940年代末〜50年代初めの時期に，差別的な植民地経営とスターリング圏がイギリスの戦後経済復興を支えたこと，しかし，50年代半ばからのアメリカ合衆国を中心とした新国際経済秩序と自由主義的多角主義（liberal multilateralism）の出現によって，イギリスの国際的な地位と経済・金融政策が大きく左右されたことを改めて強調している[8]。他方，イギリス金融史の領域では，第二次世界大戦後の国際基軸通貨ポンド（スターリング）の盛衰をめぐり，C. R. シェンクは長期にわたる「後退」過程を描いたのに対して[9]，金井雄一は，ポンドの衰退史観を書き換える主張を展開している[10]。本章では，こうした金融史の研究と帝国史を結びつけて，1950年代の日英支払協定と東アジアを事例に，グローバルヒストリーの文脈でスターリング圏の再評価を試みる。

---

6) C.R. Schenk, *Britain and the Sterling Area : From Devaluation to Convertibility in the 1950s*, London : Routledge, 1994 ; アメリカ経済協力局遣英特別使節団『スターリング地域——その産業と貿易』（時事通信社出版局，1953年）。

7) P.J. Cain and A.G. Hopkins, *British Imperialism, 1688-2000*, 2nd ed., Harlow and New York : Longman, 2001, Part 8, chap. 26.

8) G. Krozewski, *Money and the End of Empire : British International Economic Policy and the Colonies, 1947-58*, London and New York : Palgrave, 2001 ; G. Krozewski, 'Gentlemanly Imperialism and the British Empire after 1945', in S. Akita (ed.), *Gentlemanly Capitalism, Imperialism and Global History*, London and New York : Palgrave-Macmillan, 2002, chap. 4.

9) Catherine R. Schenk, *The Decline of Sterling : Managing the Retreat of an International Currency 1945-1992*, Cambridge University Press, 2010.

10) 金井雄一『ポンドの譲位——ユーロダラーの発展とシティの復活』（名古屋大学出版会，2014年）第5章。

2 オープン勘定支払協定からスターリング支払協定へ——1948〜51年

1) 第二次世界大戦後のイギリス通貨政策——ドル不足と交換性の規制

　第二次世界大戦を通じて，イギリス本国は，①10億ポンドを超える海外資産の取り崩し，②スターリング圏諸国への巨額の債務（スターリング残高各国政府のロンドン残高に大蔵省証券として蓄積される），③武器貸与法によるアメリカ合衆国からの戦時借款を通じて戦費を調達した。ポンドと米ドルとの交換性は停止され，イギリスは終戦時に30億ポンドを超える対外債務を負った。最大のスターリング残高債権国はインド軍の海外派兵経費を負担した英領インドで，その金額は1945年までに13億5200万ポンドに達した。

　戦後イギリス政府は，「ドル不足」による対米債務の返済に窮して新たに米加両国に追加借款を要請した。その交渉過程で，アメリカ政府は借款供与の見返りとして，1947年7月からのポンドの対ドル交換性回復とスターリング残高の縮小を要求した。同年7月15日にポンドの交換性が回復されると，ポンドの大規模な国外流出とドル保有残高の急減による国際収支危機が発生したため，わずか1カ月後の8月20日に米ドル交換性は再び停止された。以後のイギリス政府の通貨政策は，世界的規模でのドル不足を前提にして，当面は厳格な管理通貨体制のもとでポンドの国際通貨としての価値を維持しながら，中期的にはポンドの米ドル交換性の回復が政策目標とされた[11]。

　イギリス政府は，1947年8月の為替管理法でスターリング圏（Scheduled Territories）を法的に確定し，50年までに漸次的に次に掲げる四地域に世界諸地域を区分する差別的な通貨政策を導入した。その目的は，ドル不足のもとでポンドの米ドルへの交換を制限して，一定の外貨準備高を維持することにあった[12]（図5-1参照）。

　（1）スターリング圏（the sterling area）：オーストラリア，ニュージーランド，

---

11) Schenk, *The Decline of Sterling*, chaps. 2-3；金井『ポンドの譲位』第3章。
12) Schenk, *Britain and the Sterling Area*, pp.8-10；金井『ポンドの譲位』図3-2「イギリスの為替管理」106頁，もとは『東京銀行月報』1-10（1949年10月），23頁。

136 第Ⅱ部 東アジアの開発主義と工業化

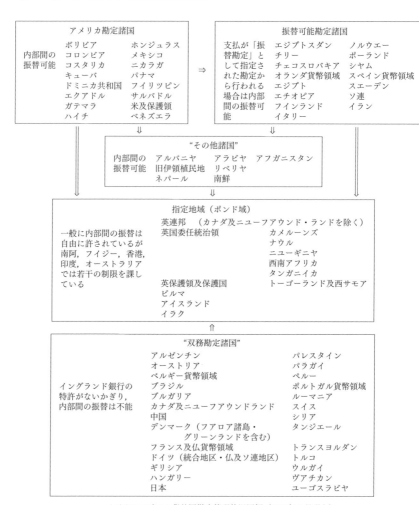

イギリスのポンド貨外国勘定管理状況図解（1949年1月現在）

→矢印は以下の各ポンド勘定間においてイングランド銀行から個々の承認を得ずして許可せられている振替の方向を示す。その他すべての振替は個々に承認を要する。

図 5-1　イギリスの為替管理

出所）金井雄一『ポンドの譲位──ユーロダラーの発展とシティの復活』（名古屋大学出版会，2014年）106頁，もとは『東京銀行月報』1-10，1949年10月，23頁。

注）旧字体および磅，英蘭銀行などの旧い表記は改めたが，国名表記は原資料のままである。

南アフリカ，インド，パキスタン，セイロン，ビルマ，アイスランド，イラク，ヨルダン，リビア，ペルシャ湾岸諸国，その他の英領植民地から構成される。圏内諸地域は，ポンド固定相場制，イギリス本国と共通の為替管理政策，外貨の共通ドル・プール制を採用する。
(2) アメリカ勘定 (the American account) 諸国：アメリカ合衆国，ボリヴィア，カナダ，中央アメリカ，ヴェネズエラ，エクアドル，フィリピン，コロンビア，ドミニカ，キューバ。米ドル決済圏で，ポンドと米ドルとの自由な交換を許された地域。
(3) 振替可能勘定 (the transferable account) 諸国：オーストリア，チリ，チェコスロヴァキア，デンマーク，エジプト，エチオピア，フィンランド，西ドイツ，ギリシャ，イタリア，オランダ，ノルウェー，ポーランド，スペイン，スウェーデン，タイ，ソ連。スターリング圏および振替可能勘定諸国間での自由なポンド振替は許されるが，アメリカ勘定諸国および双務勘定諸国とのポンド振替は認められない。
(4) 双務勘定 (the bilateral account) 諸国：アルゼンチン，ベルギー，ブラジル，中国，台湾，フランス，東ドイツ，ハンガリー，イラン，イスラエル，日本，レバノン，パラグアイ，ペルー，ポルトガル，ルーマニア，スイス，シリア，タンジール（モロッコ），トルコ，ウルグアイ，ユーゴスラヴィア。ポンド振替に最も厳格な制限を課され，スターリング圏諸国とのみ自由な振替が認められる地域。双務勘定地域相互間のポンド決済には，イングランド銀行の事前特別許可が必要とされた。

こうした複雑な地域区分を行った上で，イギリス政府は (3) 振替可能勘定諸国および (4) 双務勘定諸国との間で，二国間の支払協定を締結した。

2) 連合国占領下の日本——オープン勘定支払協定とドル交換条項

第二次世界大戦後の日本は，アメリカ軍を中心とする連合国軍の占領下に置かれた。日本とスターリング圏諸国との貿易は，1947年11月まで，政府間貿易のみドル建オープン勘定（6カ月ごとに輸出入差額を米ドルで決済）で行われてきた。同年8月に民間貿易が再開され，11月にスターリング圏諸国との

民間貿易暫定協定が成立，ポンド決済に移行した。翌1948年5月末には同諸国と日本の「オープン勘定支払協定」(The Open Payments Agreement with Japan)が締結され，政府民間全ての貿易がポンドで行われることになった。遅れて1948年11月には，あらかじめスターリング圏諸国と日本との多角的な貿易量を想定した「対日貿易協定」が結ばれた[13]。

対日オープン支払協定は，次の3点が特徴的であった。

(1) ドル交換条項：日本は原則的に「双務勘定」国とされ，受け取ったポンドの使用に制約を課されることになった。しかし，連合国最高司令官総司令部 (General Headquarters, Supreme Commander for Allied Powers: SCAP) が「貿易を通じて得られる必要額を超えるポンド」を米ドルと交換できる，「米ドル交換条項」が組み込まれていた。したがって，日本は貿易で獲得したポンドを事実上自由に米ドル (hard currency) と交換できるアメリカ勘定国と同じ地位を享受できた（準ドル地域）。

(2) 支払協定からの香港の除外：香港はスターリング圏全体をカバーする一般支払条項から除外され，SCAPと個別に支払・貿易協定を締結し自由市場（後述）で香港ドルと米ドルの交換を行った。

(3) 対日貿易協定の二分化：支払協定に付随して締結された貿易協定は，対日貿易の均衡を目的に取引額の上限を目安として設定し，貿易交渉はイギリス本国が代表して行った。スターリング圏諸国のうち，オーストラリア，ニュージーランド，南アフリカ，インド，セイロンはこの貿易協定に参加した (Participants) が，パキスタンとビルマは参加しなかった (Non-Participants)。

オープン勘定支払協定の基本原則は，日本とスターリング圏諸国との支払いを均衡させることにあった。特にスターリング圏諸国は，「ドルを支払わずに日本から必需品（特に繊維製品）を確保すること」を目指したが，「日本がイギリス側の需要に見合うモノをスターリング諸国から購入できないために，ドル交換条項発動のリスクは常時存在した」[14]のである。実際，協定発効の第1年目

---

13) 外務省・通産省管理貿易研究会編『戦後日本の貿易・金融協定』(実業の日本社，1949年)。

から，占領下の日本（SCAP）は大規模な必需品輸出を通じて過剰なポンドを蓄積した。スターリング圏諸国にとって，日本は，イギリス本国の限られた生産力を補完して安価な必需品を供給する非ドル圏の代替供給源として機能したのである。戦後にマレー半島で公式植民地支配に復帰したイギリス植民地当局にとって，現地住民の福祉と生活水準を維持し，植民地支配を正当化するためにも，安価な日本製の消費財（綿製品）の安定的確保は不可欠であった[15]。1949年7月，イギリス側の要請を受けて日本（SCAP）は，余剰ポンドをドルに交換する前に，最低1000万ポンドの運用残高を維持することに同意した。同年9月にスターリングは約3割（1ポンド4.03ドルから2.80ドルへ。30.5パーセント）切り下げられたが[16]，日本製品のスターリング圏向け輸出（輸出超過）は続いた。

　1950年6月に朝鮮戦争が勃発して以来，日本のポンド過剰累積に変化が生じた。国内経済の復興のため日本は輸入の拡大が必要となり，イギリス側はスターリング圏からの食糧・原料輸入拡大に期待を寄せた。こうした情勢の変化を受けて，イギリス政府は，スターリング圏諸国の対日貿易関係を長期的な視野から検討するために1950年7月，閣内の海外交渉委員会（the Overseas Negotiations Committee : ONC）のもとに対日長期経済関係特別調査委員会を設置，翌51年2月にその報告書が提出された。そこでは，①ビルマ米のように，スターリング圏内からの日本の輸入が増大しつつあること，②スターリング圏の低開発諸国が安価な日本製品購入に強い関心を持っているため，現時点で圏内植民地諸国に1930年代のような対日輸入割当制（the quota）を課すことは適切でないこと，③したがって，日本はポンドを過剰に蓄積し，引き続きドルへの転換を求めること，が指摘された。その上で報告書は，④対日支払関係を，ド

---

14) Minister of State for Economic Affairs, JAPAN : Trade and Payments Negotiations, 20 May 1950, OV16 JAPAN/ 61, pp. 1-2 (Bank of England Archives : 以下 BoE と略す).

15) N.J. White, 'Britain and the Return of Japanese Economic Interests to South East Asia after the Second World War', *South East Asia Research*, 6-3 (1998) ; J. Weste, 'Britain, Japan and South-East Asia in the 1950s : Anglo-Japanese Economic Relations in the De-colonizing Empire', in *Aspects of Japan's Recent Relations with Asia*, Sticerd Discussion Paper, No. IS/ 00/ 403, LSE, 2000.

16) 金井『ポンドの譲位』第4章。

ル交換条項を持たないスターリング支払協定に切り替えること，⑤対日貿易の重要性を鑑み，日本によるポンドの最大限の多角的使用（例えば，振替可能勘定諸国への日本の編入）を目指すべきである，と論じた[17]。この提言は，「東アジアにおけるポンドの可能な限り広範な使用を回復・助長する」と主張した，イギリス大蔵省とイングランド銀行の見解を反映していた[18]。

3）オープン勘定支払協定の改定交渉と「香港ギャップ」

　こうした政策面での検討を踏まえた上で，連合国による日本占領の終結，サンフランシスコ講和会議の開催を前にして，1951年5月末から8月末まで，東京において支払協定の改定をめぐる最初の日英交渉が行われた。3カ月にわたった交渉の焦点は，イギリス側からすれば，米ドル交換条項を撤廃して，現行のオープン勘定支払協定を通常タイプの二国間支払協定に転換することであった。日本を，スターリング圏との貿易で稼いだポンドを米ドル＝基軸通貨に転換可能な硬貨国（hard currency country）から，ドルと自由に交換できない軟貨国（soft currency country）に転換してスターリング圏からのドル流出の可能性を除去することが第一目標とされた。交渉で日本側は，占領体制の終結に伴いSCAPに有利なドル交換条項の撤廃には同意し，撤廃後のポンド過剰累積防止，スターリング圏の対日輸出拡大の問題を重視した。だが，それ以上に最後まで難航したのが，英領直轄植民地で中継貿易の拠点であった香港の取り扱いであった。

　ところで香港は，スターリング圏の中で，共通の為替管理が限定的かつ柔軟に適用された例外的地域であり，そのユニークな地位は「香港ギャップ」と呼ばれていた。すなわち香港は，公式には他のスターリング地域と同様な為替管理が行われ，公定レートでの外国為替取引は穀類・米・綿製品・人絹糸などの主要輸入品に限定された。しかし，それと同時並行的に，アジア間貿易の中継

---

17) Japan, 21 February 1951, p. 1, OV16/ 69, p. 135 (BoE).
18) Memorandum of the Economic Steering Committee (ESC) on the Long Term Economic Relations with Japan, 6 February 1951, ES (51) 7, CAB134/ 264 (The National Archives of the UK：以下TNAと略す).

貿易拠点として香港の外貨需要は旺盛であったため，香港ドル価格が需給バランスで決まる自由為替市場が存在した。この自由市場は，イギリス本国の為替管理当局（イングランド銀行）にとって，スターリング圏に対する為替管理体制の「抜け穴」として機能したが，香港の特殊な位置ゆえに事実上黙認されていた[19]。C. R. シェンクによれば，「香港は，スターリング圏の厳格な為替管理とドル圏の相対的な交換性とのユニークな結節点であり，スターリングとドル両方の世界にまたがるこの地位が，香港の卓越性の重要な一因であった」[20]。

戦後，日本（SCAP）と香港は，イギリス本国およびスターリング地域とは別に，香港ドルで取引可能な個別のオープン勘定支払協定を結び，香港側は当面年間250万ドルの対日輸入ライセンスを認めていた。戦後の日本経済の復興にとって，中国・台湾・マカオなどの近隣諸地域と香港との中継貿易は重要であり，その中継機能は東南アジアの英領マラヤやインドネシア，タイもカバーしていた。日本（SCAP）は香港向け輸出の貿易黒字をポンド（香港ドル）で獲得し，「香港ギャップ」（自由為替市場）を通じて，その獲得したポンドを米ドルに交換できた。この米ドルを活用して，日本はアメリカから原棉や機械類の資本財を輸入することが可能になった。こうしてオープン勘定支払協定のもとで，日本（SCAP）は自国の経済的利益のために，香港のユニークな地位を利用することができたのである。

これはイギリス側から見れば，「香港ギャップ」を通じたスターリング圏の共通ドル・プールからの米ドル流出を意味した。早くも1949年6月の時点で，イングランド銀行とイギリス大蔵省は香港の対日オープン支払勘定の廃止を要求し，植民地省と対立していた。特に大蔵省は，①香港が対日輸出面で，他のスターリング圏諸国と競合していること，②現金でなくクレジットで支払いが行われたため，香港があまりに安易な代替手段を提供していること，③日本だけでなく中国北部や北朝鮮との中継貿易構築を目指す香港の「柔軟な」制度が

---

19) 金井は，イギリス国外の闇市場におけるチープ・スターリング問題と位置づけている。金井『ポンドの譲位』第5章，173-176頁。
20) C.R. Schenk, *Hong Kong as an International Financial Centre : Emergence and Development 1945-65*, London and New York : Routledge, 2001, pp. 72-73, 133.

他のスターリング圏諸国の障害となること，以上を理由に香港の対日オープン支払勘定の撤廃を主張していた[21]。また，イギリス外務省関係者も東京での日英交渉に先立って，「植民地の完全な参加がなければ，極東においてポンドの地位を強化することは望めない」と考えていた[22]。したがってイギリス側は，ドル交換条項の撤廃とともに，香港を新たな対日スターリング支払協定に組み込んでスターリング圏の一体性を確保することを強く主張したのである。

日本側は，(a)極東における香港のユニークで特殊な地位，(b)日本の外国貿易にとっての香港の重要性，(c)現行のオープン勘定の有効性，(d)日本にとって香港が過剰なポンド累積の要因となりうること，以上を理由に新スターリング支払協定への香港の包摂に反対した[23]。現地の香港政庁・香港総督は，香港の独自性を主張し，日本側と同様に新支払協定に反対した。すなわち，香港総督 A. グランサムは本国植民地相からの意見打診に答えて，早くも対日交渉が始まる前の 1951 年 3 月末に，新協定への懸念を表明していた。反対の論拠は，(1)中国本土，台湾，タイ，インドネシアなどの諸地域から日本向けの中継貿易品目が，日本からの輸入品を必要とする香港にとって，不可欠の対日輸出品になっていること，(2)現行のオープン勘定支払協定が撤廃された場合，中継貿易品目は香港で決済されずに，日本との直接的なバーター取引に移行する可能性があること，(3)従って，新協定に香港が組み入れられる際には，欧州決済同盟（European Payment Union：EPU）諸国の場合と同様に，日本からの自由輸入容認が前提条件となるべきだ，というものであった[24]。香港政庁は，アジア間貿易のハブとしての自由貿易港・香港の機能を維持することを最も重

---

21) Termination of HK-SCAP Open Account Procedure, Note by the Treasury, dated 28 June 1949 [17J, T.2734-49], OV14/4 (BoE).
22) Proposal for liquidating Two Way Account in favour of sterling settlement (20b), From Tokyo to Foreign Office, Sir A. Gascoigne, 26 January 1951, OV16/7 (BoE).
23) 国際経済局「日英支払協定の問題点」1951 年 7 月 23 日，『日英貿易支払協定一件』（外務省外交史料館マイクロ Public Release Series 8, reel B'0020), B5.2.0J/B2.
24) Inward Telegram to the Secretary of State for the Colonies from Hong Kong (Sir A. Grantham), 29 March 1951, Priority, No. 355. Confidential. Trade with Japan, CO852/1113/9 (1951-52) (TNA) ; Ibid., 23 May 1951, No. 589. Confidential, Trade with Japan, CO852/1113/9 (TNA).

視していたのである。それに加えて香港総督は，朝鮮戦争勃発後のアメリカ合衆国による対中国経済制裁（禁輸措置）の発動に伴い，失業が増加し，香港内部の安全確保（治安）に対する懸念が生じるような現地の状況を強調した[25]。香港政庁は，東京での対日交渉にオブザーバーの参加を認めるように要請したが，その要求は本国外務省により拒絶され，香港は対日交渉から完全に排除されていた。

本国植民地相は，1951年5月の早い時点から，香港の特殊な地位を考慮しつつ，日本からの自由輸入体制を保証する特別の配慮がとられることを条件に，現行の香港独自のオープン支払協定の廃止はやむをえないと判断していた[26]。1951年8月半ばに香港総督も，条件付きでオープン勘定支払協定の廃止に同意した[27]。しかし，日本側は最後まで反対し，最終的に首相吉田茂の介入により8月末に香港の新スターリング支払協定への包摂を受け入れた。その際に，特に新スターリング支払協定には覚書が付され，①日本のポンド保有限度額を当面5000万ポンドとすること，②イングランド銀行は日本による振替可能勘定国（transferable country）への支払いを全て承認することが取り決められた。イギリス側は「この協定締結は，間違いなく，極東だけでなく世界全般においてポンドを強化するグランドデザインを実行する上で重要な一歩を記す」と高く評価した[28]。しかしこれ以後も，香港問題は対日スターリング支払協定更新の際に議論の焦点であり続けた。

---

25) Inward Telegram to the Secretary of State for the Colonies from Hong Kong (Sir A. Grantham), 5 August 1951, Immediate, No. 838 Secret, CO852/ 1113/ 9 (TNA).
26) Outward Telegram from the Secretary of State for the Colonies to Hong Kong, 3 May 1951, No. 564, Confidential, CO852/ 1113/ 9 (TNA).
27) Inward Telegram to the Secretary of State for the Colonies from Hong Kong (Sir A. Grantham), 15 August 1951, Emergency, No. 881. Secret, CO852-1113/ 9 (TNA).
28) Despatch from UK Liaison Mission in Japan to Secretary of State for Foreign Affairs, 'Report on the background and significant features of the protracted negotiations, 1 October 1951, Confidential, No. 334, 'E' (FA467/ 53/ 51), OV16/ 77 (BoE).

3 戦後日本とスターリング圏の相互依存——1951〜54年

1) 日本の経済復興とスターリング残高の変動

　対日スターリング支払協定は，連合国最高司令官総司令部（SCAP）により，日本占領体制の終了直前の1951年8月31日に改定された。この協定は，本来有効期間が1年間で，イギリスが結んだ他の一般支払協定と同様に，毎年の貿易・決済状況を見ながら更新されるはずであった。しかし，1952年8月に12月まで延長された後，自動的にさらに1年間，53年末まで延長された。

　対日スターリング支払協定の締結後，日本のスターリング保有残高は，特に1952年に増大傾向を示した（図5-2参照）。残高は1億ポンドの水準を超え，1952年半ばには1億2000万ポンドに達した。スターリング圏諸国は経済復興を遂げつつある日本からの輸入を増やし続けた。特に，香港の対日貿易不均衡（赤字額）は，1951年末には1230万ポンド，52年の前半だけで1220万ポンドに増大した（1951年香港の主要国別貿易収支：イギリス赤字2520万ポンド，マレーを除くスターリング圏赤字830万ポンド，英領マレー黒字2150万ポンド，インドネシア黒字1100万ポンド，タイ赤字410万ポンド）。対日赤字額の増大の背景には，米ドルに対する香港ドルとポンド相場の下落があった。香港商人は貿易活動のために自由にポンドを入手できたため，ポンドの公定レートで日本品を購入することができた。彼らは，その商品を（香港自由市場の）安価なポンドレートが通用する国で売り捌くことで，特別の利益を得ることができた。このように中継貿易に携わる香港商人が，日本品の過剰輸入を行ったため対日赤字は増大した[29]。そこには，「香港ギャップ」を利用して儲ける香港商人と，香港経由で輸出増大をはかる日本側の思惑の一致が見られた。

　しかし，この日本側のスターリング残高急増の趨勢は，1952年第4四半期に逆転し，翌53年には3000万ポンドの水準まで急激に低下，日本の「ポンド危機」を引き起こした。1953年3月，日本政府はイングランド銀行とイギリ

---

29) Hong Kong Working Party: Working Paper No. 1, The Exchange Control Problem in Hong Kong, 20 February 1952, OV14/8 (BoE).

第5章 1950年代の東アジア国際経済秩序とスターリング圏　145

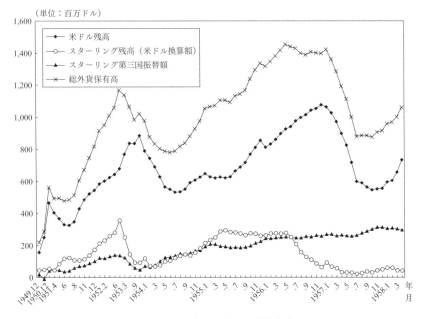

図 5-2　1950 年代日本の外貨保有高

出所）大蔵省編『財政金融統計月報』（大蔵財務協会）28（1952年）57頁，55（1955年）111頁，65（1956年）69頁，74（1957年）55頁，88（1958年）59頁より作成。

ス大蔵省に対して，クレジットの供与を要請した。交渉の末4月末にイングランド銀行は，緊急措置として日本に対して6カ月間有効な2500万ポンドのポンド・ドルスワップ協定（sterling/ dollar swap arrangement：日本が保有するドル残高のポンドへの交換）に同意した[30]。こうした日本側のスターリング残高の急激な変動を背景に，日本政府の「関税等貿易に関する一般協定」（GATT）加盟申請への対応を考慮するために，イギリス政府は1953年5月に対日関税政策官房委員会を設置し，51年の対日スターリング支払協定改定の際と同様に，長期的な対日政策の包括的な検討に着手した。

---

[30]「協定の運用に関する日英会談合意議事録関係」『日英貿易支払協定一件』（外務省外交史料館マイクロフィルム Public Release Series 8, reel B'0021），B'5.2.0.J/ B2；浅井『IMF8条移行国』106-108頁。

2）日本とスターリング圏の相互依存関係

　対日関税政策官房委員会は，①日本製品のイギリスとの競争，②スターリング圏と日本との貿易の相互依存，③スターリング圏と日本との国際収支の展望，④日本の GATT 加盟問題，以上の4点に関して11項目の検討を命じられた[31]。従来の先行研究では，日本の綿製品輸出の復活とアジア市場におけるランカシャー製品との競合，1930年代の日英貿易摩擦の再来を恐れるイギリス側の懸念に対する関心から，モノの輸出・貿易に関係する上記の①と④の項目が注目され分析されてきた。しかし本章では，1950年代のスターリング圏と日本との依存関係を明らかにするために重要と思われる諮問項目②と③に着目したい。この2項目に関する具体的な質問事項は，次の三つであった。

　質問4：供給源および輸出品市場として，日本はどれくらいスターリング圏に依存しているのか。

　質問5：供給源および貿易外収支を含む輸出品市場として，スターリング圏はどれくらい日本に頼る必要があるのか。特に，日本とイギリス本国との間での位置づけはどうなるのか。

　質問6：スターリング圏と日本の国際収支展望はどうなのか，その短期（1953～54年）および長期の意味合いはどうなのか。

　上記の質問4・5に関して，イギリス大蔵省が用意した報告書は，次のような事実を明らかにした[32]。まず，供給面に関して，①スターリング圏，特に低開発諸国にとって，日本は安価な製造品，とりわけ繊維製品と軽金属加工品の貴重な供給源であること，②（例えば，インフレを避ける手段として，また現地住民の貧困を考えると）日本品の購買がなければ，スターリング圏の低開発諸国は打撃を受け，その開発が妨げられる。したがって，大半の「新」ドミニオン諸国や植民地に対して日本製品なしで済ますよう期待することは，政治的にも不可能であること，③日本品が排除された場合，競合品価格の上昇が見込ま

---

31) Memoranda on Long Term Economic Relations—Japan & GATT, Overseas Negotiations Committee/ Japan, O.N. (53) 128th, 11 July 1953, T236/ 3439 (TNA).

32) Redraft, Treasury Chambers, 10 July 1953, T. 1030-53, T236/ 3439 (TNA).

れること，が指摘された。アジアの発展途上スターリング圏諸国にとって，日本が不可欠の消費財供給源であったことを改めて確認できる。

次いで輸出市場に関して，(a) スターリング圏市場は 1951 年の時点で日本の輸出品の 45 パーセントを占め，多角的な機構として特に魅力を持つこと，(b) スターリング圏諸国は，全域外輸出の約 6 パーセントが日本向けで，イギリス本国を除けばその比率は 12 パーセント（1952 年時点）に達すること，(c) パキスタンは原棉輸出の 30 パーセント，オーストラリアは少なくとも大麦輸出の 50 パーセント，マラヤは事実上全ての鉄鉱石輸出を日本市場に依存しており，インド，香港も重要な対日輸出利害を持つこと，(d) スターリング圏諸国の輸出利害は，主要産物の売却だけでなく価格水準を維持することにもあること，(e) 第一次産品の対日輸出拡大は，スターリング圏諸国の日本品輸入水準に依存していること，以上の諸点が強調された。こうした考察からこの大蔵省報告は，第一次産品輸出国としてのスターリング圏諸国と，製品輸出国としての日本との「二地域間には，数字だけから想像される以上に，大掛かりな相互依存関係（interdependence）が存在する」と結論づけたのである。

質問 6 の国際収支展望について大蔵省報告は，日本のスターリング残高の変動が激しく，スターリング圏諸国との間で，1950～51 年は 3000 万ポンドの黒字，51～52 年は 8500 万ポンドの黒字，52～53 年は 1 億ポンドを超える赤字であると，短期的な見通しに言及するにとどまった（表 5-1 参照）。

1953 年 10 月，6 カ月間のポンド・ドルスワップ協定が失効した後，日本側は「ポンド危機」を収めるために，別の金融支援をイギリス当局に要請した。イギリス大蔵省は，追加措置として 1000 万ポンドのスワップを提案したが，イングランド銀行は追加措置に反対した。その際イングランド銀行は，「広範なアジア地域間でのポンド貿易関係（intra-Asian trade relations）により，ポンドが東アジアにおいて独自の確固とした地歩を築きつつあるので，東アジアにおいて日本を通じてポンドの使用を促進するというイギリスの当初の目的は，もはやその必要性がなくなった」と指摘した[33]。イングランド銀行関係者は，こ

---

33) Note by H.L. Hogg, 16 October 1953, OV16/ 90 (BoE).

表 5-1 スターリング圏の対日経常収支 (1950〜55 年度)

(単位:百万ポンド)

年度	1950	1951	1952	1953	1954	1955
支払い(対日輸入)						
連合王国						
輸入品	7.5	19.7	26.2	9.1	14.7	20.0
貿易外輸入	1.1	1.9	5.5	13.8	14.5	11.6
小　計	8.6	21.6	31.7	22.9	29.2	31.6
他のスターリング圏						
インド	5.2	15.3	20.4	8.2	13.0	23.4
パキスタン	18.7	38.8	48.2	6.4	13.1	13.2
セイロン	2.3	6.0	7.8	5.2	5.7	7.0
ビルマ	4.1	7.1	6.6	11.8	15.5	12.6
オーストラリア	7.5	27.2	18.2	2.7	8.5	18.2
ニュージーランド	0.4	2.7	2.4	0.5	1.0	2.8
南アフリカ	9.6	11.9	6.2	10.5	10.4	8.6
香港	*0.4	*4.1	31.0	18.6	24.3	26.7
マラヤ	4.3	22.5	27.4	[ ]	[ ]	[ ]
イラク	[ ]	[ ]	[ ]	5.0	5.8	8.1
他の植民地	13.6	27.4	26.1	25.9	36.4	59.6
その他	1.5	4.7	4.0	2.1	4.0	6.5
小　計	67.6	167.7	198.3	96.9	137.7	186.7
第三国への支払い				5.8	16.0	34.4
対日支払い総額	76.2	189.3	230.0	125.6	182.9	252.7
受け取り(対日輸出)						
連合王国						
輸出品	3.2	13.2	13.6	16.7	12.8	12.9
石油輸出	2.1	5.4	11.6	12.3	13.7	18.3
海運料収入	3.7	7.3	8.5	6.2	6.4	10.6
利子・配当金			5.5	8.0	8.0	8.0
その他	0.1	0.3	0.3	2.6	4.0	8.5
小　計	9.1	26.2	39.5	45.8	44.9	58.3
他のスターリング圏						
インド	6.6	15.9	24.3	24.6	15.1	19.6
パキスタン	12.7	37.3	29.7	31.6	12.4	15.9
セイロン	0.1	0.6	0.8	0.8	0.9	0.9
ビルマ	5.8	5.7	4.6	17.3	20.2	15.2
オーストラリア	27.0	51.8	50.3	60.5	38.2	52.3
ニュージーランド	0.7	4.2	3.9	3.1	1.4	2.3
南アフリカ	0.7	2.3	4.5	5.1	3.5	5.2
香港	*	*0.5	7.7	13.8	7.2	9.4
マラヤ	13.5	17.8	16.7	[ ]	[ ]	[ ]
イラク	[ ]	[ ]	[ ]		0.1	1.1
他の植民地	1.7	1.2	4.5	18.9	20.9	31.5
その他	1.9	2.6	5.1	0.2	0.1	0.4
小　計	70.7	139.9	152.1	175.9	120.0	153.8
ロンドン引受手形の補正				-0.8	-22.2	-11.9
第三国からの受け取り				16.8	9.9	29.3
資本				0.9	3.8	9.2
対日受け取り総額	79.8	166.1	191.6	238.6	156.4	238.7
日本の最終経常収支	-3.6	23.2	38.4	-113.0	26.5	14.0

出所) Sterling Area Balance of Payments with Japan, 9 June 1953, OV16/88 (BoE), Japan, Sterling Balance of Payments, March 1956, OV16/105 (BoE) を補正。

注) *オープン勘定経由の取引を除く。1951年10月オープン勘定廃止。[ ] 当該表に記載なし。ただし、1953〜55年のマラヤは「他の植民地」の項目に含まれる。

の時点でポンドによるアジア間貿易決済の拡張に対して楽観的であり，日本政府のポンド・ドルスワップ要請に対して幾分慎重な態度をとったのである。

最終的にイギリス政府は，1000万ポンドのスワップ枠を容認し，スワップ限度額は3500万ポンドに拡張された。これに加えて日本政府は，国際通貨基金（IMF）から2230万ポンドの借り入れを行い，「ポンド危機」を乗り切ることになる[34]。

3) 対日スターリング支払協定の改定交渉

1952年に締結された対日スターリング支払協定の期限切れを前にして，53年12月初めから翌54年1月末まで，その協定更新のための交渉がロンドンで行われた。これは日本のスターリング残高が急減する状況のもとで，1951年以来の対日スターリング支払協定に関する初めての包括的な再検討の機会となった。スターリング支払協定の大原則は貿易の相互均衡であり，日本側の「ポンド危機」を打開するには日本のポンド受取額を増やす（輸出の拡大）必要があるため，イギリス側は，スターリング圏の日本品輸入割当制の緩和と見直しを議論せざるをえなかった。対日輸入割当制は，戦前の1930年代半ばに英領植民地とコモンウェルス諸国で導入されていたが，52年には，日本のポンド過剰累積（輸出超過）を是正するため一時的に強化された。

1953年12月4日，イギリス大蔵省で開催された第2回全体会議で，日本側代表団は，日本にとってのスターリング支払協定の目的を明確にした。それは，①協定により，世界最大の多角的決済圏であるスターリング圏と高水準の貿易を行う枠組みを確保すること，②通常の運用残高以上の額を，通貨準備としてポンドで保有すること，③スターリング圏よりさらに広大な地域に対する国際貿易決済の機構を確保すること，であった。これらは改めて，「世界の国際貿易のかなりの決済に使われるポンドが，他の通貨には欠けている特別の価値と重要性を持つことを認める」[35]ものであった。こうした日本側の見解は，統合

---

34) 浅井『IMF8条国移行』108-112頁。
35) Anglo-Japanese Payments Talks (1953), Minute of 2nd Plenary meeting held in the Treasury on 4 December 1953, paragraph 6, T236/3891 (TNA).

された通貨圏としてのスターリング圏，国際通貨としてポンドの多角的使用の拡大を目指すイングランド銀行の意図とも一致していた。しかし，イギリス側は単に，対日スターリング支払協定を，日本側が意図したようにクレジット拡大の単なる手段と考えていたわけではなかった。コモンウェルス諸国がポンドの地位強化のため共同で努力していた時に，イギリス大蔵省の代表は，「十分な金額のスターリング圏商品とサーヴィスを日本に受け入れさせるには，必要な保護手段を留保した上で，英領植民地に対する日本のアクセスを認めることである」として，植民地側での日本品に対する輸入制限の緩和を重視したのである[36]。さらにイギリス大蔵省は，支払残高の不均衡を理由に，本国および植民地に対する日本製品輸入の制限には強く反対し，日本製品に対する警戒心をいだくイギリス商務省と見解を異にした[37]。

　イギリス大蔵省とイングランド銀行は，常に国際通貨としてのポンド使用拡大を強調していたが，このロンドン交渉でイギリス側は日本に対して，日本と非スターリング圏諸国との貿易促進，ポンド決済の拡大のために，ポンドの双務的な「第三国振替」(third country transfers) を容認するように求めた。日本側は従来，ポンドの過剰累積を理由に，スターリング圏外の第三国との決済に際してポンドの受け取りを拒否していた（支払いのみの片務的な第三国決済）。だが，「ポンド危機」を背景に，日本は最終的にイギリスの要求を受け入れてポンドの双務的な第三国振替を認めた。これによって日本は，西ドイツ，スウェーデン，オランダ，フィンランド，タイのような振替可能勘定国からの支払いを通じて，自国のスターリング残高を増大させる機会を得ることになった。イギリス側にとっても，日本のポンド決済・使用の対象地域と範囲が広がることで国際通貨ポンドの使用価値が高まることは歓迎すべき事態であった。

　対日スターリング支払協定は，1954年1月に改定され，日本の対スターリング圏諸国との貿易目標額は，2億950万ポンドに拡張された[38]。

---

36) D.R. Serpell (Treasury) to Mr. W. Armstrong (Treasury, in the Chair), 7 December 1953, OV16/92 (BoE).
37) C. (53) 341, Memorandum by the Chancellor of the Exchequer, 8 December 1953, C.C. (53) 77 (7); Japan: Trade with the Sterling Area, CAB128/26, Part II (TNA).
38) 浅井『IMF8条国移行』159-161頁。

4 スターリング支払協定の変容と多角主義への移行——1954〜57 年

1)「スターリング圏の銀行家」から多角主義へ——イングランド銀行の立場

1953 年末〜54 年初めのロンドンでの交渉に際して,日本側代表団の一人であった駐イギリス日本大使,朝海浩一郎は,イングランド銀行を「スターリング圏の銀行家」(the banker of the sterling area) と評していた[39]。この発言は,対日交渉において域外国日本による最大限のポンドの使用・流通を追求したイングランド銀行とイギリス大蔵省の立場を的確に把握していたといえる。

日本の「ポンド危機」は,1954 年後半からスターリング残高の漸増により緩和された。改定された対日スターリング支払協定自体は,1 年後の 1954 年 12 月末から翌 55 年 9 月にかけて,3 カ月ごとに実績の検証が行われる中で 3 度自動的に更新された。

しかしこの間,特に 1955 年になると,前述のポンドの振替制度の拡大や,欧州決済同盟 (EPU) の発展が見られ,さらに,ポンドと米ドルとの交換性 (convertibility) 回復が実現性を帯びてくるにつれて,対日支払協定が有した重要性は次第に低下するにいたった。また,国際通貨基金 (IMF) も 1955 年 6 月に,双務支払協定の廃止を促す決議を採択した[40]。

1950 年代半ばに,イングランド銀行は,二国間での双務的なスターリング支払協定撤廃の方針を打ち出した。具体的に,1955 年 5 月にイングランド銀行は,一連のスターリング支払協定の失効予定リストを作成していたが,それには次のような国々が挙げられていた[41]。

(1) 撤廃可能な支払協定

フィンランド,ブラジル:1955 年 6 月 30 日,日本・ペルー:55 年 7 月 31 日,チェコスロヴァキア:55 年 8 月 19 日,スペイン:55 年 12 月 15 日,ポーランド:56 年 12 月 31 日,オーストリア・イタリア:EPU と同

---

39) Mr. Asakai's statement to Mr. Armstrong, 10 December 1953, T236/ 3891 (TNA).
40) 浅井『IMF8 条国移行』170-178 頁。
41) Sterling Payments Agreements, a List, 11 May 1955, OV44/ 10 (BoE).

時に失効。
　(2) 貿易協定を含む支払協定で撤廃可能な協定
　　パラグアイ：1955年6月30日；アルゼンチン：56年6月30日。
　(3) その他のケース
　　(a) 失効の合意がない協定：ソ連，ハンガリー。
　　(b) 既に失効しており再締結の意思がない協定：チリ，ウルグアイ。
　　(c) 失効を予告した協定：トルコ　55年6月30日。

こうした全般的な基本方針を反映してイングランド銀行は，この時期に日本に対しても，二国間主義に反対して，ポンドの使用に関して多角主義を追求するようになった。

　1955年半ばに東京で対日スターリング支払協定の更新を日本側と交渉する過程で，イングランド銀行とイギリス大蔵省の見解の相違が次第に明らかになった。イングランド銀行は，1955年5月に内閣海外交渉委員会に覚書を提出し，対日スターリング支払協定を理由とする貿易規制政策に異議申し立てを行った。その覚書でイングランド銀行は，①スターリング残高問題は，一国〔日本〕の保有額ではなく海外全体のポンド残高とその増減の観点から考慮すべきである，②二国間主義的な対日政策は，多角的なヨーロッパ経済協力機構 (Organization for European Economic Cooperation : OEEC) との支払協定方針と相反する，③対ドル交換性回復に照らし合わせて対日政策を明確にすべきである，④日本の対スターリング圏国際収支が好調（黒字）な時に，日本が〔輸入割当制に対抗して〕スターリング圏からの輸入規制を行っている点が問題であり，それは本来スターリング残高と切り離して論ずべき貿易問題である，と主張した[42]。対日貿易は非差別的にポンド建てで広範に行われるべきであり，貿易規制の口実として利用される対日スターリング支払協定と付属覚書は失効すべきである，というのがイングランド銀行の立場であった。これは，東アジアにおける主要貿易国である日本をポンドの良き使用者・保有者にすることを1950年代初めから一貫して提唱していた，イングランド銀行の長期的方針とも一致

---

42) Aide Memoire. Japan O.N.C. 20 May 1955, OV16/99 (BoE).

していたのである。彼らは，国際収支全般の状況，スターリング圏外の諸国に対するイギリスのスターリング負債総額（域外諸国の総スターリング残高）を重視し，特定の個別国家（日本）のポンド保有状況のみ近視眼的に考察するのが不適切であることを強調した。

2) 対日輸入割当制緩和問題と対日スターリング支払協定の失効

　上述のように対日スターリング支払協定は，対日貿易協定と連動していた。日本側の対スターリング圏貿易赤字の増大，スターリング残高の急減が明らかになった1953年から54年にかけて，貿易不均衡の原因と輸入割当制問題がイギリス本国閣議で盛んに議論された。イギリス政府内部では，日本の対スターリング圏貿易赤字（入超）を是正する必要があることでは意見の一致が見られた。しかし，具体策に関しては，イギリス本国での日本製品輸入拡大には，ランカシャー綿業利害の反発を意識して慎重であったが，英領植民地の日本製品輸入枠の拡大や，香港，シンガポール向け再輸出商品輸入の自由化が，植民地相により提案された[43]。実際の調整策としては，1954年に英領ナイジェリア（500万ポンド減）や英領東アフリカ植民地（250万ポンド減）の日本品（主として綿製品）輸入額が減少したために，代替措置としてイギリス本国の未漂白日本綿布輸入額の3000万ポンド（3,300ヤードから4,200～4,500ヤード）への増額が認められた[44]。1950年代のアフリカの英領植民地は，ランカシャー綿工業界が優勢に立つ数少ない輸出市場であったため日本製品を締め出す一方で，公式植民地の輸入割当額を本国枠に転用することで，日本製品との利害調整が図られた。これは輸入割当制緩和の前例になった。イギリス本国政府内の多数派は，あくまで植民地における日本製品への輸入規制には反対し，対日輸入割当制の

---

43) C. (53) 88, Memorandum by the Secretary of State for Commonwealth Relations, 10 March 1953, C.C. 18 (53)；Sterling Area Trade with Japan 1953, CAB128/26 Part 1 (TNA).

44) C. (53) 30, Memorandum by the President of the Board of Trade, 28 January 1954, C.C. (54), 6 (6)；Japan：Trade with the Sterling Area, CAB128/27 (TNA). 未漂白日本綿布（グレー・クロス）のイギリス本国への輸入を認めた背景には，加工完成品部門の拡大に対して未漂白布の生産が追いつかない，イギリス綿工業界内部のギャップと利害対立が存在した。英領植民地の製品需要に応えるには，日本産未漂白綿布を加工して植民地に輸出する必要性があったのである。

強化を主張したイギリス商務省は孤立したのである。

　他方，イングランド銀行の反対にもかかわらず，対日スターリング支払協定は，1955年10月に翌56年9月末までさらに1年間延長された。だが，1956年になると支払協定に対するイギリス大蔵省の姿勢も変化し，イングランド銀行に同調して支払協定の継続に否定的になった。日本とスターリング圏諸国との貿易を均衡させるという，対日スターリング支払協定の本来の意義と目的は失われた。イギリス側にとって，貿易関係（モノ）と金融・通貨（カネ）とのリンク，相互連関性は完全に弱体化して，今や二国間主義に基づく一連のスターリング支払協定は，米ドル交換性の回復と国際通貨としてのポンド復活にとって阻害要因になった。

　したがって，日本側の反対にもかかわらずイギリス側は1957年1月に，54年に締結された対日スターリング支払協定の破棄を決定し，イギリス側のイニシアティヴで，最終的に57年3月末に支払協定は撤廃された。それ以降は，日本とスターリング圏諸国との貿易総額の目標を定めた対日貿易協定のみが存続し，1962年11月に日英通商条約が新たに締結されるまで，貿易協定は毎年更新されたのである。

5　スターリング圏と東アジア経済秩序の変容

　ここまで，1950年代の東アジアにおける国際経済秩序の特徴を明らかにするために，50年代の対日スターリング支払協定の性格が変化していく過程を考察してきた。以下，総括とアジア諸地域におけるヘゲモニー転換の観点からの歴史的展望を提示したい。

　第一に，スターリング圏と東アジア地域の戦後経済復興と経済開発は緊密に結びついていた点が明らかになった。占領下の対日オープン支払協定の時代には，世界的規模でのドル不足のもとで，名目的な米ドル交換条項と，例外的な「香港ギャップ」の存在が，日本にとって貴重な米ドルを獲得するための重要な経路として機能した。日本の経済復興は，英領マラヤや対日貿易協定不参加

国のビルマ・パキスタンのような東南アジア・南アジアのスターリング圏諸国に対して大きな恩恵を与えた。すなわち，これらアジアのスターリング圏諸国にとって，日本（SCAP）がビルマ米・パキスタン産原綿・マラヤ産鉄鉱石などの第一次産品を購入したことにより，それら諸国の主要輸出品（staples）に不可欠の輸出市場が確保された。第一次産品の対日輸出は，スターリング圏諸国のスターリング残高増大に貢献したのである。また，東南アジア・南アジア諸国に対する日本の消費財輸出，特に綿製品の輸出は，非ドル決済が可能な製品供給源であり，これらアジア諸地域の貧困な現地住民に対して安価な生活必需品を確保するという住民福祉政策の実行にとって不可欠であった。他方で，日本にとっても，アジアのスターリング圏諸国からの食糧・原料輸入は，ドル不足のもとで第一次産品の輸入先を多角化するために不可欠であった。したがって，アジアのスターリング圏諸国と戦後日本の経済復興は，モノの取引，貿易レヴェルで互いに相互補完的であった。

以上のように，スターリング圏が東アジア諸国の経済発展あるいは回復を支援する役割を果たしたという意味において，1950年代の国際経済秩序は戦前の30年代の国際秩序[45]と類似し共通する側面を有していた。

第二に，1950年代半ばまで，イギリスは「スターリング圏の銀行家」の役割を果たしていた。イギリス大蔵省とイングランド銀行の金融・通貨政策には，世界通貨としてポンドの地位を維持しようとする姿勢が反映されていた。特に1950年代前半の時期において，数多く締結されたスターリング支払協定は，ポンドが資本主義世界経済において依然として強力な影響力を保持したことを象徴していた。1951年8月末に，軟貨国として日本がスターリング圏に包摂されたことは，東アジア国際経済秩序においてポンドの金融的な影響力を拡張することに貢献し，米ドルに対抗しうる世界通貨としてのポンドの地位を高めた[46]。しかし，1950年代後半にイングランド銀行が多角主義を採用して，金

---

45) 1930年代のアジア国際秩序については，次を参照。Shigeru Akita and Nicholas J. White (eds.), *The International Order of Asia in the 1930s and 1950s*, London and New York : Ashgate, 2010 ; 秋田茂・籠谷直人編『1930年代のアジア国際秩序』（渓水社，2001年）；秋田茂『イギリス帝国とアジア国際秩序――ヘゲモニー国家から帝国的な構造的権力へ』（名古屋大学出版会，2003年），特に第6～9章。

融・通貨政策の重点を対スターリング圏関係から対ヨーロッパ諸国，あるいは先進諸国間の工業国間貿易に移し始めた時点で，双務的な対日スターリング支払協定は，他の諸国との支払協定と同様に，イギリス本国の金融的影響力の維持にとって阻害要因になった。ドル不足解消後に，世界的規模での多角的決済に向かう趨勢[47]が，対日スターリング支払協定の変容過程に反映されていた。

　第三に，第二次世界大戦後のアジア太平洋地域におけるヘゲモニーの転換問題に関連して，戦前の1930年代と戦後の50年代の間に，東アジア国際経済秩序の相違と変化が見られることを認識すべきである。国際秩序変容の主要な要因は，戦後東アジアにおけるアメリカ合衆国のプレゼンスの増大であった。特に，1949年の中華人民共和国の成立と翌50年6月に朝鮮戦争が勃発して以来，アメリカ政府はアジアの非共産圏諸国に対する政策を転換して，それら非共産主義諸国への軍事・経済援助に乗り出した。東南アジア地域に向けたポイント・フォー計画がその典型であった[48]。だが，冷戦体制の下でアメリカの東アジアにおける世界戦略の焦点は，海外貿易を通じた日本経済の復興と「アジアの工場」(the Workshop of Asia) としての日本の経済的地位の回復に向けられた[49]。この過程においてアメリカ政府は，東アジアにおける共産主義の拡張を封じ込めるために軍事ケインズ主義を採用した[50]。こうしたアメリカの政策転

---

46) 世界的なドル不足のもとで，米ドル以外の地域間通貨決済を通じて経済復興を目指す動きは同時期の西ドイツでも見られた。この点については，古内博行「ドル条項問題と西ドイツ経済の復興」廣田功・森建資編『戦後再建期のヨーロッパ経済——復興から統合へ』(日本経済評論社，1998年) 第3章を参照。

47) イングランド銀行は，1955〜56年前半に大蔵省とともにスターリング圏政策の包括的なレヴューを行っていた。Problems of the Sterling Area: Report by a Working Party of the Treasury and the Bank of England, 25 June 1956, OV44/ 33-392 (BoE).

48) A.J. Rotter, *The Path to Vietnam: Origins of the American Commitment to Southeast Asia*, Ithaca: Cornell University Press, 1987.

49) W. S. Borden, *The Pacific Alliance: United States Foreign Policy and Japanese Trade Recovery, 1947-1955*, Madison: University of Wisconsin Press, 1984 ; A. Forsberg, *America and the Japanese Miracle: The Cold War Context of Japan's Postwar Economic Revival, 1950-1960*, Chapel Hill: North Carolina University Press, 2000.

50) トマス・マコーミック「アメリカのヘゲモニーと現代史のリズム 1914〜2000」松田武・秋田茂編『ヘゲモニー国家と世界システム——20世紀をふりかえって』(山川出版社，2002年) 第3章；ブルース・カミングス「アメリカの台頭 1939〜1941」同，第

換,冷戦体制の構築は,狭義の東アジア地域においては1950年代前半に進み,ヘゲモニー国家アメリカの突出した影響力が見られた。しかし,東南アジア・南アジア諸地域に対するアメリカの影響力の行使は,本書第I部のインドの事例に見られるように,1960年代初頭からの全面的な開発援助政策の展開を待たねばならない。したがって,本章で明らかにしたように,イギリスは政治的な脱植民地化が先行したアジア諸地域において,影響圏としてのスターリング圏を通じて1950年代前半の時点でも依然として「構造的権力」[51]としての影響力を行使したのである。

 4章。
51) 影響圏については,山本有造「「帝国」とはなにか」19頁を,構造的権力論については,秋田茂「帝国的な構造的権力——イギリス帝国と国際秩序」を参照。ともに山本有造編『帝国の研究——原理・類型・関係』(名古屋大学出版会,2003年)に収録。

第6章

東アジアの開発主義と経済援助
―― 台湾・韓国・香港 ――

1　東アジアの工業化と開発主義

　1950年代の東アジアでは，朝鮮戦争を契機として，アメリカ合衆国主導により「冷戦体制」が構築された。同時に，1950年代後半から60年代は，東アジアの台湾，韓国，香港が輸出志向型の経済戦略を採用し，成果をあげ始めた時期でもある。

　本章は，第I部で考察した南アジアのインドの事例を相対化するため，比較の視点から，東アジアの工業化と「開発主義」の独自性を明らかにする。そのため本章では，先行研究による研究成果に依拠しつつ，①冷戦体制の下で，軍事援助，経済援助の双方を通じた国家主導の二国間援助を受け入れ，経済開発・工業化政策を進めた台湾と韓国の事例[1]（政府開発援助依存の輸出志向型工業化＝第II類型），②民間主導による輸出志向型工業化が展開された香港の事例（民間投資重視の輸出志向型工業化＝第III類型）を考察する（図序-2参照）。

　以上二つの工業化の類型を概観し，対外経済援助と工業化の連関性を考察する。その際に，ヘゲモニー国家アメリカの経済援助政策と，東アジアにおいて日本が果たした独自の役割についても言及する。というのも，東アジアの開発主義と国際経済秩序を考える場合，新たな援助国として1950年代後半に登場

---

1) アメリカの経済援助と台湾・韓国については，林采成「アメリカの戦後構想と東アジア」堀和生編『東アジア高度成長の歴史的起源』（京都大学学術出版会，2016年）第1章も参照。

した日本の存在が重要になるからである。

2 台湾の開発主義とアメリカの軍事・経済援助

1) 軍事援助の形態をとった経済援助

　本節では，第二次世界大戦後の台湾に対するアメリカの援助を概観する[2]。第二次世界大戦後の台湾は，中国本土での国共内戦で敗北した蔣介石・国民党政権の政治的支配下に置かれた。1950年6月に朝鮮戦争が勃発すると，アメリカは一時中断していた台湾に対する援助を再開し，65年まで直接的な援助を供与した。1965年から，アメリカの対台湾援助は，社会経済開発中米基金（The Sino-US fund for Economic and Social Development）に引き継がれ67年度まで継続されたが，2004年に台湾はその債務を完済した。

　台湾に対する対外援助は，当初，冷戦体制の下でアメリカからの「軍事援助」が大半を占めた。1950～67年までに，台湾がアメリカから得た援助額は総額で約40億ドルに及んだ。そのうち9割が贈与で，借款は1割にとどまり，また軍事援助（約6割）が経済援助（約4割）を上回った[3]。1961年までは，「全般的経済援助プロジェクト」（general economic assistance project）が過半を占めたが，62年以降は，PL480による食糧援助が50パーセントを超えて67年まで供与された（図6-1参照）。

　ところで，当初比重の高かった全般的経済援助プロジェクトは，1951～68年で見ると，防衛支援（defense support：8億5160万ドル，82.73パーセント），技術協力（technical cooperation：3010万ドル，2.92パーセント），軍事援助（military

---

[2] 本節は，1960年代のアジア国際経済秩序と援助に関する国際共同研究の参加者である台湾政治大学の Wei-chen Lee (National Chengchi University, Taipei) との議論から多大な教示を得た。Wei-chen Lee and I-min Chang, 'US Aid and Taiwan', *Asian Review of World Histories*, 2-1 (2014), pp. 47-80. 統計データの引用を認めていただいた Lee 氏の御好意に謝意を表したい。また，以下も参照。Neil H. Jacoby, *U.S. Aid to Taiwan: A Study of Foreign Aid, Self-Help, and Development*, New York: Frederick A. Praeger, 1966, Part 2.

[3] Lee and Chang, 'US Aid and Taiwan', p. 51.

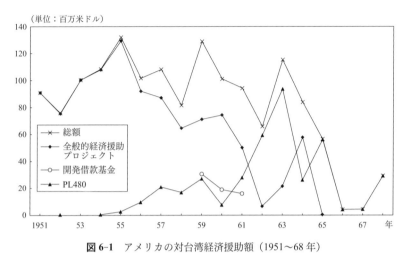

図 6-1　アメリカの対台湾経済援助額（1951～68 年）

出所）Wei-chen Lee and I-min Chang, 'US Aid and Taiwan', *Asian Review of World Histories*, 2-1 (2014), p. 54.

assistance：1 億 4770 万ドル，14.35 パーセント）から構成され，軍事関連（＝防衛支援と軍事援助）援助の内，プロジェクト援助が 2 億 8500 万ドル（30 パーセント），非プロジェクト援助が 7 億 1430 万ドル（70 パーセント）を占めていた[4]。以上の数字が示すように，台湾に対するアメリカからの「軍事援助」の実態は，軍備だけにとどまらず，港湾や水力発電を中心とする電力網の整備など広義のインフラ投資に向けられていた。これらは当然，民生部門の発展にとっても不可欠な投資であった。1957 年にアメリカで開発借款基金（DLF）が発足すると，経済援助の比重が増大し，およそ軍事 6：経済 4 の比率に落ち着いた。

　インドの場合と異なり，台湾はアメリカからの援助の 85 パーセントを，機械等の資本財や農産物等の「現物」で受け取り，到着物資は年平均約 8500 万ドル，その半分が棉花・小麦・大豆等のアメリカの余剰農産物で占められた（PL480 による食糧援助も含む）[5]。アメリカの台湾援助も，インドと同様に，国

4）Lee and Chang, 'US Aid and Taiwan', p. 55.
5）載国輝『台湾総合研究（7）　台湾の経済開発とアメリカ援助』アジア経済研究所・所内資料調査研究部 No. 41-5，笹本研究会 No. 7, 1966 年。

内農業政策，余剰農産物の市場開拓と緊密に結びついており，アメリカ産農産物は，台湾の現地で売却されて，その売却代金（現地通貨台湾ドル）の大半は国民党政権を通じて経済開発資金として運用された。

2) 台湾のインフラ投資と工業化の始動

台湾側が獲得した開発資金（台湾ドルで 64 億 7222 万台湾ドル，米ドルで 3 億 997 万ドル）の内，大半が政府により公共投資のために使用された（台湾ドルの内 68.08 パーセント，44 億 629 万台湾ドル，米ドルの内 91.87 パーセント，2 億 8477 万ドル）。その公共投資の大部分が「公共財」の復旧・整備のために使用された。すなわち，発送電を含む電化関連（台湾ドル投資の 58.81 パーセント，米ドル投資の 39.92 パーセント），鉱山・産業関連（台湾ドルの 15.72 パーセント，米ドルの 25.71 パーセント），交通運輸関連（台湾ドルの 12.71 パーセント，米ドルの 17.01 パーセント）にそれぞれ重点的に投資されたのである[6]。鉱山・産業関連投資では，化学肥料と製糖業が主要な受益業種であった。

図 6-2 が示しているように，アメリカの対台湾援助を通じて台湾側が輸入した品目は，現地での工業化，経済発展の進展に応じて，その構成が変化した。すなわち，初期の 1950 年代は，農産物・工業用原料がアメリカからの輸入品の大半を占めた。台湾に「贈与」として供与された大量のアメリカ産農産物のうち，棉花は，当初輸入代替産業として始動した綿工業の原料として不可欠であった。他方，輸入小麦は，人口増により逼迫した食糧事情を緩和し，砂糖と米の二大輸出向け産品の生産拡大を可能にした。消費財産業としての繊維業・製糖業が「輸入代替工業化」の進展により発展してくると，関連する機械や部品（資本財）の輸入が累増した。綿製品等の消費財の輸入は，現地台湾での生産と競合するため最初から限定的であった。1960 年代になって始まる日本向けのバナナ輸出（第一次産品輸出の第 2 位に浮上）も，食糧としてのアメリカ小麦の大量輸入があって初めて可能になった。

こうして台湾は，国際競争力を有した第一次産品の輸出を通じて外貨を獲得

---

6) Lee and Chang, 'US Aid and Taiwan', pp. 55-58.

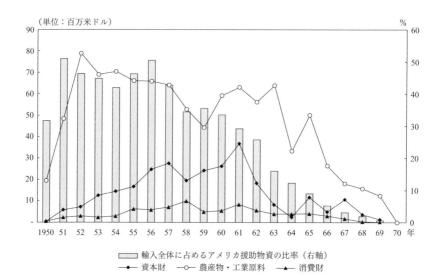

図 6-2 アメリカ援助による輸入物資（1950〜65 年）

出所）Ibid., p. 61.

した。その資金を活用した労働集約的な消費財産業への投資が，やがて台湾国内市場の狭隘さを克服する輸出志向型産業の発展につながった。1956〜65 年の 10 年間に，台湾の一人当たり GDP（国内総生産）は 45 パーセント増え，輸出額と工業生産額は倍増し，民間部門の割合も，1966 年の全工業生産額で 3 分の 2 を占めるまでに増大した。

アメリカの援助で重要であったのが，米台両国政府が管理・運用した「見返り資金」（counterpart fund：被援助国が贈与分と同額の自国通貨を積み立てた資金）であった。当初の見返り資金は，被援助国台湾の財政難によりもっぱらアメリカの援助物資の売却収入で構成されたが，やがて財政状態の改善により，台湾政府の国家予算が投入された。1951〜65 年の間の見返り資金 329 億 6300 万台湾ドルのうち，その 34.5 パーセント，113 億 7224 万台湾ドルが，アメリカ農作物の売却収益で得られた[7]。

---

7) Lee and Chang, 'US Aid and Taiwan', pp. 71-72.

アメリカ政府の台湾開発援助は，PL480 の食糧援助を除いて，1965 年 6 月をもって打ち切られ，新たに社会経済開発中米基金が創設された。創設時の同基金の規模は，164 億 4000 万台湾ドル（＝ 4 億 998 万米ドル）であり，その資金は国民党政権が「十大建設事業」と位置づけた開発プロジェクト（中華製鉄への投資，原子力発電所建設など）に重点的に投入された。同基金は，外国の民間投資（外資）を台湾に呼び込む契機となったのである。

1965 年 4 月に，日本政府と台湾との間で，第 1 回円借款協定が締結され，1 億 5000 万ドル相当の円資金が，第四次四カ年計画（1965～68 年）の経済開発計画実施のために供与された。これ以降日本はアメリカに代わって，台湾への主要な援助供与国となり，台湾が機械類や設備・プラントを輸入するのを資金的に支えた[8]。同年に，高雄輸出加工区が創出され，日系の中小企業を中心に多くの外国企業が進出した[9]。これ以降は，日本を含めた民間外国資本の投資が契機となり，台湾現地の中小企業主体の輸出志向型工業化が展開することになる[10]。

3　韓国の開発主義と開発援助——日米の役割分担

1961 年までに韓国は，冷戦体制の下でアメリカ合衆国より，約 2 億 265 万ドルの PL480 食糧援助も含めて，合計で約 31 億ドルの経済援助を受けていた。その主力は，朝鮮戦争休戦後の 1953 年 11 月から実施された国際協力局（International Cooperation Administration : ICA）援助であり，鉄道・橋梁の改修などインフラや繊維産業等の復興に充当された[11]（表 6-1 参照）。

---

8) 外務省経済協力局『対中華民国経済協力調査報告』（大蔵省印刷局，1971 年）55 頁。井上正也「アジア冷戦の分水嶺——1960 年代」宮城大蔵編『戦後日本のアジア外交』（ミネルヴァ書房，2015 年）第 4 章，128 頁。
9) 林鐘雄『台湾経済発展の歴史的考察 1895-1995（増訂版）』（財団法人交流協会，2002 年）27-28 頁。
10) 佐藤幸人「台湾の経済発展における政府と民間企業」服部民夫・佐藤幸人編『韓国・台湾の発展メカニズム』（アジア経済研究所，1996 年）第 3 章。
11) Anne O. Krueger, *The Developmental Role of the Foreign Sector and Aid*, Cambridge,

表6-1 アメリカの対韓国経済援助額（1954〜72年）

（単位：百万ドル）

年	非プロジェクト援助	プロジェクト援助	技術協力	PL480 タイトルI	PL480 タイトルII&III	開発借款基金（DLF）	合計
1954	74.3	6.0					80.3
55	168.3	34.8	0.1	10.0	15.9		229.1
56	220.8	53.1	1.2	37.5	16.8		329.4
57	207.2	92.6	2.8	30.4	28.3		361.3
58	163.0	67.2	3.4	38.6	22.3		294.5
59	148.2	68.8	3.1	12.5	16.9		249.5
60	160.0	56.3	3.4	32.6	15.1		267.4
61	113.6	29.8		32.6	10.2	3.2	189.4
62	126.6	21.7		36.1	24.0	10.5	218.9
63	102.7	13		62.7	21.8	20.0	220.2
64	72.8	5.5		94.7	27.6	4.5	205.1
65	79.2	4.3		54.4	28.5	2.6	169.0
66	54.8	5.2		35.0	28.5	49.7	173.2
67	59.8	5.6		58.0	31.6	74.8	229.8
68	43.7	9.9		58.5	47.3	38.0	197.4
69	16.7	7.5		64.9	118.5	31.9	239.5
70	14.2	6.4		54.7	67.8	38.8	181.9
71	9.4	5.1		30.8	84.9	55.7	185.9
72	0.6	3.4		3.7	197.0	36.8	241.5

出所) Anne O. Krueger, *The Developmental Role of the Foreign Sector and Aid*, Cambridge, Massachusetts : Harvard University Press, 1982, pp. 69, 113, 153 : Tables19, 31, 43.

韓国の場合は，1961年6月の軍事クーデタで誕生した朴正煕政権以降79年までの政治体制を「開発独裁」と捉える見方が一般的である[12]。初期の朴政権は，インドの場合と同様に，政府主導で重化学工業などの基幹産業の建設を優先し，自立的な国民経済を構築する「内包的工業化戦略」を目指した[13]。しかし，この内向きの経済開発戦略は，自国援助が浪費されることを危惧したアメリカ政府の反対により挫折し，代わりに労働集約的な消費財産業を中心とする輸出志向型工業化戦略が採用された。ただし，労働集約的な産業のみに特化したのではなく，それと並行して，中間財・資本財の輸入代替化も進められた。木宮正史が主張するように，1960年代の韓国経済は，輸出志向型と輸入代替

Massachusetts : Harvard University Press, 1982, pp. 69, 113；笠井信幸「韓国の開発戦略と発展メカニズム再考」服部・佐藤編『韓国・台湾の発展メカニズム』第1章，41-45頁．
12) 木宮正史「韓国の「冷戦型開発独裁」と民主化」古田元夫編『岩波講座世界歴史26 経済成長と国際緊張 1950年代〜70年代』（岩波書店，1999年）．
13) 木宮正史『国際政治のなかの韓国現代史』（山川出版社，2012年）．

表 6-2　韓国政府の借款額（1966～75 年）

（単位：百万ドル）

年	1966	1967	1968	1969	1970	1971	1972	1973	1974	1975
日本からの借款	44.3	27.2	17.9	11.1	88.5	26.3	176.7	106.4	175.7	0.7
アメリカからの借款	64.4	64.0	79.5	61.4	55.1	124.4	275.4	188.4	35.0	102.8
その他の借款	18.8	13.8	5.0	83.4	144.6	172.5	113.8	301.8	236.2	483.4
借款総額	127.5	105.0	102.4	155.9	288.2	323.2	565.9	596.6	446.9	586.9

出所）Ibid., p.155：Table 44.

工業化の「複線的成長パターン」をたどることになった。この過程で朴政権は，比較優位を持つ消費財・軽工業製品の海外への輸出促進を通じた経済発展，冷戦体制を積極的に活用した経済開発が，韓国の国益に合致すると判断し，主体的に政策転換を行うとともに，後の産業構造の高度化を可能にする産業政策の布石を打ったのである。

　韓国政府の政策的主体性が発揮された実例が，1965 年に実現した日韓国交正常化と，韓国軍のベトナム派兵である。1965 年 6 月に調印された日韓基本条約は，韓国の経済開発計画に日本が「経済協力」方式で支援を行うもので，①無償贈与 3 億ドル，10 年間に均等供与，②経済協力基金による長期の低利借款 2 億ドル（年利 3.5 パーセント，償還期間 20 年），③商業ベースによる民間信用供与 3 億ドル以上で合意に達した[14]。この日本による対韓国経済援助は，ベトナム戦争の本格化に伴い，対外経済援助の財政的負担の軽減を目的とした，日本によるアメリカの経済援助費用の肩代わり（burden sharing），冷戦体制の下での日米の役割分担を意味した（表 6-2 参照）。1960 年代初頭から断続的に行われた日韓国交正常化交渉における，早期の妥結と請求権放棄を求めたアメリカ政府の韓国に対する圧力の行使は，その典型である[15]。

　1970 年代になると，韓国の朴政権は，中間財の生産を可能にするため重化学工業中心の経済開発政策に着手した。この中核的事業が，第二次五カ年計画

14）永野慎一郎『相互依存の日韓経済関係』（勁草書房，2008 年）第 6 章。
15）菅英輝「米国の対韓援助政策と朴正煕政権の対応——戦後アジア国際秩序の再編との関連で」日本国際政治学会 2015 年度研究大会（仙台国際センター，2015 年 11 月 1 日）部会 16「冷戦変容期の開発援助とアジアの自立化——戦後アジア国際秩序の再編との関連で」。

で着手した浦項総合製鉄工場（後のポスコ）の建設であり，無償資金3080万ドルと有償資金8868万ドル，合計1億1948万ドルが，対日請求権資金から流用され建設資金として投入された。浦項製鉄所の建設には，日本の鉄鋼業界（新日鉄を中心とする日本鉄鋼連盟）が全面的な技術協力を行った。韓国に対する日本政府の開発援助政策と，民間実業界の技術協力（人材育成・技術供与）が組み合わされ，援助国日本（資本財輸出の拡大）と被援助国韓国（鉄鋼製品の輸入代替と産業基盤の拡大）の利害が見事に一致したのが，浦項製鉄の場合であった[16]。

さらに，1965年に実現した韓国軍のベトナム派兵は，61年のケネディ政権時代から朴大統領がアメリカ側に積極的に「売り込む」ことで実現した。朴は，アメリカ政府の対韓援助の増額を求める切り札として，ベトナム派兵を利用しようと試みていた。すなわち派兵を，反共陣営の強化・アメリカの対韓防衛関与の明確化につなげるだけでなく，対米・対東南アジア輸出の拡大，外貨獲得の機会増大による「ベトナム戦争特需」獲得の有効な手段と位置づけていた[17]。その姿勢には，冷戦体制を自国の経済発展・開発のために積極的に利用しようとする朴政権のイニシアティヴが反映されていた。

ベトナム派兵の過程で韓国政府が目指した経済的利益は，当初の商品輸出の拡大から，次第にアメリカの南ベトナムに対する軍事援助によってもたらされた軍需物資調達や，建設・軍役作業への関与による労働者派遣に代わった[18]。1965〜72年までのベトナム特需は，総額で約10億ドル，韓国のGNP（国民総生産）の3〜4パーセントに達したと推計される。

---

16) 永野慎一郎『相互依存の日韓経済関係』第7章。
17) 木宮「韓国の「冷戦型開発独裁」と民主化」116-119頁。
18) 木宮正史「ベトナム戦争とベトナム特需」服部・佐藤編『韓国・台湾の発展メカニズム』第8章，255頁。

4　香港の再植民地化と輸出志向型工業化の展開

　本節では，インドとは対照的に，1997年6月末に中国に返還されるまで約50年間にわたってイギリス帝国の直轄植民地（公式帝国）にとどまった香港の，独自な工業化戦略とその背景を検証する[19]。

1）香港の「回収」，対中関係と「香港ギャップ」

　第二次世界大戦での日本の敗北直後に，イギリスは香港「回収」に着手し，太平洋艦隊を派遣して中国国民党政権による日本軍の武装解除を退け，同盟国であった中華民国による返還要求を拒絶した。翌1946年5月に，香港は軍政から民政に移管され，戦前最後の総督であったマーク・ヤングが総督職に復帰した。

　1949年10月に中華人民共和国が成立した直後の50年1月，イギリス政府は早々と共産党政権を承認した。中国側も，軍事力による香港回収は避けて，香港の現状を維持して，西側陣営との貿易や人的交流の窓口にする外交戦略を採用した。「長期打算，充分利用」（長期的な視野に立って，香港の特殊性を充分に認識し，その利点を活用する）が基本方針となった[20]。社会主義を掲げ，第二次世界大戦と内戦によって疲弊した国家の再建を目指す中国にとって，香港との貿易関係を通じてもたらされる外貨収入は貴重であった。

　ところで香港は，19世紀のアヘン戦争以降，上海，シンガポールと並んで，イギリスがアジアで構築した自由貿易体制（free trade regime）の要の位置にあった[21]。互市体制で発展した中国南部と東南アジア諸地域を結んだ，中国商人（華僑）による貿易ネットワークも，19世紀後半以降，広東から香港に中心

---

[19] 本節は，秋田茂「経済開発・工業化戦略と脱植民地化――1940年代末〜60年代中葉のインドと香港」宇山智彦編『シリーズ・ユーラシア地域大国論4　ユーラシア近代帝国と現代世界』（ミネルヴァ書房，2016年）第7章4節と重複している。

[20] 谷垣真理子「香港の中国回帰」木畑洋一編『現代世界とイギリス帝国』（ミネルヴァ書房，2007年）第5章。

[21] 久末亮一『香港「帝国の時代」のゲートウェイ』（名古屋大学出版会，2012年）。

が移行した。19〜20世紀の世紀転換期に形成された綿業を基軸とした地域間貿易である「アジア間貿易」でも，香港は中国本土との貿易を含めた中継貿易港として不可欠な拠点であった[22]。貿易面で香港は，戦後も一貫したレッセ・フェール政策に基づく自由貿易政策が維持され，イギリス帝国が提供した「国際公共財」の一つであった自由貿易体制の再建・拡張にとって不可欠の存在であった。従って，香港は，朝鮮戦争に伴うアメリカの対中国経済制裁の実施にもかかわらず，冷戦体制で中国本土と西側世界を結ぶ結節点として機能し続けたのである。

　国共内戦の過程で，上海や江南の中国人実業家（綿業資本）は，共産党の支配を嫌って，資本と技術の香港への移転を図った。久保亨の研究によれば，1940年代末に相次いで香港で設立された南洋紡，九龍紡，緯綸紡の三社は，いずれも中国本土で大規模な紡績工場を運営していた近代中国最大の企業集団，栄家グループ・申新紡の経営者たちであった。戦前から綿織物業を中心に工業化が始まっていた香港では，充分な綿糸需要が見込まれており，香港政庁も，帝国・コモンウェルス域内における綿製品の自給化を望み，紡績工場創設に際して土地を貸与するなど綿紡績業の発展に協力した[23]。帝国特恵関税による帝国・コモンウェルス市場における税制優遇措置も，香港綿業が急速に発展することに寄与した。

　また香港は，スターリング圏の中で，共通の為替管理が限定的かつ柔軟に適用された例外的地域であり，そのユニークな地位は「香港ギャップ」と呼ばれていた。すなわち香港では，公式には他のスターリング地域と同様な為替管理が行われ，公定レートでの外国為替取引は穀類・米・綿製品・人絹糸などの主要輸入品に限定された。しかし，それと同時並行的に，アジア間貿易の中継貿易拠点として香港の外貨需要は旺盛であったため，香港ドルの価格が需給バランスで決まる自由為替市場が存在した。この自由市場は，イギリス本国の為替

---

22) 杉原薫『アジア間貿易の形成と構造』（ミネルヴァ書房，1996年）第1・3章。
23) 久保亨「戦後東アジア綿業の複合的発展」秋田茂編著『「長期の18世紀」から「東アジアの経済的再興」へ——アジアから考えるグローバルヒストリー』（ミネルヴァ書房，2013年）第11章。

管理当局（イングランド銀行）にとって，スターリング圏に対する為替管理体制の抜け穴として機能したが，香港の特殊な位置ゆえに事実上黙認されていた[24]。

戦後，日本と香港は，イギリス本国およびスターリング地域とは別に，香港ドルで取引可能な個別のオープン勘定支払協定を結び，香港側は当面年間250万ドルの対日輸入ライセンスを認めていた。戦後の日本経済の復興にとって，中国，台湾，マカオなどの近隣諸地域と香港との中継貿易は重要であり，その中継機能は東南アジアの英領マラヤやインドネシア，タイもカバーしていた。日本は香港向け輸出の貿易黒字をポンド（香港ドル）で獲得し，オープン勘定支払協定のドル条項と「香港ギャップ」（自由為替市場）を通じて，その獲得したポンドを米ドルに交換できた。この米ドルを活用して，日本はアメリカから原綿や機械類の資本財を輸入することが可能になった。こうしてオープン勘定支払協定のもとで，連合国による占領下の日本は，自国の経済的利益のために，香港のユニークな地位を利用することができたのである[25]。これはイギリス側から見れば，「香港ギャップ」を通じたスターリング圏の「共通ドルプール」からの米ドル流出を意味したが，最終的に容認されてきた。

以上のように戦後の香港は，イギリス帝国・コモンウェルス内部の直轄植民地として，アジアの脱植民地化の潮流からは距離を置き，貿易面での帝国特恵体制，金融面での「香港ギャップ」（スターリング圏内部での例外的な地位）がもたらす経済的な恩恵を享受した。さらに，19世紀から一貫してイギリスが構築してきた自由貿易体制をシンガポールと共に支える基幹的な自由貿易港として，戦後のアジア地域間貿易のハブの地位を維持した。イギリス帝国・コモンウェルスが提供した「国際公共財」[26]を最大限に活用したのが戦後の香港で

---

24) Catherine R. Schenk, *Hong Kong as an International Financial Centre : Emergence and Development 1945-65*, London : Routledge, 2001, pp. 72-73, 133. 本書第5章も参照。

25) 秋田茂「1950年代の東アジア国際経済秩序とスターリング圏」渡辺昭一編『帝国の終焉とアメリカ──アジア国際秩序の再編』（山川出版社，2006年）; Shigeru Akita, 'The East Asian International Economic Order in the 1950s', in Antony Best (ed.), *The International History of East Asia, 1900- 1968 : Trade, Ideology and the Quest for Order*, London : Routledge, 2010. 本書第5章も参照。

26) 秋田茂『イギリス帝国とアジア国際秩序──ヘゲモニー国家から帝国的な構造的権力

あった。

2）香港の輸出志向型工業化とアジア NIES

　上海から逃避・流入した資本と技術が，香港現地の安価で優秀な労働力と結びついて，1950年代に消費財を中心とする労働集約的な工業化が始まった。香港の工業化の特徴は，①産業の主導部門の短期間での交代と，②中小企業の主体性にある。香港では，1950年代前半からの綿紡績（繊維産業）とアパレル，50年代末から二番手として登場したプラスチック工業（玩具や造花），60年代中頃から成長した電子工業，そして70年代にクオーツ革命により急激に伸びた時計産業が次々に入れ替わりながら産業発展・工業化を牽引した（図6-3参照）。

　1954年に香港は，約2億平方ヤードの綿織物を生産し，1.6億平方ヤードを輸出していた。同時に，1.1億平方ヤードを日本，インド，イギリス，中国から輸入し，2000万平方ヤードをインドネシア，タイに再輸出していた。香港産綿織物の一部は，輸入綿織物を染色業者が加工したので，綿製品の中継・加工基地としての機能が維持されていた。

　他方で，香港綿業のアパレル部門は，1953年頃から日本・欧米の技術と資本を導入して急成長を遂げ，58年には香港からの綿二次加工品（アパレル製品）の輸出額が綿織物輸出額を上回った。日本製の輸入綿織物や化合繊を加工素材として，縫製・デザイン面で独自性を発揮し，日本の対米繊維製品輸出の自主規制で空白が生じたアメリカ市場に進出することで，香港綿業のアパレル産業化が進展した[27]。日本—香港—アメリカを結ぶ綿製品加工の「商品連鎖」(commodity chains) が形成され，香港はアジアの綿製品輸出の高度化を先導する役割を演じた。1960年代は，世界的に繊維貿易のアパレル化の時期であり，香港はその潮流に乗ることができた。アメリカの小売業者は，市場の注文に柔軟に対応できる生産者を香港に求めたため，マーケティング能力や資金力がな

　　へ』（名古屋大学出版会，2003年）序章．
27）杉原薫「戦後日本綿業をめぐる国際環境——アジア間競争復活の構造」『年報・近代日本研究19　地域史の可能性——地域・日本・世界』（山川出版社，1997年）．

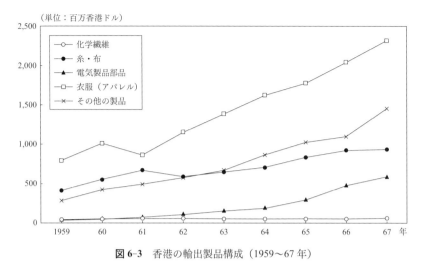

図 6-3 香港の輸出製品構成（1959〜67 年）

出所）Census & Statistics Department, *Hong Kong Statistics 1947-1967*, Hong Kong, 1969.

くても輸出市場が確保でき，中小企業の参入・設立が容易となった[28]。

　香港の工業化で二番手になったのが，ポリスチレンを主要原料としたプラスチック製の玩具産業である[29]。香港のプラスチック産業が注目されるようになるきっかけは，1956〜57 年に始まったホンコン・フラワー（造花）の生産であった。ホンコン・フラワーはアメリカ市場で一大ブームを引き起こし，対米輸出を通じて同産業は，国際加工基地型産業として認知される最初の香港産業になった。1957 年にプラスチック産業の企業数は 400 余，輸出市場は 40 カ国に達した。

　玩具産業の特徴として，①ブームと衰退がめまぐるしく変わる流行性に富むこと，②多品種少量生産であること，③精密度と厳格な安全性が要求されたことが挙げられる。従って，（1）市場情報の的確な把握，（2）注文量や納期への

---

28) 山形崇「繊維」小林進編『香港の工業化』（アジア経済研究所，1970 年）第 2 章第 2 節；佐藤幸人「繊維産業」小島麗逸編『香港の工業化——アジアの結節点』（アジア経済研究所，1989 年）第 3 章第 1 節を参照。
29) プラスチック産業については，小林進「雑貨」小林編『香港の工業化』第 2 章第 3 節；谷浦孝雄「玩具産業」小島編『香港の工業化』第 3 章第 4 節を参照。

柔軟な対応，(3) 顧客が求める品質を満たす技術力が，発展の必要条件となった。生産面においては，大規模な生産設備（規模の経済）よりは細かな柔軟性が求められる，少数の大企業と多数の小規模企業が並存し，下請けを通じて相互に依存しあう「ネットワーク型」産業であった。相対的に手作業による生産が広範に残った玩具産業にとって，中国からの合法・不法移民を含めた香港の人口増に支えられた低賃金労働力の弾力的供給が，国際競争力を維持する不可欠の要件となった。

香港産業の3番目の柱であった電子産業[30]は，1959年の日本の電子部品輸出の開放により，部品の調達が可能になったトランジスタラジオの組立生産から始まった。1960年代に入り日本やアメリカの企業が進出を始め，地場企業も多数参入した。日本企業の進出は，日米貿易摩擦を回避し香港製品としてアメリカ市場に輸出するためであり，他方，フェアチャイルド，モトローラ，NCR社らアメリカ企業は，香港の低賃金労働力を活用して電子部品を製品として本国に持ち帰り，安価な日本製品に対抗した。香港は，日米企業のオフショア型生産基地の役割を果たした。後の1970年代になると，香港地場企業が，電卓，デジタル時計，テレビゲーム，電話機など「流行性商品」の組立・生産で活躍するようになったが，組立技術はラジオ生産を通じて蓄積され，新たな商品群の生産と輸出に活かされた。

香港経済の独自性は，前述のように，自由貿易港としての自由放任主義と「小さな政府」にあった。イギリス帝国の直轄植民地として，脱植民地化とは無縁であった現地の香港政庁および総督は，経済政策の遂行にあたって「積極的非介入主義」を採用した[31]。すなわち，香港政庁は，経済成長に最低限必要な環境の整備，成長の支援，十分な産業インフラの提供に自らの役割を限定していた。土地に制約のある香港では，工業用地の確保が大きな課題となった。香港政庁は，「イギリス王室の土地」の独占的な供給者として，前述のように

---

30) 電子産業については，尾崎栄夫「電子機器」小林編『香港の工業化』第2章第4節；佐藤幸人「電子産業」小島編『香港の工業化』第3章第2節を参照。
31) 閻和平『香港経済研究序説——植民地制度下の自由放任主義政策』（御茶の水書房，2001年）35-37頁。

中国本土から逃避した綿紡績工場の用地確保に協力した。政庁による土地の売却は，公開入札による自由放任主義的な売却が原則であったが，時には契約ベースで特定の企業に土地を優先的に提供することもあった[32]。

　以上述べてきたように，香港の産業は，レッセ・フェール体制と低賃金労働力から，労働集約的な輸出組立産業として発展した。そうした産業では，規模の経済の原理が機能せず，中小企業が重要な担い手となった。比較的単純な組立技術，少額の資本，香港内部の下請け関係を通じた「発注ネットワーク」[33]，安価な原材料の輸入，アメリカを中心とした製品輸出市場（外需）の拡大，これら中小企業にとって好都合な諸条件により，産業への新規の参入障壁が低く，多数の小規模企業の設立が容易な環境にあった。それらに，香港社会特有の旺盛な企業家精神が加わり，中小の民間企業を中心とする香港の工業化，経済発展が実現し，1960年代になるとアジア NIES（新興工業経済地域）の一角を占める目覚ましい経済成長を実現した。韓国，台湾は，1960年代に輸入代替から輸出志向型工業化に転換したが，その原型，モデルとして香港の工業化は位置づけられる。同時期に，輸入代替型の重工業化を推進したインドとは対照的な，自由貿易とレッセ・フェール体制を最大限，主体的に活用した工業化の事例である。

5　輸出志向型工業化の展開と二つの類型

　最後に，本章で扱った東アジア地域の台湾，韓国，香港の1960年代の工業化の特徴を相互に比較し，改めてその類型化を試みたい。
　第一に，本章で扱った1950年代から60年代のアジア国際秩序は，第二次世界大戦期までに形成・維持されてきた帝国秩序と，アジア独自の地域間貿易ネットワークの影響を色濃く反映していた。すなわち，衰退期の先行したヘゲ

---

32) 大橋英夫「香港の公共政策」沢田ゆかり編『植民地香港の構造変化』（アジア経済研究所，1997年）第4章。
33) 佐藤幸人「「香港工業化モデル」の提唱」小島編『香港の工業化』第3章第5節。

モニー国家イギリス（構造的権力）が世界的規模で提供した「国際公共財」としての，モノの移動に関わる自由貿易体制（自由貿易主義）とカネの決済・投資に関わるスターリング圏は，1960年代中頃まで機能し続けた。さらに自由貿易体制は，新たなヘゲモニー国家アメリカの世界戦略として強化された。その最大の恩恵を受けたのが，イギリスの直轄植民地に留まった香港である。加えて，19～20世紀転換期に形成されたアジア独自の地域間貿易システム（アジア間貿易）も，香港とシンガポール（次章を参照）の二大自由貿易港を核として，基本的な構造は存続していた。戦後の東アジア諸国の経済開発・工業化は，こうしたイギリス帝国・コモンウェルスの遺産を活用することができたのである。

第二に，東アジア地域では1950年6月の朝鮮戦争勃発により，他の非ヨーロッパ諸地域よりも一足早く，50年代初頭から脱植民地化と冷戦の交錯が見られ，経済開発を通じた「貧困からの脱却」と工業化が重要な政策課題となった。台湾，韓国，香港は，冷戦の論理を巧みに利用しながら，主体的に経済復興から工業化政策へと着手した。その際，各国の国内市場だけでは市場規模に限界があったため，東アジア諸国は輸出志向型工業化政策を採用した。

輸出志向型工業化を推進した原動力は，国家であった。冷戦体制下で軍事力の増強と政権の正統性を主張せざるをえなかった台湾の国民党政権，韓国の朴正熙政権は，国家主導の工業化政策を強力に推進した。冷戦体制の下で，軍事援助，経済援助の双方を通じた国家主導の二国間援助の受け入れ，経済開発・工業化政策を進めた台湾と韓国の事例を，「政府開発援助依存の輸出志向型工業化＝第II類型」と規定したい。

他方，脱植民地化の潮流に逆行してイギリス帝国の直轄植民地に留まった香港は，国家権力（香港政庁）と内需に頼ることができなかった。朝鮮戦争による対中国経済制裁の影響を受けた中継貿易の減少により，香港では，現地の民間中小企業を中心に，対米輸出を目標とした輸出志向型工業化を追求せざるをえなかった。民間主導による輸出志向型工業化が展開された香港を，「民間投資重視の輸出志向型工業化＝第III類型」と規定したい。第II類型，第III類型の経済開発政策は両方ともに，ヘゲモニー国家アメリカの冷戦戦略を自国・

自地域の経済政策に主体的に利用したのである。

　第三に，東アジア地域の独自性として，援助供与国として経済的に復興した日本の存在が注目に値する。第5章で論じたように，1950年代の日本は，スターリング圏と新たな基軸通貨米ドルを活用しながら，消費財産業を中心に経済復興を実現し，さらに近隣アジア諸国への輸出拡大に成功して，50年代末から経済の「高度経済成長」路線を遂行することになった。輸出志向型工業化が普及する上で，開発資金と製品輸出市場の確保が不可欠であった。台湾と韓国は，1960年代半ばまではヘゲモニー国家アメリカからの経済援助（開発借款）に依存して工業化を推進したが，60年代半ば以降は，財政難のアメリカの代替ドナーとして登場した日本からの資本導入（＝円借款を通じた経済協力）が可能になった。東アジアで始まった国家主導で経済成長を最優先する政策である「開発主義」政策は，新たな援助供与国日本の登場により，1960年代中頃から東南アジア地域にも広がることになる。次章では，その典型であるシンガポールの工業化を考察する。

第 7 章

開発主義とシンガポールの工業化

1 アジアの工業化と開発主義の出現

　これまで見てきたように，政治的独立を達成したアジア諸国にとって，「貧困からの脱却」，経済的自立を求めた経済開発・工業化政策の実施が不可欠となった。新たな政治体制の正統性を示すためにも，工業化を伴う経済開発と発展を実現して，その成果を国民に還元する必要があった。従って，戦後独立したアジア諸国にとっては，工業化の実現は，冷戦，脱植民地化への対応と並んで重要な政策課題となったのである。

　その際にいかなる工業化戦略を適用・採用するかが経済政策を立案する上でも，その後の経済的軌跡・実績との関係でも重要であった。経済的豊かさ，その指標としての一人当たりGDP（国内総生産）の引き上げを実現するために欠如していたのが，資本（カネ）と技術であった。その両者は，開発援助政策の二つの柱，資金援助と技術協力により相互補完的にカバーされた。

　経済開発を実現するために，東アジア・東南アジア諸地域において成立したのが，政府の経済への積極的介入を容認し，国家が強力な危機管理体制を構築する「開発主義」である。それは，政府も国民も経済成長を最終目標に掲げた成長イデオロギーであった[1]。開発主義を可能にするには，モノの移動面での

---

1) 末廣昭「開発体制論」中野聡他編『岩波講座東アジア近現代通史 8　ベトナム戦争の時代 1960〜1975 年』（岩波書店，2011 年）；東京大学社会科学研究所編『20 世紀システム 4　開発主義』（東京大学出版会，1998 年）。

自由貿易体制の確立・拡張と，カネに関する資金援助と海外投資の導入が必要であった。開発主義は，国際政治学の領域では「開発独裁」体制として否定的に評価されてきた。しかし，アジア太平洋経済圏が出現し，「東アジアの経済的再興」が実現しつつある現在，積極的な再評価が不可欠である。

本章では，政府間の二国間援助に支えられて工業化政策に着手した台湾，韓国や，現地民間資本主導の経済発展を遂げた香港とも対照的な展開を見せたシンガポールの事例を検討する。積極的な外資導入を通じて，強力な政治指導力に基づく国家主導の輸出志向型工業化路線を積極的に採用したシンガポールの工業化政策を考察し，それが成功した要因と独自性を，1960年代のアジア国際経済秩序の文脈に位置づける[2]。

2 歴史的背景──自由貿易体制とシンガポール

最初に，1960年代半ばまでのシンガポールの存続を規定した，長期的な歴史的要因，中期的な国際政治経済秩序・冷戦体制に関わる要因，さらに短期的で地域的な政治的要因の三つを考察する。これら三要因は，相互に密接に絡まりあって，1960年代後半以降のシンガポールの経済政策，工業化戦略を大きく規定することになった。

シンガポールの工業化政策の責任者として活躍し，1959〜70年まで大蔵大臣（後に1970〜83年国防相）を務めたゴー・ケンスイ[3]は，シンガポールが存

---

[2] 戦後シンガポールの政治経済については多数の研究があるが，以下を参照。Linda Low, *The Political Economy of a City-State Revisited*, Singapore: Marshall Cavendish Academic, 2006；岩崎育夫『リー・クアンユー』（岩波書店，1996年）；岩崎育夫『物語　シンガポールの歴史──エリート開発主義国家の200年』（中央公論新社，2013年）。

[3] Barry Desker and Chong Guan Kwa (eds.), *Goh Keng Swee: A Public Career Remembered*, Singapore: World Scientific and S. Rajaratnam School of International Studies, Nanyang Technological University and National Archives of Singapore, 2012; Goh Keng Swee, *Wealth of East Asian Nations: Speeches and Writings by Goh Keng Swee*, edited by Linda Low, Singapore: Federal Publications, 1995.

図 7-1　ゴー・ケンスイ

続できた歴史的な要因として，次の四つを挙げている[4]。

1. 南シナ海とマラッカ海峡の間を流れる海流により，浚渫の必要がない天然の良港を備えた，非常に恵まれた地理的状況。
2. イギリスの植民地時代から継続する徹底した自由貿易政策の採用——最低のコストで最大の効率を発揮したインフラの整備と維持，自由貿易港。
3. 自由放任（レッセフェール）・自由競争原理の維持と，柔軟な事業戦略の構築，周囲の国際環境の変化への柔軟な対応。
4. 相互に利益を得られる周辺の「後背地」（hinterlands）との緊密な相互依存関係。1930 年代までは，東南アジア諸国，英・蘭植民地，特にマレー半島とスマトラ島の第一次産品経済（スズと天然ゴム）の急速な発展と連動した貿易の拡張。

このゴーの説明にあるように，シンガポールの発展を根本的に規定したのが，1819 年に T. ラッフルズが獲得して以来，イギリス帝国連絡路（エンパイア・ルート）の要の自由貿易港としての位置である。1867 年に，ペナン，マラッカと共に英領海峡植民地（Straits Settlement）を形成し，グローバルに展開した自由貿易体制を支える拠点として機能した。

同時にシンガポールは，19 世紀末から形成されてきたアジア地域間貿易（アジア間貿易）のハブとしても決定的に重要な役割を果たした[5]。このアジア間貿易は，蒸気船の航路網と海底電信網の建設による近代的な運輸・通信のインフラ整備を前提としていたが，さらに歴史を遡ると，欧米勢力が東南アジア

---

4) Goh Keng Swee, *The Practice of Economic Growth*, Singapore : Federal Publications, 1977, chap. 1 : 'Why Singapore Succeeds', pp. 4-7.
5) 杉原薫『アジア間貿易の形成と構造』（ミネルヴァ書房，1996 年）第 1・3 章。

地域に進出する以前から現地のアジア商人層を基軸に形成されていた，近世の海域アジア世界の通商ネットワークを基盤とした発展でもあった[6]。こうしてシンガポールは，アジア地域間貿易と世界経済とを結ぶ中継貿易（entrepot trade）の自由貿易港として発展してきた。

　第二の現地マレー半島に関わる短期的な要因として，自由貿易港としての最初の要因とも密接な関連を有する「後背地」との関係が重要である。ゴーの解釈にもあるように，19世紀後半以降の後背地としてのマレー半島での世界市場向け第一次産品生産の拡大が，シンガポールの対外貿易拡大に大きく寄与していた。1957年に英領マラヤが政治的に独立してマラヤ連邦（後のマレーシア）となると，59年にコモンウェルス内の自治州に昇格したシンガポールは，人民行動党（People's Action Party：PAP）の政治指導の下で，1963年9月にマレーシアとの政治統合を目指した。その背景には，一定の人口を抱える国内市場，後背地市場としてのマレーシアへの期待があった。しかしこの政治統合の試みは，マレー系優遇政策をとるマレーシア政府と中国系住民（華人）優位のシンガポール自治政府との対立を招き，1965年8月9日にシンガポールは，連邦離脱・単独独立に追い込まれた。この時点で，後背地，潜在的な国内市場を喪失したシンガポールは，存続の危機に追い込まれたのである。人口増への対応策としても，工業化を通じた新たな雇用の創出が緊急の課題となった。

　第三の中期的要因としては，第二次世界大戦後の冷戦体制下におけるイギリス軍の駐留と帝国防衛との関連を考える必要がある。第二次世界大戦以前から，シンガポールは「スエズ以東」におけるイギリス帝国防衛体制の要として，王立海軍の主力艦を受け入れる軍港を中心として軍事基地が整備されてきた。そのため，1942年2月の日本軍の攻撃によるシンガポール陥落は，イギリス本国政府のチャーチル首相にとっても衝撃的であった。1947年8月にインド，パキスタンが分離独立した戦後は，王立空軍の基地整備も行われ，アジア太平洋地域におけるイギリスの軍事力展開の拠点としての地位を回復した。シンガ

---

6) 太田淳「ナマコとイギリス綿布――19世紀前半の外島オランダ貿易」秋田茂編『アジアから見たグローバルヒストリー』第3章；小林篤史「19世紀前半における東南アジア域内交易の成長――シンガポール仲介商人の役割」『社会経済史学』78-3（2012年）。

図 7-2　リー・クアンユー

ポールのイギリス海軍・空軍基地はシンガポール島の 11 パーセントに及び，軍事基地関連のイギリス軍による経費支出が当時のシンガポール GDP の約 20 パーセントを占め，約 7 万人の雇用を生み出していた。その経済的対価は，当時の金額で約 5000 万ポンドに相当した。後にリー・クアンユーも回顧するように，「安全保障と経済は密接な関係にあり，国の安全の確保なしには，経済面での前進もおぼつかない」[7]状況にあった。

このイギリスが「スエズ以東」で展開した軍事力の主目的は，1940 年代末に勃発したマレー共産党の反植民地闘争を力で抑え込む「非常事態」への対応，さらに，マレーシアの結成に反発してインドネシアのスカルノが 1963 年 9 月に発動した地域紛争であるマレーシアへの「対決政策」（Confrontation）に対抗して，過激なナショナリズムから帝国・コモンウェルスを防衛することを主眼としていた[8]。その意味で，アジア太平洋地域における脱植民地化の潮流に対抗して帝国を防衛するイギリスの帝国防衛戦略の一環として，シンガポールは決定的に重要な位置を占めていた。だが同時に，1954 年にアメリカの冷戦戦略の下で，東南アジアにおける集団安全保障体制として東南アジア条約機構（SEATO）が結成されると，イギリスが「スエズ以東」で展開した軍事力は，アメリカを中心とする冷戦体制の中に組み込まれた。1960 年代半ばに，アメリカのインドシナ半島への関与が強まりベトナム戦争への派兵が本格化すると，シンガポールを拠点とするイギリスの軍事

---

7) Lee Kuan Yew, *From Third World to First : The Singapore Story : 1965-2000*, New York : Harper Colins, 2000, p. 33 ［小牧利寿訳『リー・クアンユー回顧録』下（日本経済新聞社，2000 年），28 頁］.

8) 「非常事態」と脱植民地化については，木畑洋一『帝国のたそがれ――冷戦下のイギリスとアジア』（東京大学出版会，1996 年）第 2 部を，「対決政策」については，M. Jones, *Conflict and Confrontation in South East Asia 1961-1965*, Cambridge University Press, 2002 を参照．

力は，アジアにおける冷戦体制を間接的に支える不可欠の存在となった[9]。

このシンガポールにおけるイギリスの軍事力に根本的な変更を迫ったのが，1967年7月にイギリス政府が防衛白書で表明した「スエズ以東」からの駐留軍撤退の方針であった。それは翌1968年1月の議会演説で明確にされ，71年3月末までに（後に同年12月末までに延期），段階的にイギリス駐留軍を削減・撤退することが確定した。その背景には，イギリス本国の財政難と国際収支の危機があり，1967年11月には，ポンド切下げが実施された[10]。この結果，単独の独立国家となった直後のシンガポールは，国家財政と雇用（労働力）面でさらに試練に直面することになり，軍事基地，イギリスの軍事支出に依存しない国家運営を考えざるをえない状況に追い込まれた。

3 シンガポールの工業化戦略──外資依存・輸出志向型工業化

本節では，窮地に追い込まれたシンガポール政府が追求した経済開発・工業化戦略の特徴を，政策の立案と実施で強力な政治指導力を発揮した人民行動党（PAP）政権の首相リー・クアンユーと蔵相ゴー・ケンスイの政策方針と言説に着目しながら明らかにしたい。

1) 国民国家としての存続の模索──経済開発のための国家機構設立

リーとゴーは1961年に，政府経済顧問としてオランダ人エコノミストのアルバート・ウィンセミウス（在任1961～84年）を迎えた。ウィンセミウスは，前年1960年に国連開発計画の調査団長として，シンガポールの工業化の可能

---

9) 永野隆行「東南アジア安全保障とイギリスの戦略的関与──歴史的視点から」小島朋之・竹田いさみ編著『東南アジアの安全保障──新秩序形成の模索』（南窓社，2002年）。

10) Catherine R. Schenk, *The Decline of Sterling : Managing the Retreat of an Inter- national Currency 1945-1992*, Cambridge University Press, 2010. ポンド切下げ前にアメリカ政府は，基軸通貨ドルの価値を維持するため，準基軸通貨であるポンドに対する支援・買支えに協力していたが，その暗黙の前提として，イギリスの「スエズ以東」の軍事力維持を要請していた。

図 7-3　アルバート・ウィンセミウス

性を調査して，自治政府に報告書を提出していた[11]。その報告書で，ウィンセミウスは，シンガポールが直面する失業問題の解決には工業化しか方途はないこと，その早期の実現には，協調的な労使関係の確立と，政府主導による10年計画の工業化支援政策の遂行，特に外資の積極的誘致のための環境整備が必要であると提言した。ウィンセミウスは，シンガポール政府首脳部が求める政策課題への解決策を，実用的で現実的な観点から助言できる人材で，首相リーも彼を高く評価していた。

　シンガポール政府首脳部は，低開発国にとって欠けているのは，資本ではなく，既存の資本を効率的に利用する高度な運営能力と組織・機構であると認識していた。この資本と人的資源とのつながりを重視する彼らは，経済開発庁（Economic Development Board：EDB，1961年8月設立）・シンガポール開発銀行（The Development Bank of Singapore：DBS，1968年設立）・住宅開発庁（The Housing and Development Board：HDB，1960年設立）などの経済開発政策を推進する諸機構を，国家主導で1960年代に設立した。

　これらの官庁と準国家機関は，シンガポールが輸入代替工業化政策を最初から放棄し，外国からの投資を呼び込んで「輸出志向型工業化」を推進する制度的な機構となった。

　特に，EDBは，他の政府系諸機関との調整，産業インフラの整備，商業ベースでの資金（ローン）提供などで主導的な役割を演じた。EDBの初代長官

---

11) The United Nations Industrial Survey Mission appointed under the United Nations Programme of Technical Assistance, A proposed Industrial Programme for the State of Singapore, 13 June 1961 (National Library Singapore); Chow Kit Boey, Chew Moh Leen and Elizabeth Su, *One Partnership in Development : UNDP and Singapore*, United Nations Association of Singapore, 1989, pp. 19-24. 坪井正雄『シンガポールの工業化政策――その形成過程と海外直接投資の導入』（日本経済評論社，2010年）は，ウィンセミウス報告の詳細な分析を行い，ウィンセミウスが1961年の早い段階で，輸出志向型工業化路線の政策提言を行った画期性を強調している。

には，大蔵省次官のホン・スイ・センが就任し，蔵相ゴーとともに，輸出能力を持つ労働集約的産業（labour intensive industry）の育成，そのために必要な工場用地造成を含めた，インフラの整備に乗り出した。工場用地として選ばれたのが，シンガポール西部のジュロンで，1963年までに728ヘクタールの用地が造成された[12]。

十分な規模で成熟した国内市場を持たないシンガポールにとって，他の低開発諸国が目指していた輸入代替工業化政策の採用は考えられず，輸出の発展こそが，急速な経済成長を実現し，シンガポールの将来的存続を確保しうる唯一の選択肢であった[13]。この点は首相リーも十分認識しており，「工業化こそが唯一の生存の道」であると確信していた[14]。

輸出主導型の工業化に着手するにあたり，シンガポール自治政府首脳部は，先進国からの自動的な技術移転には期待できないとして，1960年代に国家主導で，事実上の国営企業や政府関連企業を多数設立した。民間企業が基幹産業の開発に十分貢献できなかったため，政府系企業の役割が重視された。多くの政府系企業は，EDBが開発に着手した西部のジュロン工業団地で活動を開始した。

前述のように，当初シンガポール政府には，政府主導の工業化に着手するにあたり，後背地としてのマレーシア市場への期待感があった。1963年9月のマレーシアとの政治統合には，まず中規模「国内市場」として，マレーシアの市場を確保し，次いで世界市場への輸出を目指す，経済開発の二段階戦略も作用していた。だが，シンガポールは，マレーシア結成を契機に勃発したインドネシアの「対決政策」で，対インドネシア貿易が激減した上に，1965年8月のマレーシアからの「追放」，予期せぬ分離独立によって，近隣の有力な「後

---

12) Economic Development Board (EDB), *Singapore Economic Development Board : Thirty Tears of Economic Development*, Singapore, 1991, pp. 14-27 ; Linda Low, Toh Mun Heng, Soon Teck Wong, Tan Kong Yam and Helen Hughes, *Challenge and Response : Thirty Years of the Economic Development Board*, Singapore : Times Academic Press, 1993, chap. 3.

13) Goh Keng Swee, 'Differences in Economic Development Problems as between Singapore and Other Asian Countries', in Goh Keng Swee, *The Economics of Modernization*, Singapore : Federal Publications, 1972, pp. 98-103.

14) Lee Kuan Yew, *From Third World to First*, p. 50 ［『リー・クアンユー回顧録』下，43頁］。

背地」市場を事実上喪失した。これによりシンガポールは，近隣地域を飛び越えて，直接世界市場向けの輸出志向型工業化を追求せざるをえない窮地に追い込まれた。経済顧問ウィンセミウスは，当時を回顧して，支店・支部的な位置づけ (branch wise) と，地理的 (geographically) な発想・構想が不可欠であったと回想している[15]。

首相リーも，工業化推進にあたっての政府主導，政治的指導力の重要性について，後の 1970 年代初頭のスピーチで，次のように発言していた。

> 大半の第三世界にとって，発展は不均等で一様ではない。貿易上の優遇措置や国連貿易開発会議 (UNCTAD) の決議は，農業社会の人々を教育し訓練して産業的な都市社会に変容させる，痛みを伴うが緩やかな過程を容易にする上で重要である。しかし，決定的な要因は，人々のエスニックで文化的な性格，彼らの社会組織の凝集性，彼らの行政能力に加えて，全ての人々に熱心に継続的に努力しようという意思を抱かせる指導力である。(中略) 我々が，より平和的で安定した世界に向かわねばならないとすれば，主要国は，今，貿易と金融において一層多角的な世界の責任を共有する方向を目指すべきである[16]。

人民行動党の一党支配を率いる彼にとっては，エリート主導の強力な政治的指導力が工業化政策の推進には不可欠であった。

---

15) Albert Winsemius, 'Economic Development of Singapore', Oral History Interviews, Accession Number 000246, Reel/ Disc 9 of 18 (transcript pp. 112-113), 31 August 1982, National Archives of Singapore (http://www.nas.gov.sg/archivesonline/oral_interviews/record-datails/aecce74d-116 2016 年 5 月 23 日アクセス). 以下も参照。Albert Winsemius, 'The Dynamics of a Developing Nation : Singapore', Text of a Speech at General Electric International Personal Council Meeting in Singapore on 19 June 1984 (National Library Singapore).

16) Lee Kuan Yew, 'Peace and Stability through Trade and Finance in East and Southeast Asia', Address at the Atlantic Institute Conference at Brussels, 1 December 1972, in *The Papers of Lee Kuan Yew : Speeches, Interviews and Dialogues, Vol. 6 : 1972-1974*, Singapore : Cengage Learning, 2012, pp. 179-188 (National Library Singapore).

2）イギリスの「スエズ以東からの撤退」の衝撃と外資導入政策

　国家主導で輸出志向型の工業化に着手していたシンガポールの戦略に大きな衝撃を与えたのが，前述の 1967 年 7 月の防衛白書でイギリスの労働党ウィルソン政権が打ち出した駐留軍の「スエズ以東からの撤退」の決定であった。同年 11 月 18 日にイギリス政府は，ポンドの切下げ（1 ポンド 2.80 ドルから 2.40 ドルへ，14.3 パーセントの平価切下げ）を一方的に通告した。これによりシンガポールは，1 億 5700 万シンガポールドル相当のスターリング残高を喪失した。「スエズ以東からの撤退」は，国際的な準基軸通貨ポンド（スターリング）への信任の低下，金融的影響力の減退とも連動しており，1967 年 11 月のポンド切下げは，シンガポールが外貨準備をポンドから米ドルにシフトさせる契機となった[17]。

　シンガポールに駐留するイギリス軍の存在は，首相リーが認めるように，シンガポールの安全保障の要であり，冷戦体制の下で，特に香港からの投資を引き付ける決め手となっていた。1968 年 1 月，イギリス議会での駐留軍撤退の正式発表直前に，リーはイギリス政府首脳部との会談に招聘された。シンガポールの経済的救済（英軍撤退により GDP の 20 パーセント減少が予想されていた）のため援助供与に言及した英首相ウィルソンに対して，その席でリーは，「安全保障が私の主要な関心事である。それがなければ，投資もありえない。我々は，経済援助以上に投資を必要とする！」と，回答したのであった[18]。当面の安全保障政策として，シンガポールは，自国軍事力とりわけ空軍力の 1971 年末までの整備と，英マラヤ防衛協定（Anglo-Malaya Defence Agreement：AMDA）に替わる，マレーシアを含めた英・豪・ニュージーランドとの五カ国防衛協定（The Five-Power Defense Agreement：FPDA）を締結した。

---

17) この点については，Schenk, *The Decline of Sterling*, chap. 8 参照。リーは，ポンド切下げによる金融面での打撃を回顧録で強調しているが，切下げ直前にシンガポール政府は，蔵相ゴーのイニシアティヴで，米ドルへの外貨準備分散化（diversification）を密かに行っていた。ポンド切下げ直後の外貨準備に占めるポンドの比率は，イングランド銀行の当初予想（88 パーセント）に反して，50 パーセント弱に低下していた。Ibid., p. 297.

18) Lee Kuan Yew, *From Third World to First*, p. 41［『リー・クアンユー回顧録』下，36 頁］．

このイギリスの「スエズ以東からの撤退」は，シンガポール政府に，今まで以上に積極的な外資誘致・外資依存型の輸出志向型工業化戦略を推進させることになった。その意味で1968年は，シンガポールの経済政策にとって一大転換点となった。

イギリスの広大な軍事基地は，商用目的に転換されることになった。北部の海軍ドックは，イギリスの造船会社スワン・ハンター社の協力を得て，民間の造船所に転換され，船舶修理業の基盤となった。東部のチャンギ（現在の国際空港）を含む三つの英空軍基地は，経済開発庁の下で民生用に再活用されることになる。

外資導入を促進するため，1968年10月には，それまで経済開発関連の業務を一手に担ってきたEDBが再編された。新たに前述のジュロン開発公社（Jurong Town Corporation：JTC）とシンガポール開発銀行（DBS）が設立され，前者JTCは，外資向けの工場用地だけでなく，企業活動に必要な従業員のための高層住宅や商店等，産業開発に必要なインフラ装備一式を包括的に提供した。後者のDBSは，民間資金の導入も含めた，製造業への融資を目的とした開発資金融資の政府系銀行であった[19]。新たにJTCに移管された工業団地では，1968年時点で293社が操業し，従業員数は約2万1000名，投資額は5億8800万シンガポールドルであった[20]。工場用地開発のノウハウを蓄積したJTCは，後の1980年代末〜90年代に，インドネシアや開放政策下の中国でのインフラ開発投資に関わることになる。

こうした開発行政機構の再編・拡充と並行して，外国企業に対する税制上の優遇措置を盛り込んだ1967年の経済拡大奨励法，労働組合の活動を抑制した68年の雇用法と労働関係修正法による労使協調路線の推進など，外国企業の進出を促し，営業しやすい法的環境の整備も行われた[21]。

---

19) *The First Annual Report 1968*, Singapore：Development Bank of Singapore Limited, 1969, 'Chairman's Statement', pp. 4-6.
20) Ian Patrick Austin, *Goh Keng Swee and Southeast Asian Governance*, Singapore：Marshall Cavendish Academic, 2004, pp. 73-76；Jurong Town Council, *20 Years on Jurong Town Corporation (1968-1988)*, Singapore, 1988.
21) 岩崎『物語 シンガポールの歴史』116-117頁。

首相リーは，この間の経緯を簡潔に「米多国籍企業とともに歩むのがシンガポールにとって最善の道であるとの結論に達した」と要約している。彼によれば，外資依存型の工業化政策に際して，二つの方針が立てられた。一つは，「地域を飛び越す」ことで，直接の後背地としてのマレーシア市場を事実上喪失したシンガポールにとって，欧米諸国や日本を「後背地」と想定し，とりわけアメリカ市場向けに付加価値の高い工業製品を輸出することで外貨（基軸通貨としての米ドル）獲得を目指した。もう一つは，「第三世界の中に第一世界のオアシスを作り出す」ことで，この目標達成のための投資環境の整備，人材育成，労使協調路線などが，魅力的な投資先としてシンガポールの経済的価値を高めることにつながった。当面は，船舶修理・金属加工・石油化学・電子部品の 4 業種が，重点的投資の促進分野とされた[22]。

　この結果，アメリカのハイテク多国籍企業を電子部品・工業用化学・石油精製業に，日本の企業を造船・電器産業・貿易・小売りの分野に誘致することで，重化学工業と技術集約産業の振興を通じて，1960 年代末〜70 年代の工業化政策は推進されることになった。リーの日本財界に向けた 1968 年 10 月の経団連（日本経済団体連合会）でのメッセージは，この間の企業誘致戦略を的確に示している。

> 我々は，慈善や援助のために，貴殿がシンガポールに進出して工場を設立されるとは予想していません。産業を確立する上でのシンガポールの最大の問題点は，狭隘な国内市場です。それゆえ，いかなる産業も輸出志向型にならざるをえません。シンガポールに基盤を置くことで賃金面あるいは輸送上で利点を有するどんな産業でも，我々に相互利益をもたらすでしょう。シンガポールで事業を運営する貴殿は，我が国にとって，最良の宣伝となるのです。というのも，貴殿は，世界の他の地域では得られない，我が国が提供できるいくつかの好条件の存在を証明しているからです。〔すなわち〕最低でも 10 年間は続く安定した政治；汚職のない，有能で効率的な政権；空路，海路，

---

22) Lee Kuan Yew, *From Third World to First*, chap. 4： Surviving without a Hinterland［リー『回顧録』下，第 4 章「後背地なき生存」］．

道路と鉄道を通じた良好な交通運輸；インフレ懸念の欠如と米ドルの為替準備に支えられた通貨；専門家の助言を待つ潤沢な産業投資資金。(中略)現在，日本が参画した主要事業が 30 以上展開しています。シンガポールへの日本の投資は，産業への外国投資のほぼ 10 パーセントを占めており，石油精製に莫大な投資を行っているイギリスを除くと，日本の投資比率が最も高いのです[23]。

同様に，先進国から発展途上国への技術移転，資本投資を通じた産業基盤の移転と，それを通じた相互利益を強調するリーの発言も，先進国の多国籍企業に依存した工業化を目指すシンガポールの基本戦略を如実に要約している。

将来の開発計画が大成功を収める展望があるとすれば，開発の 10 年間で各国が達成できそうなことをより現実的に評価せねばならない。10 年は一世代の半分以下の時間である。(中略) こうしたトラウマから脱して，先進国と発展途上国は，彼らの利益が紛争ではなく，協力を通じて最も促進されることを認識するであろう。先進諸国が，多国籍企業や共同企業体を通じてオフショア製造業のために，資本・ノウハウ・技術を進んで移転させることで，発展途上国は，先進諸国の諸産業を潤すために彼らの貴重な資源を喜んで開放するであろう。そして，産品価格が低下すれば，それにより発展途上国は，機械やノウハウの〔輸入の〕ためにより多くの外貨を稼ぎ，貿易と開発を加速することが可能になるはずである[24]。

他方，蔵相ゴーは，1972 年に行った演説で，59 年に人民行動党が政権につ

---

23) Lee Kuan Yew, 'Japanese Investments in Singapore are Second only to the British', Speech at the Luncheon Held in Honour of Prime Minister Lee Kuan Yew by the Federation of Economic Organization, Tokyo, Japan (16 October 1968), in *The Papers of Lee Kuan Yew, Vol. 4 : 1967-1968*, pp. 440-441 (National Library Singapole).

24) Lee Kuan Yew, 'The Interests of the Developed and Developing Countries are advanced by Cooperation, not Conflict', Address at the National Trades Union Congress (NTUC) Reception in Honour of Participants in the International Confederation of Free Trade Unions-Asian Regional Organization (ICFTU-ARO) Seminar on Trade Union Research, (6 May 1974), in *The Papers of Lee Kuan Yew, Vol. 6 : 1972-1974*, pp. 450-453 (National Library Singapole).

表 7-1 シンガポール製造業への外国投資額（1969～70 年）
(単位：百万 S ドル)

投資国	1969 年	1970 年			
	投資額	投資額	公約額	小計	割合 %
アメリカ合衆国	131	383	422	805	46.0
イギリス	122	199	95	294	16.8
オランダ	104	183	57	240	13.7
西ドイツ	1	3	103	106	6.1
日本	36	68	20	88	5.0
その他＊	206	210	6	216	12.4
合　計	600	1,046	703	1,749	100

出所）Economic Development Board, *Annual Report 1970*, Singapore, 1971.
注）＊スイス，スウェーデン，フランス，オーストラリア，カナダ，ノルウェー，デンマーク，イタリア，香港等。

いてからの工業化政策への着手が成功した政策的要因として，次の3点を指摘している[25]。

(1) インフラの整備：ジュロン工業団地の整備（7,000～1万4000エーカー），その他13の工業団地の整備，約800社，9万3000名の雇用。
(2) 財政上の優遇措置の提供：5年間の所得税免除，輸出収益への優遇税制，固定資産償却・借款利払い・特許料支払いへの軽減措置。
(3) 貯蓄の奨励：中央積立基金への拠出額の引き上げ（5パーセントから15パーセントに）と政府の開発資金の確保（1972年で3億1000万ドル）。

外資主導の工業化の実績は，1960～70年代の製造業投資実績に反映されている。製造業総固定資産の累積投資額は，1965年の1億5700万シンガポールドルから，75年の33億8000万シンガポールドルへと，10年間で21.5倍になった。投資国は，1位アメリカ，2位イギリス，3位オランダ，4位日本，5位西ドイツで，製造業総投資額の約8割を先進国の資本が占めた[26]（表7-1を参照）。

---

25) Goh Keng Swee, *The Practice of Economic Growth*, chap. 1, pp. 8-11.
26) 岩崎『物語　シンガポールの歴史』129-130 頁；Economic Development Board, *Annual Report 1970* (Singpole, 1971) pp. 24-25.

3) ASEAN, 地域主義への期待感と留保

　シンガポールの国家としての存続と工業化政策は，以上のようなグローバルに展開する世界経済とのリンクを基軸に構想されていた。1960年代後半から70年代初頭の冷戦体制の下で，直近のインドシナ半島で熱戦のベトナム戦争がエスカレートしていた時期に，20世紀末から現代のように，周辺地域との地域経済協力に大きな期待を寄せることは現実的でなかった。だが，本来の意思に反してマレーシアとの政治的分離を余儀なくされ，イギリスの安全保障面での後ろ盾を失ったシンガポールにとって，近隣諸国，とりわけインドネシア・マレーシア両国との関係改善は不可欠であった。

　この点で，単独独立直後の1967年8月に結成された東南アジア諸国連合（ASEAN）との共存的発展は，シンガポールにとって幸運であった。首相リーは早くも1968年の演説で，66〜67年に設立された東南アジアと東アジアに関係する地域協力機構での相互協力を通じた経済発展の可能性に期待感を表明していた。

> 現在，経済発展と生活水準の向上は，地域的あるいは準地域的グルーピングでの経済協力を通じて，順調かつ早期に実現できると考えられている。そうした地域協力は，〔各国の〕発展を補完し，資本設備の重複や稀少資源の浪費を回避するより広範な基盤となる。（中略）新たな頭文字，アジア開発銀行のADB，東南アジア諸国連合のASEAN，アジア太平洋評議会（Asian and Pacific Council）のASPACは，コモンウェルス諸国政府が立ち上げたコロンボ・プランや国連のエカフェとは異なり，地域内部で現地側の主導性が発揮された成果である。（中略）特に東アジアの先進諸国との地域経済協力を通じて，より良い経済成長と人々の生活水準の向上を達成できる[27]。

だが，蔵相ゴーは，1970年の時点では，ヨーロッパ経済共同体（The European Economic Community : EEC）のような政府間協力を通じた地域協力には慎重な見

---

27) Lee Kuan Yew, 'The Economies of East and Southeast Asia', Speech at the Economic Club of New York, United States of America (20 November 1968), in *The Papers of Lee Kuan Yew, Vol. 4 : 1967-1968*, pp. 472-473 (National Library Singapole).

方をとっていた。すなわち，1970年1月のシンガポール大学協会年次夕食会でのスピーチで，彼は，次のようにASEAN諸国の輸入代替工業化政策を批判していた。

> 私は，近い将来，東南アジア共同市場（Southeast Asian common market）が現実的な提案になるとは考えていない。発展の度合い，技術，資本へのアクセス，インフラや他の諸要因であまりに多くの格差が存在する。さらに重要なのは，輸入代替に主要な工業化計画の基盤を置いてきた域内各国政府の姿勢と政策である。（中略）輸入代替は，実際，工業化の最も安易で最も明確な戦略であるが，それで達成しうる産業の成長には限界があり（中略），大国以外では，自立的な工業発展の基盤にはなりえない[28]。

ゴーは，①シンガポールの工業化が，日本を含めた西側資本主義諸国向けの輸出志向型工業化路線であること，②ASEAN諸国間では，当面は民間企業主導での交流を優先し，③教育や技術者訓練など「人的資源」の育成を通じた非経済的分野での政府間協力の重要性を強調した。その模範として，コロンボ・プランによる技術協力を挙げている。

彼は，2年後の1972年3月に経済開発問題の会議で訪日した際にも，東南アジアでの地域経済協力の可能性について講演し，域内地域協力について同様に慎重な姿勢を示した。1960年2月にモンテビデオ条約で設立されたラテン・アメリカ自由貿易圏（The Latin American Free Trade Area：LAFTA）が機能していない現状を指摘した上で，ASEAN諸国の場合に実現可能な地域協力として，各国首都圏での大規模な公営住宅建設を提唱した。シンガポールでの住宅開発庁（HDB）をモデルとするもので，建築資材国産化のために機械類（資本財）を輸入する資金として「経済援助」の活用を推奨している[29]。

首相リーも1972年の時点で，「現時点で，ASEANは地域経済の統合を目指

---

28) Goh Keng Swee, 'Regional Co-operation in Southeast Asia', in Goh Keng Swee, *The Economics of Modernization*, pp. 108–109.

29) Goh Keng Swee, 'Regional Economic Cooperation', in Goh Keng Swee, *The Practice of Economic Growth*, pp. 31–43.

しているわけではなく，その主要目的は，国内経済を強化し統合することにある。（中略）おそらく4回にわたる閣僚会議の最も貴重な業績は，お互いが抱える諸問題への理解が深まったことにある。ASEAN 加盟国の上級官僚による会合や作業グループを通じて，好意的な雰囲気が生み出された。この相互理解と好意は，それがなければ対立を生む可能性があった関係を抑えるのに役立った。加盟諸国は，我々の社会経済問題の類似性を学び，それらを解決するためになぜ異なる方法が採用されるのか，その理由を互いに学んできたのである」[30]と述べていた。シンガポール政府首脳部は，ASEAN を通じた隣接諸国間での意見交換の緊密化，友好関係の醸成に期待しつつも，東南アジア共同市場への展望を含めて，1970年代初頭の時点では懐疑的であった。

　他方で，シンガポール政府は，同じ華僑・華人経済圏に属し，19 世紀からイギリス帝国の自由貿易政策の下で，自由貿易港として発展を遂げてきた香港との協力に期待を寄せていた。首相リーは，1970 年 2 月に香港を訪問した際に，香港とシンガポールの相互補完的な経済的相互利益を次のように強調していた。「一時的な資本，経営・専門・技術技能の不足を，貸手に悪影響を及ぼすことなく借りることで補えれば有益であろう。（中略）香港は軽工業製品で国際的なマーケティング知識を有し，東南アジアでのシンガポールのネットワークは，これら製品の物流を促進している」。香港の繊維・アパレル・靴製造・印刷出版業と，シンガポールの精油業・石油化学工業は業種が異なり相互補完的であるし，繊維・化学・プラスチックに集中するシンガポールへの香港資本の投資（109 社，4400 万シンガポールドルで全体の5 パーセント）と，香港の金融・ホテル・娯楽映画産業へのシンガポールの投資も相互補完的である[31]。リーは，旧イギリス帝国圏の貿易拠点として発展し，英語教育と中国語（漢

---

30) Lee Kuan Yew, 'Understanding and Goodwill generated by the ASEAN', Address at the Official Opening of the 5th Association of Southeast Asian Nations (ASEAN) Ministerial Meeting at the Shangri-La Hotel, 13 April 1972, in *The Papers of Lee Kuan Yew, Vol. 6 : 1972-1974*, pp. 42-44 (National Library Singapole).

31) Lee Kuan Yew, 'How Hong Kong and Singapore complement Each Other', Address to the Foreign Correspondents Club, Hong Kong (19 February 1970), in *The Papers of Lee Kuan Yew, Vol. 5 : 1969-1971*, pp. 209-217 (National Library Singapole).

語）教育の両方の伝統を受け継ぐ香港とシンガポールは，各種の工業製品だけでなく，社会的価値観や専門知識を含めた国際的交流の拠点として，相互に協力しながら経済発展を遂げることが可能であると，高い期待感を表明していた。

地域経済協力の早期の実現には慎重な姿勢を示したシンガポール政府首脳部であったが，製造業以外の金融・サーヴィス部門では，早くも 1968 年にオフショア市場である「アジア・ダラー市場」を創設し，東南アジアの金融センターの地位獲得に向けた試みに着手していた。シンガポール金融市場が本格的に発展するのは，1980 年代にインドネシアやマレーシアの経済開発が本格的に展開され始める中で，84 年にシンガポール国際金融取引所（Singapore International Monetary Exchange : SIMEX）が創設されて以降であるが，将来の金融取引の拡張と金融・サーヴィス部門の育成を視野に入れた布石は，ASEAN を意識した上で 1960 年代末に打たれていた。

4）1960 年代の経済開発の実績

1970 年 3 月のシンガポール議会での「予算演説」において，蔵相ゴーは，1959 年 5 月の総選挙で人民行動党（PAP）が勝利して自治州の政権を担ってから 69 年にいたる経済発展を三つの時期に分けて総括し，特に 60 年代後半の実績を強調している[32]（図 7-4，図 7-5，表 7-2 を参照）。

彼によれば，この 10 年間にシンガポールの GDP は，1959 年の 19 億 6800 万 S ドルから 1969 年の 48 億 3300 万 S ドルへ 2.5 倍に増え，年率で 9.4 パーセントの成長を遂げた。

第 1 期「マレーシア加盟前」（1959～63 年）は，GDP が 26 億 8400 万 S ドルまで，年率 8.1 パーセントの経済成長を遂げた時期である。1961 年設立の経済開発庁（EDB）主導で，前述のジュロン工業団地が造成された。第 2 期「マレーシア時代」（1964～65 年）は，経済成長が年率 6.5 パーセントに低下した時期であった。インドネシア・スカルノ政権のマレーシアに対する「対決政策」

---

32) Goh Keng Swee, 'Singapore's First Decade of Development', in Goh Keng Swee, *The Economics of Modernization*, pp. 219-242 ; Goh Keng Swee, *Decade of Achievement*, Singapore : Minister of Culture, 1970.

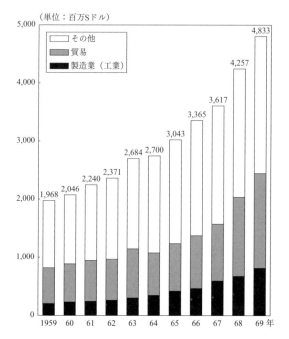

図 7-4　1960年代のGDPの伸びと製造業・貿易の比重（1959～69年）
出所）Economic Development Board (EDB), *Annnal Report 1969*, Singapore, pp. 2-5.

により，マレーシアに加盟したシンガポールの対インドネシア中継貿易が大幅に減少（4億4100万Sドルから3億600万Sドル）する中で，それを補完したのが駐留イギリス軍の軍事支出（3億2300万Sドルから5億1900万Sドル）であった。1964年は最悪の年で，経済成長は0.5パーセントにとどまった。

　他方，第3期「独立期」（1966～69年）は，世界経済全体の好況の下で，年率12.3パーセントの高度経済成長を達成した時期であった。インドネシア政変（9.30事件）後の「対決政策」の終了による中継貿易の復調，1968年に制定された新雇用法がもたらしたストライキ激減と労使協調路線の定着による製造業の急速な伸び（1969年GDPで8億2700万Sドル）が大きく寄与していた。特に，外資を主体とする民間投資が4年間で2.5倍に拡大して（2億3400万Sドルから5億9600万Sドル）製造業の急成長を支え，製造業従事者数も年平均

第7章 開発主義とシンガポールの工業化

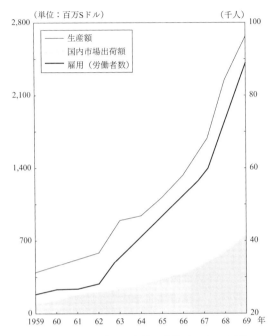

図 7-5 シンガポール産業の成長（1959〜69 年）

出所）Ibid.

表 7-2 GDP（国内総生産）に占める産業別比率（1959〜69 年）
（単位：百万 S ドル）

年度	農業・漁業	製造業	建設業	電気・ガス・水道	中継貿易	国内取引	小計	不動産業	官公庁業務	軍務	観光業	その他	小計	国内総生産
1959	121.0	170.2	40.3	45.5	370.0	254.0	624.0	84.6	110.4	271.0	24.0	477.0	772.0	1968.0
60	124.0	187.4	41.9	47.3	381.1	269.0	650.1	92.6	106.6	279.0	30.5	486.0	795.5	2046.0
61	135.0	218.3	66.0	47.2	388.9	315.0	703.9	101.0	144.0	280.9	31.6	511.9	824.4	2239.8
62	138.0	246.8	71.0	53.0	378.8	339.0	717.8	104.0	164.0	301.0	40.3	535.5	876.8	2371.4
63	146.8	294.8	94.7	52.8	441.1	418.3	859.4	110.4	189.0	323.0	54.5	558.4	935.9	2683.8
64	142.0	330.5	113.9	59.2	286.2	421.9	708.1	118.1	191.0	412.4	60.6	564.5	1037.5	2700.3
65	139.6	414.3	130.6	54.0	305.6	466.4	772.0	128.7	214.3	519.1	64.5	606.3	1189.9	3043.4
66	152.8	486.8	128.7	73.3	377.0	501.7	878.7	141.5	246.4	549.5	83.4	624.1	1257.0	3365.2
67	146.0	565.5	150.1	92.7	381.5	593.2	974.7	152.5	264.9	489.9	121.7	659.3	1270.9	3617.3
68	148.2	675.0	179.8	108.8	644.2	705.4	1,349.6	167.2	300.3	456.9	145.3	725.9	1328.1	4257.0
69*	161.3	827.0	207.6	119.7	844.3	778.0	1,622.3	184.6	326.1	415.4	210.7	758.7	1384.8	4833.4

出所）Goh Keng Swee, 'Singapore's First Decade of Development', in *The Economics of Modernization*, Singapore: Federal Publications, 1972, p. 235.

注）1969 年の数字は推計値。

1.5万人のペースで増加した。同時期に,シンガポールの対外資産保有高も4倍以上（6億3100万Sドルから24億4500億Sドル）に急増した。

　蔵相ゴーは，この急激な経済成長に対して，技術者・技師・管理職などの人材育成が追い付かない現状に懸念を抱きつつも，最新の先端技術と海外市場を提供してくれる外資（多国籍企業）主導の工業化に高い期待感を表明したのである。彼の影響下にあったEDBも，1970年代に向けた政策提言において，シンガポールは外資にとって，地域開発の「打ち上げ場」（launching site）あるいは「投資拠点」（investment base）として一層の機能を果たすとともに，知識・技能集約型の経済発展を提唱していた[33]。

4　外資導入に依存した国家主導の開発主義

　最後に，シンガポールが追求した工業化戦略の独自性を，1960年代のアジア国際経済秩序との関連でまとめてみたい。

　第一に，「開発の10年」である1960年代のシンガポールは，あえて経済援助に頼らず，民間投資，先進工業国であるアメリカ，西欧諸国，および日本の多国籍企業による資本投資（外資）に依存した，国家主導型の工業化を徹底的に追求した。人民行動党（PAP）政権の蔵相ゴー・ケンスイを中心に，経済開発庁（EDB）と住宅開発庁（HDB）など経済開発を主導する国家機構を早期に設立し，上からのトップダウンで工業化を強力に推進した。歴史的に強みを持った中継貿易依存の経済から，シンガポール現地で新たな財を生み出す製造業の育成，Made in Singaporeの工業製品生産を通じた工業化による雇用の創出を国家目標とした。ジュロン工業団地造成によるインフラ整備，労働運動の規制による労使協調的な労働環境の整備，技術教育の推進による人材育成など，民間資本である多国籍企業の工場誘致優遇策を推進した。先端技術と市場を海外，グローバルな世界経済の「中核」地域である欧米諸国と日本の民間企業に求めた点が，最大の特徴である（図7-6，図7-7を参照）。

---

33) Economic Development Board, *Annual Report, 1969* (Singapole, 1970), 'Toward the Seventies', p. 20.

第7章 開発主義とシンガポールの工業化　197

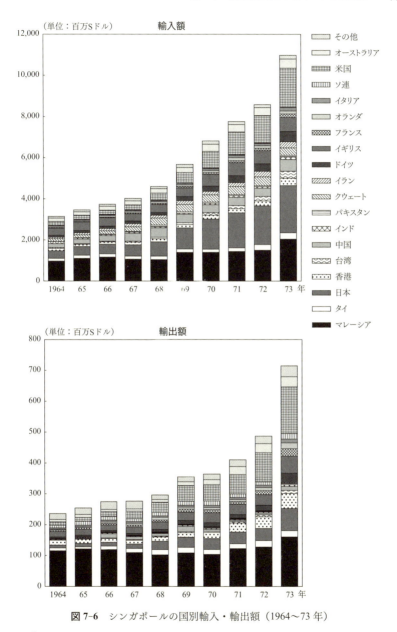

図7-6　シンガポールの国別輸入・輸出額（1964〜73年）

出所）Department of Statistics, *Economic & Social Statistics Singapore 1960-1982*, Singapore, 1983.

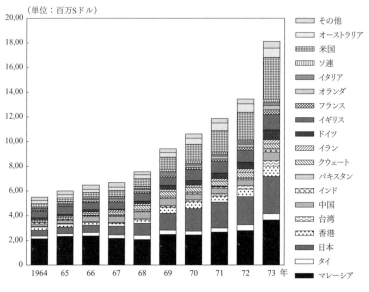

図 7-7　シンガポールの対外貿易額（1964〜73年）

出所) Ibid.

　第二に，こうした外資導入に依存したシンガポールの輸出志向型工業化戦略は，アメリカ合衆国を中心とした冷戦秩序（冷戦体制）の形成・展開と緊密に結びついていた。首相リー・クアンユーは回顧録において，「冷戦中にシンガポールとアメリカの関係の方向性を決定していたのは，東南アジアへの共産主義の侵攻を抑制するという共通の戦略的利害関係であった」「アメリカは自国市場を非共産圏からの輸出に開放することで，アジアの経済成長を助けた」「東南アジア諸国連合（ASEAN）新興市場経済の繁栄の基礎は，ベトナム戦争時代に築かれた」[34]と，シンガポールの工業化と冷戦体制との連関性を的確に指摘している。その意味で，シンガポールの工業化は，東南アジアにおける冷戦体制の構築，「熱戦」としてエスカレートしたベトナム戦争と同時並行的に展開した。「スエズ以東からの撤退」を表明したイギリス帝国の残滓であるコ

---

34) Lee Kuan Yew, *From Third World to First*, chap. 30: America's New Agenda, pp. 488-498 [『リー・クアンユー回顧録』下，416-426頁].

モンウェルスとスターリング圏の枠組みを部分的に活用しながらも，ヘゲモニー国家アメリカの世界戦略に乗り換えていく巧みな政治外交戦略を展開したのである。

　第三に，1960年代末までのシンガポールの工業化戦略にも制約と限界があった。1967年に発足したASEANを通じた「地域経済協力」は，まだ構想段階にとどまっていた。蔵相ゴー・ケンスイの叙述に明示されるように，ASEANの潜在的な経済面での発展可能性は予想されていたが，まだ他の東南アジア諸国では輸入代替工業化戦略が主流を占めていたため，「東南アジア共同市場」が実現できる段階ではなかった。ASEANは，「対決政策」終了後の隣国インドネシアとの友好関係再構築のように，政治外交面でシンガポールにとって有利に機能したが，経済面でメリットはなかった。シンガポール工業化の「後背地」は，近隣の東南アジア諸国ではなく，太平洋を隔てたアメリカ合衆国や日本に求められたのである。1970年代の二度の石油危機（オイル・ショック）を経て，1980年代中頃以降，近隣のASEAN諸国にも波及した経済成長の実現，「東アジアの奇跡」は，東南アジア・東アジアの地域経済協力の緊密な展開があって初めて可能になった。シンガポール政府の工業化政策における「アジア・シフト」は，リーの次の首相ゴー・チョクトン（在任1991～2004年）の時代に明確になる。1970年代末に始まった中国の改革開放政策と，1991年以降のインドの経済自由化政策は，シンガポールにとってもアジア地域間貿易の比重を高めることになった。その意味で，1980年代末～90年代初頭の冷戦の終焉は，アジア諸国の経済発展に新たなダイナミズムをもたらすことになった。

終　章
経済開発から東アジアの経済的再興へ

　以上，1950～60年代のアジアにおける経済開発政策と対外経済援助の関係を，南アジアのインドを主たる事例（第Ⅰ部）として，東アジアの台湾・韓国・香港と東南アジアのシンガポールを比較対照の事例（第Ⅱ部）として取り上げながら考察してきた。最後に論点を要約する。

1　「アジアの開発の時代」の到来

　第一に，1950～60年代のアジア国際秩序は，政治的な脱植民地化をいち早く終えて，冷戦体制のもとでナショナリズムの高揚が見られた時代であった。だが，この時代のアジアの新興独立諸国にとって，経済開発を通じた「貧困からの脱却」，工業化の追求が，政権の安定と正統性の確保のために至上命題となった。これは，インドのような「権力委譲」型脱植民地化を経た議会制民主主義国や，韓国，台湾のような日本帝国の敗戦・崩壊と「強制的」な脱植民地化で政治的主権を回復する一方，冷戦体制下で軍事力の増強と政権の正統性を主張せざるをえなかった権威主義国家だけでなく，社会主義革命を掲げた中華人民共和国，さらには香港のように帝国の枠組みにとどまった植民地，いずれにおいても，政治経済体制の違いを超えて，共通して直面した課題であった。
　アジアでは，ラテンアメリカやアフリカなど他の非ヨーロッパ諸地域よりも一足早く，1950年代から「アジアの開発の時代」が始まっていた。アジア諸国の経済開発は，1950年代当初，脱植民地化が進行する中で旧来の影響力を

温存しようとした欧米の旧宗主国の思惑と，上述の脱貧困化を模索した新興独立諸国の必要性が一致したことから始まった。1951年に始まる，コモンウェルス諸国を中心とするコロンボ・プランがその典型であった。

その流れを増幅したのが，1950年代後半から展開された国際的な経済援助競争の展開である。その嚆矢となったのが，1955年に始まるソ連のアジア非同盟諸国に対する経済援助（低利・長期の借款の提供），「平和的攻勢」である。1958年からの多角的な援助機構であるインド援助コンソーシアムの形成と展開は，冷戦体制下における西側諸国によるソ連への対抗措置でもあった。1954年の日本のコロンボ・プランへの加盟と，技術協力および限定的円借款の供与開始も，アジア世界に欧米諸国とは異なる独自の援助国（ドナー）が登場した転機として重要であった。この開発援助競争は，1961年米ケネディ政権の成立と国際開発局（AID）を通じた大規模経済援助の展開によって，さらに加速された。

ケネディ政権の積極的な経済援助政策を引き継いだ米ジョンソン政権は，開発借款基金（DLF）やAID借款のような通常の経済援助手段に加えて，PL480による余剰食糧援助を通じた「平和のための食糧計画」（The Food for Peace）を実施した。その最大の恩恵を受け，アメリカの対外経済援助の約4割を受け取ったのが，第三次五カ年計画に着手していたインドであった。同時にインドは，国際復興開発銀行（IBRD）と国際開発協会（IDA）を含む世界銀行グループからも最大の融資を受けた。

以上のように，二国間の援助だけでなく，コロンボ・プランやインド援助コンソーシアムのような，国際機構を巻き込んだ多国間援助を抜きにして，1950年代後半から60年代の，工業化の進展を基盤としたアジア国際経済秩序の形成を想定することはできない。1958年に始まったインド援助コンソーシアムは，現代の「政府開発援助」（ODA）の原型となったのである。

2　アジアのイニシアティヴと開発主義

　第二に，1950年代から始まる「アジアの開発の時代」において，主導権とイニシアティヴを発揮したのは，被援助国のアジア側諸国の政治エリート層と経済官僚（テクノクラート）であった。その典型が，第I部で着目したインドのジャワハルラル・ネルー政権の首脳部，およびB. K. ネルーやインド連邦準備銀行総裁に代表されるような，国際金融と世界経済に精通した官僚層であった。彼らは，政治的独立以前に英語教育を受けて，旧宗主国イギリスや新たなヘゲモニー国家アメリカ合衆国の政治経済事情や文化に精通した国際派（親英米派）のナショナリストでもあった。彼らの巧みな交渉や政策面での誘導策と，首相J. ネルーの政治力が結びつくことで，初めてインド政府は主体的で自主的な「経済外交」を展開することができた。

　事情は，東アジアの台湾と韓国においても同様であった。台湾の蔣介石政権，韓国の朴正熙政権が掲げた開発主義は，強力な独裁的政治指導力と，それを実行する能力を有する経済官僚（中国大陸本土から逃れてきた旧国民党政権官僚や，日本統治時代に高等教育・技術教育を受けたエリート層，さらに1950年代にアメリカに留学した新エリート層）の高い実務能力がなければ，順調に進展しなかったであろう。その意味で，経済援助の中でも人材育成を目的とした「技術支援」が重要であったことは間違いない。1950年代末以降のコロンボ・プランや日本の初期の経済援助は，安上がりの技術支援に特化した。1950～60年代のアジアの経済開発と工業化政策の推進過程では，現地側（被援助国）のエリート層による政策立案・遂行能力と，その主導性が決定的に重要であった。

　1960年代半ば以降の経済援助は，資本援助（借款・贈与）を通じた「所得の移転」から，輸出志向型工業化を通じた「生産の移転」（比較優位の生産論）に重心が移ることになった。工業化の進展を前提とし，輸出と貿易の促進のための経済援助，そのための国際分業体制（工業製品生産）の見直しと市場開放が重要な検討課題として浮上した。「南北問題」的発想による，国連を舞台にした「新国際経済秩序」の要求は1960年代の特徴となり，64年の国連総会で

「開発の10年」が宣言された。だが，東アジアでは早くも1950年代後半から，輸出志向型の工業化戦略の萌芽が台湾や香港の経済政策に見られ，60年代の韓国もそれに追随することになった。

　第II部で論じたように，輸出志向型工業化は，国家主導の「開発主義」と緊密に結びついていた。それは，冷戦体制の下で軍事援助・経済援助の双方を通じた国家主導の二国間の政府開発援助（ODA）を受け入れて，経済開発・工業化政策を進めた台湾と韓国に見られた「開発主義の第II類型」，さらに，地元の中小民間資本主導による輸出志向型工業化が展開した香港や，全面的な海外からの外資導入（大規模な民間の資本投資誘致）を可能にする条件整備を強力な政治指導により実現したシンガポールのような「開発主義の第III類型」の二つに大きく区分できる。

　他方，インドの場合は，民主主義的な議会政治の下で，国内の農業振興を犠牲にしつつ，多額の借款とPL480による食糧援助の導入を通じて，「経済援助」を前提とした輸入代替工業化戦略・「開発主義の第I類型」が採用された。3回の経済五カ年計画を通じて，急速な勢いで資本集約的な重化学工業化が推進された。だが，第三次五カ年計画後半の1963年頃からインドでは，工業生産の成長率鈍化と農業生産の停滞が顕著になった。1965年の天候不順による食糧危機の顕在化を通じて，インドは経済的苦境に陥り，66年6月にインディラ・ガンディ政権は，ルピー通貨の切下げを余儀なくされた。インド援助コンソーシアムの枠組みは存続したものの，アメリカからの経済援助の大幅な減額により，第四次五カ年計画自体も一時的に立案停止に陥ることになった。経済開発，重化学工業化（資本・エネルギー集約型工業化）の推進で，1960年代半ばまで多大な実績を上げたインドは，65〜67年の食糧危機を契機として，「緑の革命」を通じた農業開発重視の政策に転換した。その過程で，経済成長は減速を余儀なくされ，一層内向きで保護主義的な経済政策が，1970年代初頭からほぼ10年にわたり続くことになった。だが，この間も，国際金融に精通した親英米派の人脈は残り，世銀も第5代R. マクナマラ総裁のもとで，国際開発協会（IDA）を中心に，「貧困削減」を掲げた対インド融資を事業として継続した。世銀と親英米派との親密な関係は，1991年の国際収支危機の打開

策として蔵相 M. シンが採用した経済自由化政策を契機に復活する。この点にも，現地政権の主体性とそれを可能にした人的資源の蓄積を見出すことができる。

3　多国間援助と 1960 年代のアジア国際経済秩序

　現在のインドの N. モディ政権は，年率 8 パーセント強の経済成長を実現すべく，経済自由化政策を遂行している。この経済自由化政策の起源は，1991 年に導入された政策転換に求められるのが一般的である。だが，その歴史的起源は，第 I 部で明らかにしたように，1960 年代中頃の食糧危機の最中に実施された一連の政策の転換，すなわち，重化学工業化から農業開発重視へ，価格統制から市場原理の導入へ，計画経済委員会のメンバー刷新による自由化政策への転換にまで遡ることが可能である。しかし，1966 年のインド援助コンソーシアムの会議でアメリカが提示した経済援助「公約額」が守られずに，1968 年以降は，コンソーシアムを通じたインドへの経済援助額が大幅に減少したため，60 年代中頃に着手されていた自由化諸改革は，「緑の革命」につながる農業政策を別にすれば，十分に実施されないまま中断・方針転換を余儀なくされた。この経緯に見られるように，1970 年代〜80 年代前半のインドは，インディラ・ガンディ政権の下で内向きの保護主義的な経済政策を遂行したが，経済自由化と外資導入への政策志向は伏在していた[1]。1991 年以降の劇的な政策転換は，こうした政策の連続面で理解すべきであろう。

　他方，1950 年代末の台湾に始まり，60 年代中頃の韓国，シンガポールで意識的に遂行された国家主導の強権的な「開発主義」は，東アジア諸地域での工業化を推進する上で非常に重要な役割を果たした。アジアの発展途上国が円滑に開発主義政策を遂行するためには，資本と技術の導入が不可欠であった。1960 年代末までの開発援助では，民間投資の役割は限定的であり，贈与や借

---

1) Tirthankar Roy, *The Economic History of India 1857-1947*, 3rd ed., New Delhi : Oxford University Press, 2011, chap. 12.

款としての政府による二国間援助（のちの政府開発援助 ODA）や，世界銀行グループの国際開発協会や国際通貨基金（IMF）など国際機関を経由した公的な多国間援助が主流であった。経済開発が本格化する 1960 年代になると，途上国の経済開発に必要な資金量も大幅に増大し，次第に複数の国家や国際機関が関与する多国間援助形式が重要となり，援助国間や被援助国との援助の相互調整が不可欠となった。本書で取り上げたコモンウェルス諸国中心のコロンボ・プランや，世銀が主導したインド援助コンソーシアムは，その典型であった。1967 年には，東南アジア諸国連合（ASEAN）も結成され，地域経済協力が模索されるようになった。これらの国際機構は，経済開発をめぐり次第に緩やかな協力を模索する地域的枠組みを提供することになる。

4　1970 年代以降への展望——東アジアの経済的再興（東アジアの奇跡）

　本書では，1950〜60 年代の工業化の推進を前提としたアジア国際経済秩序の形成と変容を，対外経済援助に着目して論じてきた。最後に，1970 年代以降への展望を示して，本書で扱った時代の特徴と独自性を確認しておきたい。
　第一に，本書で論じてきた「アジアの開発の時代」は，1970 年代の 2 回にわたる石油危機（オイル・ショック）により変容を余儀なくされる。国連の貿易開発会議（UNCTAD）を中心とした新国際経済秩序の模索，「南北問題」が世界的課題になったのが 1960 年代であるとすれば，欧米と日本を中心とする世界経済に構造的な変容を迫ったのが，1973〜74 年の第一次石油危機であった。日本の高度経済成長は，一時的に中断を余儀なくされ，エネルギー・資源節約型の工業化，半導体を組み込んだ付加価値の高い工業製品生産への転換（メカトロニクス革命）が求められた。ソ連型の重厚長大産業重視で重化学工業偏重の経済発展モデルの限界が明らかになるとともに，「南側」諸国は，第 II 部で扱った韓国・台湾・香港・シンガポールのアジア新興工業地域（アジア NIES）や中東産油国と，アフリカ諸国を中心とする交易条件の悪化，外貨・国際収支危機に陥る地域に大きく二分され，南側諸国での格差が拡大する，いわ

ゆる「南南問題」が生まれた。石油危機を乗り切ったアジア NIES 諸国の台頭は，輸出志向型工業化政策の有効性と，それを推進した開発主義国家 (developmental state) が推進した政策の優位性を立証することになった。世界銀行が 1993 年のレポートで推賞した「東アジアの奇跡」が展開する土台が形成された。

　第二に，本書で論じた経済援助が果たした経済開発・工業化での役割も，1970 年代以降は大きく低下していく。第一次石油危機以降，二国間での政府開発援助 (ODA) に代わって増大するのが，民間投資である。第 7 章で論じたシンガポールの工業化に見られたように，外資系多国籍企業の工場建設のための直接投資が，1971 年の「ニクソン・ショック」と 73 年の変動相場制への移行により増大した。リー・クアンユーの発言に象徴されたように，経済援助よりも民間投資の優遇策とその条件整備が重要となった。インディラ・ガンディ政権による 1969 年の銀行国有化，輸入許可（ライセンス）制度の再編など，国家による経済管理・価格統制が強化されたインドでは，民間投資の停止・引き揚げと，経済援助総額も大幅に減少したため，69 年からの第四次五カ年計画以降，経済開発政策の見直しを余儀なくされた（図終-1 参照）。他方で，最初の 10 年間で急速な資本集約型工業化と完全雇用を達成したシンガポールでは，第一次石油危機以後，オイルマネーの運用，オフ・ショア金融市場としてのアジアダラー市場の拡充など，工業化を補完する金融・サーヴィス部門の拡充に力点が置かれるようになった。

　だが第三に，経済援助の意義が全くなくなったわけではなく，その機能に変化が見られた。世銀グループの援助は，第 5 代総裁 R. マクナマラ（在任 1968～81 年）のもとで，国際開発協会を中心に 1970 年代に 10 倍強と急激に拡大した。世銀のミッション（使命）は，収益重視の工業化支援から，農業・社会開発支援，「貧困軽減」のための公衆衛生事業・水道事業・初等教育の拡充・家族計画支援などに力点が移行した。インドで先行して実施された農業重視，「緑の革命」への支援策が目立った成果をあげたために，世銀グループの活動自体が大きく変容し，アジアに次いでアフリカ諸地域向けの農業・社会開発支援事業が増大した。世銀は，アメリカの対インド経済援助が財政危機の下で大幅に減

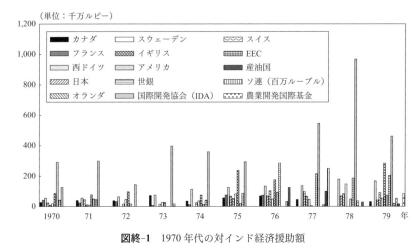

図終-1 1970年代の対インド経済援助額

出所）Goverment of India, *Economic Survey, 1970-1979*, New Delhi : Government Printing Office, 1971-80 各年版.

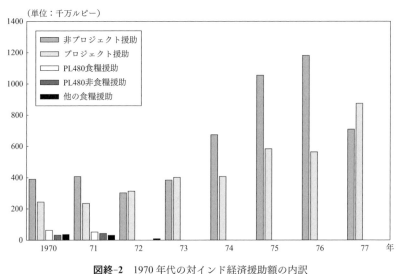

図終-2 1970年代の対インド経済援助額の内訳

出所）Ibid., 1971-78 各年版.

少・削減される中で，結果的にその減少分を補塡する役割を果たすことになる。インドが世銀最大の融資先であった点は 1990 年代まで変わらないが，世銀は

ビジネスライクな融資に徹した。食糧自給の実現を最優先し、保護主義的な経済統制策、政治的自立性を重視したインディラ・ガンディ政権と世銀グループの援助・融資は共存しつつ（図終-2 参照）、「緑の革命」の結果豊かになった農村を基盤として、柳澤悠が主張する農村部における中小の「非フォーマルセクター」の発展がインドの経済発展を支える基軸となっていく。対外経済政策で内向的姿勢を強めたインドは、低成長であるが着実に経済基盤を構築したのである。

　他方、東アジアでは、開発主義政策と推進する開発主義国家が東南アジア諸地域にも広がり、輸出志向型工業化政策が政府主導で強力に推進された。その輸出市場は、アメリカ合衆国や日本に求められ、工業化の進展を前提とした相互依存の「工業化型国際経済秩序」が形成された。石油危機を省エネ技術とメカトロニクス革命で乗り切った日本が主導する、自由貿易原理に支えられた「アジア太平洋経済圏」の原型が形成されていったのである。

文献一覧

一次史料

【未公刊】

[**The National Archives, UK : TNA**]
CAB128 : Cabinet : Minutes
　CAB128/ 26 (1953), 128/ 27 (1954)
CAB134 : Cabinet : Miscellaneous Committees : Minutes and Papers (General Series)
　CAB134/ 119 (1949), 134/ 264 (1951), 134/ 1644 (1960), 134/ 1675 (1957), 134/ 2513 (1959), 134/ 2514 (1959), 134/ 2515 (1961)
CO852 : Colonial Office : Economic General Department and predecessors : Registered Files
　CO852/ 1113/ 9 (1951-52)
DH 6/ 90 (1961)
DK 6/ 104 (1961), 6/ 116 (1961)
DO35 : Dominions Office and Commonwealth Relations Office : Original Correspondence
　DO35/ 8783 (1959), 35/ 8784 (1960)
DO198 : Commonwealth Relations Office : Technical Assistance Department : Registered Files
　DO198/ 12 (1960)
FO371 : Foreign Office : Political Departments : General Correspondence
　FO371/ 76146 (1949), 371/ 152524-152439 (1960), 371/ 160014-16 (1961)
FO800 : Foreign Office, Private Offices : Various Minister's and Official's Papers
　FO800/ 462 (Ernest Bevin Papers)
PREM8 : Prime Minister's Office : Correspondence and Papers, 1945-51
　PREM8/ 820 (1948), 8/ 1008 (1948)
T236 : Treasury : Overseas Finance Division : Registered Files
　T236/ 3439 (1953), 236/ 3891 (1953), 236/ 5978 (1955-57), 236/ 5979 (1956)
T312 : Treasury : Finance Overseas and Co-ordination Division : Registered Files
　T312/ 3379 (H. A. Copeman Paper)

[**Bank of England Archives, London : BoE**]
OV14 : Overseas Department : Hong Kong
　OV14/ 4 (1949), 14/ 8 (1952)
OV16 : Overseas Department : Japan
　OV16/ 7 (1951), 16/ 61 (1950), 16/ 69 (1951), 16/ 77 (1951), 16/ 90 (1953), 16/ 92 (1953), 16/ 99 (1955)
OV44 : Overseas Department : Sterling and Sterling Area Policy

OV44/ 10 (1955), 44/ 33 (1956), 44/ 45 (1957), 44/ 46 (1957), 44/ 56 (1957-58), 44/ 57 (1958), 44/ 58 (1959)

OV56 : Overseas Department : India

OV56/ 57 (1958), 56/ 59 (1959), 56/ 62 (1960), 56/ 66 (1961), 56/ 68 (1962), 56/ 69 (1962-63), 56/ 70 (1963), 56/ 71 (1963), 56/ 72 (1964)

OV171 : Overseas Department : Development Aid

OV171/ 1 (706) (1959)

[National Archives of India, New Delhi, India]

File No. 9 (52), UN. I/ 48 (1948) (secret), Ministry of EA. & CR. U. N. (I) Branch

File No. 46-70/ 49, BCT (B), 1949 (secret), Ministry of External Affairs

File No. 52 (46), AMS/ 59 (1959), Ministry of Finance

File No. 73 (74), AMS/ 61 (1961), Ministry of External Affairs, External Publicity Division

File No. 6 (21), FC/ 60, Foreign Credits Section, Ministry of Finance, Department of Economic Affairs (1960)

Private Papers of Morarji Desai, Collection List 117 (1951-1980)

[Nehru Memorial Museum and Library, New Delhi, India]

B. K. Nehru Papers

[Reserve Bank of India (RBI) Archives, Pune, India]

F31940, Utilisation of Surplus Sterling Balances of RBI (1944-47)

F41467, Memorandum to the Central Board, by B. K. Madan (1959)

F41471, Confidential No. B15, Memorandum to the Central Board, by Division of International Finance, Economic Department (1960)

F41481, II The Balance of Payments—April-September 1961 Preliminary Actuals, by B. K. Madan (1962)

[The US National Archives and Records Administration, College Park-Maryland : NARA II]

RG16 Records of the Office of the Secretary of Agriculture, General Correspondence, 1965-67 :
Box4301-4302, 4502, 4771-4772

RG59 General Records of the Department of State, Central Decimal File, 1960-63 :
Box 2132, 2858-2860 : India

RG59 General Records of the Department of State, Central Foreign Policy Files, 1963-69 :
Box 475-477, 480-481, 506, 555-559, 622-624 : Economic : Aid
Box 3291, 3320, 3321 : AID (US) India
Box 2281, 2283, 2284, 2304-2306, 3381, 3435, 3929-3930, 3935-3936 : Indian Politics

RG 59 Lot Files : Lot 68 D 49 Entry 5254, South Asia 1964-66 :
Box 1, 4, 5, 8-11 : Indian Economic Affairs.

RG59 LOT Files : Lot 68 D 207, Entry5255, Political 1964-66 :
Box 5, 10, 11, 13, 17-19.

RG84 Records of the Foreign Service Posts of the Department of State, India, US Embassy, New Delhi, General Records, 1959-63 :

Box 79, 81, 82

[**Johnson Presidential Library, Austin, Texas**]
National Security Files [NSF] Robert Komer, Box 25 (1966)
National Security Council [NSC] File, Box 26, Indian Famine (1966-67)
National Security Council [NSC] File, Box 24, National Security Council Histories : South Asia (1962-66)

[**World Bank Archives, Washington, DC**]
India-General-Consortium-Food Aid-Correspondence-Vol. 1 (1967)
India-General-Consortium Meetings-Correspondence :
　Meeting No. 1 (1958), Vol. 1
　Meeting No. 2 (1959), Vol. 1
　Meeting No. 3 (1959), Vol. 1
　Meeting No. 4 (1960-61), Vols. 1-3
　Meeting No. 5 (1961-62), Vol. 1
　Meeting No. 6 (1962-63), Vol. 1
　Meeting No. 7 (1962-63), Vols. 1-2
　Meeting No. 8 (1963), Vol. 1
　Meeting No. 9 (1963-64), Vols. 1-2
　Meeting No. 10 (1964), Vols. 1-2
　Meeting No. 11 (1964-65), Vols. 1-2
　Meeting No. 12 (1966), Vols. 1-7
　Meeting No. 13 (1967), Vols. 1-7
　Meeting No. 14 (1968), Vols. 1-3
India-General-General Negotiations-Correspondence :
　8-9 (1958), 10 (1959), 11-12 (1960), 13 (1960), 14 (1962-63), 15 (1963), 16-17 (1964), 18 (1965), 19 (1966-67), 20 (1967-68), 21 (1968), I-II (1969-70)
India : Debt Relief and the Terms of Aid IND 67-1～IND67-20 (1967)
India-General -Missions -Three Wise Men-Correspondence, Vol. 2 (1960)
Report to the President of the International Bank for Reconstruction and Development and the International Development Association on India's Economic Development Effort, 14 vols. October 1, 1965 (http://documents. worldbank. org/ curated/ en/ 1965/ 10/ 12648064/ report-president-international-bank-reconstruction-development-international-development-association-indias-economic-development-effort-vol-1-14-main-report).
'India Consortium', July 10, 1968 *Working Paper* 80480 (1968).

[**National Archives of Singapore : Singapore**]
Albert Winsemius, 'Economic Development of Singapore', Oral History Interviews, Accession Number 000246, Reel/ Disc 9 of 18 (transcript, pp. 112-113), 31 August 1982. http://www. nas. gov. sg/ archivesonline/ oral_interviews/ record-datails/ aecce74d-116

[**National Library Singapore, Singapore**]

The United Nations Industrial Survey Mission appointed under the United Nations Programme of Technical Assistance, A proposed Industrial Programme for the State of Singapore, 13 June 1961

Albert Winsemius, 'The Dynamics of a Developing Nation : Singapore', Text of a Speech at General Electric International Personal Council Meeting in Singapore on 19 June 1984

The Papers of Lee Kuan Yew : Speeches, Interviews and Dialogues, Vol. 4 : 1967-1968 ; Vol. 5 : 1969-1971 ; Vol. 6 : 1972-1974 (Singapore : Cengage Learning, 2012)

［外務省・外交史料館，東京］

『日英貿易支払協定一件』（外務省外交史料館マイクロフィルム Public Release Series 8, reels B' 0020-0021), B5. 2. 0J/ B2

E'-0160, E'-0161：インド経済関係

E'-0164：インド対外経済関係雑件

E'-0165：インド対外経済関係──経済・技術協力

【公刊】

Bank of England, Quarterly Bulletin, 3-4 (1963).

British Parliamentary Papers :

    Cmd. 8080 : The Colombo Plan for Co-operative Economic Development in South and Southeast Asia : Report by the Commonwealth Consultative Committee, London September-October 1950 (November 1950).

    Cmnd. 237 : United Kingdom's Role in Commonwealth Development (July 1957).

    Cmnd. 539 : Commonwealth Trade and Economic Conference : Report of the Conference, 8 October 1958 (1958).

The Parliamentary Debate (Hansard), 5th series.

The Colombo Plan, Vol. 6, No. 7 (1961) ; Vol. 6, No. 8 (1961) ; Vol. 6, No. 12 (1961).

The Colombo Plan for Co-operative Economic Development in South and South-East Asia : Proceedings of the Meetings of the Consultative Committee 1960, Tokyo, 1960.

Government of India, *Economic Survey 1964-71*（各年版）, New Delhi : Government Printing Office, 1965-72.

Ministry of Food & Agriculture (Government of India), *Approach to Agricultural Development in the Fourth Five Year Plan* (DES. 82-1500), New Delhi, 1964.

Jawaharlal Nehru's Speeches 1946-1949, Vol. 1, New Delhi : Publications Division, 1949.

Selected Works of Jawaharlal Nehru, New Delhi : Jawaharlal Nehru Memorial Fund : Distributed by Oxford University Press, 1984-.

US Department of States, *Foreign Relations of the United States, 1958-1960, Vol. XV : South and Southeast Asia*, Washington, DC : United States Government Printing Office, 1992.

US Department of States, *Foreign Relations of the United States, 1961-1963, Vol. XIX : South Asia*, Washington, DC : United States Government Printing Office, 2008.

US Department of States, *Foreign Relations of the United States, 1964-1968, Vol. XXV : South Asia*, Washington, DC : United States Government Printing Office, 2000.

Fact Sheet : No. 23, *United States Economic Assistance to India June 1951-April 1971*, The United States Information Service, New Delhi, 1971 (http://pdf. usaid. gov/ pdf_docs/ pcaac160. pdf).
Census & Statistics Department, *Hong Kong Statistics 1947-1967*, Hong Kong, 1969.
Development Bank of Singapore (DBS). *The First Annual Report 1968*, Singapore, 1969.
Jurong Town Council, *20 Years on Jurong Town Corporation (1968-1988)*, Singapore, 1988.
Economic Development Board (EDB), *Annual Report 1969, 1970 (各年版)*, Singapore, 1970-71.
Economic Development Board (EDB), *Singapore Economic Development Board : Thirty Tears of Economic Development*, Singapore, 1991.
外務省・通産省管理貿易研究会編『戦後日本の貿易・金融協定』(実業の日本社, 1949 年)。
外務省経済協力局『対中華民国経済協力調査報告』(大蔵省印刷局, 1971 年)。
大蔵省編『財政金融統計月報』28, 55, 65, 74, 88 (大蔵財務協会, 1952～58 年)。
通商産業省貿易振興局『経済協力の現状と問題点』1958～1970 年版 (通商産業調査会)。
『東京銀行月報』1-10 (1949 年 10 月)。

二次文献

【英語単行書】

Ahlberg, Kristin L., *Transplanting the Great Society : Lyndon Johnson and Food for Peace*, Columbia and London : University of Missouri Press, 2008.
Akita, Shigeru and Nicholas J. White (eds.), *The International Order of Asia in the 1930s and 1950s*, London and New York : Ashgate, 2010.
Akita, Shigeru, Gerold Krozewski and Shoichi Watanabe (eds.), *The Transformation of the International Order of Asia : Decolonization, the Cold War, and the Colombo Plan*, London and New York : Routledge, 2015.
Austin, Ian Patrick, *Goh Keng Swee and Southeast Asian Governance*, Singapore : Marshall Cavendish Academic, 2004.
Balachandran, G., *The Reserve Bank of India 1951-1967*, Delhi : Oxford University Press, 1998.
Brecher, Michael, *India and World Politics : Krishna Menon's View of the World*, Oxford University Press, 1968.
Boey, Chow Kit, Chew Moh Leen and Elizabeth Su, *One Partnership in Development : UNDP and Singapore*, United Nations Association of Singapore, 1989.
Borden, W. S., *The Pacific Alliance : United States Foreign Policy and Japanese Trade Recovery, 1947-1955*, Madison : University of Wisconsin Press, 1984.
Bowles, Chester, *Promises to Keep : My Years in Public Life 1941-1969*, New York and London : Harper & Row, 1971.
Byres, Terence (ed.), *The Indian Economy : Major Debates since Independence*, Delhi : Oxford University Press, 1998.
Cain P. J. and A. G. Hopkins, *British Imperialism, 1688-2000*, 3rd ed., Harlow and New York : Longman, 2016.

Chandra, Bipan, Mridula Mukherjee and Aditya Mukherjee, *India After Independence 1947-2000*, Delhi : Penguin Books, 2000.

Cullather, Nick, *The Hungry World : America's Cold War Battle against Poverty in Asia*, Cambridge, Massachusetts : Harvard University Press, 2010.

Desker Barry and Chong Guan Kwa (eds.), *Goh Keng Swee : A Public Career Remembered*, Singapore : World Scientific and S. Rajaratnam School of International Studies, Nanyang Technological University and National Archives of Singapore, 2012.

Forsberg, A., *America and the Japanese Miracle : The Cold War Context of Japan's Postwar Economic Revival, 1950-1960*, Chapel Hill : North Carolina University Press, 2000.

Frank, Katherine, *Indira : The life of Indira Nehru Gandhi*, Boston and New York : Houghton Mifflin Company, 2002.

Goh Keng Swee, *Decade of Achievement*, Singapore : Minister of Culture, 1970.

Goh Keng Swee, *The Economics of Modernization*, Singapore : Federal Publications, 1972.

Goh Keng Swee, *The Practice of Economic Growth*, Singapore : Federal Publications, 1977.

Goh Keng Swee, *Wealth of East Asian Nations : Speeches and Writings by Goh Keng Swee*, edited by Linda Low, Singapore : Federal Publications, 1995.

Gopal, S., *Jawaharlal Nehru : A Bibliography*, 3 vols., Delhi, 1976-84.

Government of India, *Jawaharlal Nehru's Speeches 1946-1949*, Vol. 1, New Delhi : Publications Division, 1949.

Hyam, Ronald, *Britain's Declining Empire : The Road to Decolonisation 1918-1968*, Cambridge University Press, 2006.

Jacoby, Neil H., *U.S. Aid to Taiwan : A Study of Foreign Aid, Self-Help, and Development*, New York : Frederick A. Praeger, 1966.

Jones, M., *Conflict and Confrontation in South East Asia 1961-1965*, Cambridge University Press, 2002.

Kapur, Devesh, John P. Lewis and Richard Webb, *The World Bank : Its First Half Century, Vol.1 : History* ; (eds.) *Vol. 2 : Perspectives*, Washington, DC : Brookings Institution Press, 1997.

Karatani, Rieko, *Defining British Citizenship : Empire, Commonwealth and Modern Britain*, London : Frank Cass, 2003.

Kirk, Jason A., *India and the World Bank : The Politics of Aid and Influence*, London, New York and Delhi : Anthem Press, 2010.

Krozewski, Gerold, *Money and the End of Empire : British International Economic Policy and the Colonies, 1947-58*, Basingstoke and New York : Palgrave, 2001.

Krueger, Anne O., *The Developmental Role of the Foreign Sector and Aid*, Cambridge, Massachusetts : Harvard University Press, 1982.

Lee Kuan Yew, *From Third World to First—The Singapore Story : 1965-2000*, New York : Harper Collins, 2000. 小牧利寿訳『リー・クアンユー回顧録 下』(日本経済新聞社, 2000年)。

Leffler, Melvyn P. and Odd Arne Westad (eds.), *The Cambridge History of the Cold War*, Vols. I-III, Cambridge University Press, 2010.

Low, Linda, Toh Mun Heng, Soon Teck Wong, Tan Kong Yam and Helen Hughes, *Challenge and Response : Thirty Years of the Economic Development Board*, Singapore : Times Academic Press, 1993.
Low, Linda, *The Political Economy of a City-State Revisited*, Singapore : Marshall Cavendish Academic, 2006.
Mansergh, N., *The Commonwealth Experience*, 2 vols., 2nd ed., Oxford : Macmillan, 1982.
Mason Edward S. and Robert E. Asher, *The World Bank since Bretton Woods : The Origins, Policies, Operations, and Impact of The International Bank for Reconstruction and Development and other members of the World Bank Group*, Washington, DC : The Brookings Institution, 1973.
McCormick, Thomas J., *America's Half-Century : United States Foreign Policy in the Cold War*, Baltimore : The Johns Hopkins University Press, 1989. トマス・J. マコーミック，松田武・高橋章・杉田米行訳『パクス・アメリカーナの五十年――世界システムの中の現代アメリカ外交』（東京創元社，1992 年）．
McIntyre, W. D., 'Commonwealth Legacy', in Judith m. Brown and Wm. Roger Louis (eds.), *The Oxford History of the British Empire, Vol. 4 : The Twentieth Century*, Oxford University Press, 2000.
McMahon, Robert J., *The Cold War on the Periphery : The United States, India, and Pakistan*, New York : Columbia University Press, 1994.
Miller, J. D. B., *Survey of Commonwealth Affairs : Problems of Expansion and Attrition 1953-1969*, Oxford University Press, 1974.
Moore, R. J., *Escape from Empire : The Attlee Government and the Indian Problem*, Oxford : Oxford University Press, 1983.
Moore, R. J., *Making the New Commonwealth*, Oxford : Oxford University Press, 1987.
Nehru, B. K., *Nice Guys Finish Second : Memoirs*, New Delhi : Viking Penguin India, 1997.
Oliver, Robert W., *George Woods and the World Bank*, Boulder and London : Lynne Rienner, 1995.
Patel, I. G., *Glimpse of Indian Economic Policy : An Insider's View*, New Delhi : Oxford University Press, 2002.
Prasad, D. N., *Food for Peace : The Story of U.S. Food Assistance to India*, Bombay : Asia Publisher, 1980.
Rotter, Andrew J., *The Path to Vietnam : Origins of the American Commitment to Southeast Asia*, Ithaca : Cornell University Press, 1987.
Roy, Tirthankar, *The Economic History of India 1857-1947*, 3rd ed., New Delhi : Oxford University Press, 2011.
Schenk, Catherine R., *Britain and the Sterling Area : From Devaluation to Convertibility in the 1950s*, London : Routledge, 1994.
Schenk, Catherine R., *Hong Kong as an International Financial Centre : Emergence and Development 1945-65*, London and New York : Routledge, 2001.
Schenk, Catherine R., *The Decline of Sterling : Managing the Retreat of an International Currency, 1945-1992*, Cambridge University Press, 2010.

Shenoy, B. R., *PL 480 Aid and India's Food Problem*, New Delhi : Affiliated East-West Press, 1974.
Singh, Lalita Prasad, *The Colombo Plan*, Canberra : Australian National University, 1963.
Singn, Lalita Prasad, *The Politics of Economic Cooperation in Asia : A study of Asian International Organizations*, Columbia : University of Missouri Press, 1966.
Srivastava, C. P., *Lal Bahadur Shastri, Prime Minister of India 1964-1966 : A Life of truth in Politics*, New Delhi : Oxford University Press, 1995.
Stanislaus, M. Sebastian, *Soviet Economic Aid to India : An Analysis and Evaluation*, New Delhi : N. V. Publications, 1975.
Subramaniam, C., *Hand of Destiny : Memoirs, Vol. II : The Green Revolution*, Bombay : Bharatiya Vidya Bhavan, 1995.
Tomlinson, B. R., *The Economy of Modern India*, 2nd ed., Cambridge University Press, 2013.
The World Bank, *The East Asian Miracle : Economic Growth and Public Policy (A World Bank Policy Research Report)*, New York and Tokyo : Oxford University Press, 1993. 世界銀行，白鳥正喜監訳，海外経済協力基金開発問題研究会訳『東アジアの奇跡──経済成長と政府の役割』（東洋経済新報社，1994年）．
Yokoi, Noriko., *Japan's Postwar Economic Recovery and Anglo-Japanese Relations 1948-1962*, London and New York : Routledge, 2003.

【英語論文】

Akita, Shigeru, 'The East Asian International Economic Order in the 1950s', in Antony Best (ed.), *The International History of East Asia, 1900-1968 : Trade, Ideology and Quest for Order*, London and New York : Routledge, 2010.
Bjorkman, James Warner, 'Public Law 480 and the Policies of Self-Help and Short Tether : Indo-American Relations, 1965-68', in Lloyd I. Rudolph and S. H. Rudolph (eds.), *The Regional Imperative : The Administration of U. S. Foreign Policy towards South Asia States under President Johnson and Nixon*, Delhi : Concept Publishing Company, 1981.
Brecher, Michael, 'India's Decision to Remain in the Commonwealth', *The Journal of Commonwealth & Comparative Politics*, 12 (1974), pp. 62-90.
Darwin, John, 'Decolonization and the End of Empire', in Robin W. Winks (ed.), *The Oxford History of the British Empire, Vol. V. Historiography*, Oxford University Press, 1999, chap. 34.
Kan, Hideki, 'The Making of "an American Empire" and Its Responses to Decolonization in the Early Cold War Years', Conference Paper : Comparing Empires : Imperial Rule and Decolonization in the Changing World Order, Slavic Research Center, Hokkaido University, 19-20 January 2012.
Krozewski, G., 'Gentlemanly Imperialism and the British Empire after 1945', in S. Akita (ed.), *Gentlemanly Capitalism, Imperialism and Global History*, London and New York : Palgrave-Macmillan, 2002, chap. 4.
Lee Wei-chen and I-min Chang, 'US Aid and Taiwan', *Asian Review of World Histories*, 2-1 (2014).
Louis, Wm. Roger and Ronald, Robinson, 'The Imperialism of Decolonization', *The Journal of Imperial and Commonwealth History*, 22-3 (1994).

McIntyre, W. David, 'Commonwealth Legacy', in J. Brown and Wm. Roger Louis (eds.), *The Oxford History of the British Empire, Vol. IV : The Twentieth Century*, Oxford University Press, 1999, chap. 30.

Mukherjee, Aditya, 'Indo-British Finance : The Controversy over India's Sterling Balances, 1939-1947', *Studies in History*, 6-2 (1990).

Robinson, R., 'The Non-European Foundations of European Imperialism : Sketch for a Theory of Collaboration', in Roger Owen and Bob Sutcliffe (eds.), *Studies in the Theory of Imperialism*, London : Longman, 1972.

Sugihara, Kaoru, 'International Circumstances surrounding the Post-war Japanese Cotton Textile Industry', in D. A. Farnie and D. V. Jeremy (eds.), *The Fibre that Changed the World : The Cotton Industry in International Perspective, 1600-1990s*, Oxford : Oxford University Press, 2004, chap. 17.

Tomlinson, B. R., 'Indo-British Relations in the Post-Colonial Era : The Sterling Balances Negotiations, 1946-49', *Journal of Imperial and Commonwealth History*, 13 (1985).

Tomlinson, B. R. '"The weapons of the weakened" : British Power, Sterling Balances, and the Origins of the Colombo Plan', in Shigeru Akita, Gerold Krozewski and Shoichi Watanabe (eds.), *The Transformation of the International Order of Asia* (2015), chap. 2.

Watanabe, Shoichi, 'The 1950 Commonwealth Foreign Ministers' meeting and the International Aid Programme for Asia', in Shigeru Akita, Gerold Krozewski and Shoichi Watanabe (eds.), *The Transformation of the International Order of Asia* (2015), chap. 1.

Weste, J., 'Britain, Japan and South-East Asia in the 1950s : Anglo-Japanese Economic Relations in the De-colonizing Empire', in *Aspects of Japan's Recent Relations with Asia* (STICERD Discussion Paper, No. IS/00/403, LSE, 2000).

White, N. J., 'Britain and the Return of Japanese Economic Interests to South East Asia after the Second World War', *South East Asia Research*, 6-3 (1998).

Wolfstone, Daniel, 'The Colombo Plan After Ten Years', *Far Eastern Economic Review*, 33-5 (August 1961).

Yokoi, Noriko, 'Searching for a Balance : Britain's Trade Policy towards Japan, 1950-1954', (Unpublished Ph. D. thesis, University of London, 1998).

Yoshida, Osamu, 'What was Wrong with Possible Convergence? : Politics of Food Aid between Shastri Government and Johnson Administration', 『法政論集』（名古屋大学法学部）153（1994年）.

【日本語単行書】

秋田茂・籠谷直人編『1930年代のアジア国際秩序』（溪水社，2000年）。

秋田茂『イギリス帝国とアジア国際秩序――ヘゲモニー国家から帝国的な構造的権力へ』（名古屋大学出版会，2003年）。

秋田茂編『アジアからみたグローバルヒストリー――「長期の18世紀」から「東アジアの経済的再興」へ』（ミネルヴァ書房，2013年）。

秋田茂・桃木至朗編『グローバルヒストリーと戦争』（大阪大学出版会，2016年）．
浅井良夫『IMF8条国移行――貿易・為替自由化の政治経済史』（日本経済評論社，2015年）．
アジア協会編『コロンボ計画十年の歩み』（アジア協会，1960年）．
アメリカ経済協力局遣英特別使節団『スターリング地域――その産業と貿易』（時事通信社出版局，1953年）．
岩崎育夫『リー・クアンユー』（岩波書店，1996年）．
岩崎育夫『物語　シンガポールの歴史――エリート開発主義国家の200年』（中央公論新社，2013年）．
『岩波講座　近代日本と植民地 8　アジアの冷戦と脱植民地化』（岩波書店，1993年）．
絵所秀紀『開発経済学とインド――独立後インドの経済思想』（日本評論社，2002年）．
小川浩之『英連邦――王冠への忠誠と自由な連合』（中央公論新社，2012年）．
金井雄一『ポンドの苦闘――金本位制とは何だったのか』（名古屋大学出版会，2004年）．
金井雄一『ポンドの譲位――ユーロダラーの発展とシティの復活』（名古屋大学出版会，2014年）．
上川孝夫『国際金融史――国際金本位制から世界金融危機まで』（日本経済評論社，2015年）．
川口融『アメリカの対外援助政策――その理念と政策形成』（アジア経済研究所，1980年）．
菅英輝編著『冷戦史の再検討――変容する秩序と冷戦の終焉』（法政大学出版会，2010年）．
菅英輝編著『冷戦と同盟――冷戦終焉の視点から』（松籟社，2014年）．
菅英輝『冷戦と「アメリカの世紀」　アジアにおける「非公式帝国」の秩序形成』（岩波書店，2016年）．
木畑洋一『帝国のたそがれ――冷戦下のイギリスとアジア』（東京大学出版会，1996年）．
木宮正史『国際政治のなかの韓国現代史』（山川出版社，2012年）．
神戸史雄『イギリス対外援助政策の展開』（アジア経済研究所，1983年）．
下斗米伸夫『アジア冷戦史』（中央公論新社，2004年）．
杉原薫『アジア間貿易の形成と構造』（ミネルヴァ書房，1996年）．
杉原薫『アジア太平洋経済圏の興隆』（大阪大学出版会，2003年）．
杉山伸也・J. ハンター編『日英交流史 1600-2000　4　経済』（東京大学出版会，2001年）．
戴国輝『台湾総合研究（7）　台湾の経済開発とアメリカ援助』アジア経済研究所・所内資料調査研究部 No. 41-5, 笹本研究会 No. 7, 1966年．
坪井正雄『シンガポールの工業化政策――その形成過程と海外直接投資の導入』（日本経済評論社，2010年）．
東京大学社会科学研究所編『20世紀システム 4　開発主義』（東京大学出版会，1998年）．
永野慎一郎『相互依存の日韓経済関係』（勁草書房，2008年）．
中村平治『ネルー』（清水書院，1966年）．
ネルー，ジャワハルラル『父が子に子に語る世界歴史』全8巻（新版）（みすず書房，2003年）．
ネール，ジャワハルラル『ネール自傳』上・下（平凡社，1953～55年）．
ネール（太平洋出版協会編）『アジアの復活』（文芸出版社，1954年）．
林鐘雄『台湾経済発展の歴史的考察 1895-1995（増訂版）』（財団法人交流協会，2002年）．

久末亮一『香港「帝国の時代」のゲートウェイ』（名古屋大学出版会，2012年）。
平野克己『アフリカ問題——開発と援助の世界史』（日本評論社，2009年）。
堀和生編『東アジア高度成長の歴史的起源』（京都大学学術出版会，2016年）。
松田武・秋田茂編『ヘゲモニー国家と世界システム——20世紀をふりかえって』（山川出版社，2002年）。
宮城大蔵『バンドン会議と日本のアジア復帰』（草思社，2001年）。
宮城大蔵『戦後アジア秩序の模索と日本——「海のアジア」の戦後史 1957〜1966』（創文社，2004年）。
宮城大蔵編『戦後日本のアジア外交』（ミネルヴァ書房，2015年）。
柳澤悠『現代インド経済——発展の淵源・軌跡・展望』（名古屋大学出版会，2014年）。
山本正・細川道広編著『コモンウェルスとは何か——ポスト帝国時代のソフトパワー』（ミネルヴァ書房，2014年）。
閻和平『香港経済研究序説——植民地制度下の自由放任主義政策』（御茶の水書房，2001年）。
渡辺昭一編『帝国の終焉とアメリカ——アジア国際秩序の再編』（山川出版社，2006年）。
渡辺昭一編『コロンボ・プラン——戦後アジア国際秩序の形成』（法政大学出版局，2014年）。

【日本語論文】

秋田茂「イギリス帝国の再編——軍事から財政へ」秋田茂・水島司編『現代南アジア6　世界システムとネットワーク』（東京大学出版会，2003年）第1章。
秋田茂「帝国的な構造的権力——イギリス帝国と国際秩序」山本有造編『帝国の研究——原理・類型・関係』（名古屋大学出版会，2003年）第7章。
秋田茂「1950年代の東アジア国際経済秩序とスターリング圏」渡辺昭一編『帝国の終焉とアメリカ』（2006年）第5章。
秋田茂「南アジアにおける脱植民地化と歴史認識——インドのコモンウェルス残留」菅英輝編『東アジアの歴史摩擦と和解可能性——冷戦後の国際秩序と歴史認識をめぐる諸問題』（凱風社，2011年）第12章。
秋田茂「経済援助，開発とアジア国際秩序」秋田茂編『アジアから見たグローバルヒストリー』（2013年）第7章。
秋田茂「経済開発・工業化戦略と脱植民地化——1940年代末〜60年代中葉のインドと香港」宇山智彦編『シリーズ・ユーラシア地域大国論4　ユーラシア近代帝国と現代世界』（ミネルヴァ書房，2015年）第7章。
浅井良夫「IMF8条国移行と貿易・為替自由化——IMFと日本：1952〜64年（上）」『成城大学経済研究所研究報告』42（2005年）。
井上正也「アジア冷戦の分水嶺——1960年代」宮城大蔵編『戦後日本のアジア外交』（ミネルヴァ書房，2015年）第4章。
林采成「アメリカの戦後構想と東アジア」堀和生編『東アジア高度成長の歴史的起源』（2016年）第1章。
太田淳「ナマコとイギリス綿布——19世紀前半の外島オランダ貿易」秋田茂編『アジアから見たグローバルヒストリー』（2013年）第3章。

大橋英夫「香港の公共政策」沢田ゆかり編『植民地香港の構造変化』（アジア経済研究所，1997年）第4章．

尾崎栄夫「電子機器」小林進編『香港の工業化』（アジア経済研究所，1970年）第2章．

ガイドゥク，イリヤ・V.「二つの戦争の間の平和攻勢——フルシチョフの対アジア政策，1953～1964年」渡辺昭一編『コロンボ・プラン』(2014年) 第9章．

笠井信幸「韓国の開発戦略と発展メカニズム再考」服部民夫・佐藤幸人編『韓国・台湾の発展メカニズム』（アジア経済研究所，1996年）第1章．

上池あつ子「インドにおける経済自由化の政治的背景——1966年の平価切下げと「緑の革命」の導入をめぐって」『社会科学』（同志社大学・人文科学研究所）66 (2001年)．

ブルース・カミングス「アメリカの台頭 1939-1941」松田武・秋田茂編『ヘゲモニー国家と世界システム』(2002年) 第4章．

菅英輝「アメリカのヘゲモニーとアジアの秩序形成，1945～1965年」渡辺昭一編『帝国の終焉とアメリカ』(2006年) 第7章．

菅英輝「アメリカ「帝国」の形成と脱植民地化過程への対応」北川勝彦編『イギリス帝国と20世紀4　脱植民地化とイギリス帝国』（ミネルヴァ書房，2009年）第3章．

菅英輝「「非公式帝国」アメリカとアジアの秩序形成——1945～54年」宇山智彦編『ユーラシア近代帝国と現代世界』(2016年) 第8章．

木宮正史「ベトナム戦争とベトナム特需」服部民夫・佐藤幸人編『韓国・台湾の発展メカニズム』(1996年) 第8章．

木宮正史「韓国の「冷戦型開発独裁」と民主化」古田元夫編『岩波講座世界歴史26　経済成長と国際緊張 1950年代～70年代』（岩波書店，1999年）．

久保亨「戦後東アジア綿業の複合的発展」秋田茂編『アジアからみたグローバルヒストリー』(2013年) 第9章．

小林進「雑貨」小林進編『香港の工業化』(1970年) 第2章．

駒井義明「国際開発援助機関の概要および援助機構」原覚天編『経済援助の研究』（アジア経済研究所，1966年）付録・第12章．

佐藤幸人「「香港工業化モデル」の提唱」「繊維産業」「電子産業」小島麗逸編『香港の工業化 アジアの結節点』(1989年) 第3章．

佐藤幸人「台湾の経済発展における政府と民間企業」服部民夫・佐藤幸人編『韓国・台湾の発展メカニズム』(1996年) 第3章．

末廣昭「開発体制論」中野聡他編『岩波講座東アジア近現代通史8　ベトナム戦争の時代 1960～1975年』（岩波書店，2011年）．

杉原薫「戦後日本綿業をめぐる国際環境——アジア間競争復活の構造」『年報・近代日本研究 19 地域史の可能性』（山川出版社，1997年）．

杉原薫「グローバル・ヒストリーとアジアの経済発展径路」『現代中国研究』28 (2011年)．

杉原薫「戦後アジアにおける工業化型国際経済秩序の形成」秋田茂編『アジアからみたグローバルヒストリー』(2013年) 第10章．

田中孝彦「冷戦初期における国家アイデンティティーの模索——1950年代の日英関係」木畑洋一他編『日英交流史 1600-2000　2　政治・外交 II』（東京大学出版会，2000年）．

谷浦孝雄「玩具産業」小島麗逸編『香港の工業化――アジアの結節点』（アジア経済研究所，1989年）第3章．

谷垣真理子「香港の中国回帰」木畑洋一編『現代世界とイギリス帝国』（ミネルヴァ書房，2007年）．

トムリンソン，B. R.「関係の風化？――1950～70年の英印経済関係」秋田茂・水島司編『世界システムとネットワーク』（2003年）第3章．

永野隆行「東南アジア安全保障とイギリスの戦略的関与――歴史的視点から」小島朋之・竹田いさみ編著『東南アジアの安全保障――新秩序形成の模索』（南窓社，2002年）．

波多野澄雄「東南アジア開発をめぐる日・米・英――日本のコロンボ・プラン加入を中心に」『年報・近代日本研究』16，1994年．

波多野澄雄・李玄雄「多角的援助と「地域主義」の模索――日本の対応」渡辺昭一編『コロンボ・プラン』（2013年）第11章．

古内博行「ドル条項問題と西ドイツ経済の復興」廣田功・森建資編『戦後再建期のヨーロッパ経済――復興から統合へ』（日本経済評論社，1998年）第3章．

マコーミック，トマス「アメリカのヘゲモニーと現代史のリズム 1914-2000」松田武・秋田茂編『ヘゲモニー国家と世界システム』（2002年）第3章．

宮城大蔵「戦後アジア国際政治史」日本国際政治学会編『日本の国際政治学4 歴史の中の国際政治』（有斐閣，2009年）第8章．

森建資「1950年代の日英通商関係（3・完）」『経済学論集』（東京大学）77-2（2010年）．

森田節男「ソビエトの経済援助」原覚天編『経済援助の研究』（1966年）第5章．

山形崇「繊維」小林進編『香港の工業化』（1970年）第2章．

山口育人「コロンボプランの成立とアトリー労働党政権のスターリング政策」『史林』90-6（2007年）．

山口育人「戦後アジア政治・経済秩序の展開とエカフェ，1947～1965年」渡辺昭一編『コロンボ・プラン』（2014年）第7章．

山本有造「「帝国」とはなにか」山本有造編『帝国の研究――原理・類型・関係』（2003年）第1章．

横井勝彦「1960年代インドにおける産官学連携の構造――冷戦下の国際援助競争」『社会経済史学』81-3（2015年）．

吉田修「「非同盟」と「アジア」――ネルー外交とその遺産」『法政論集』（名古屋大学）121（1988年）．

吉田修「インディラ・ガンディー政権と非同盟への「回帰」――1966年の印ソ共同コミュニケにいたる外交過程」『アジア経済』37-4（1996年）．

吉田修「パクス・アメリカーナとの遭遇と離反――南アジア国際関係の60・70年代」秋田茂・水島司編『世界システムとネットワーク』（2003年）第5章．

吉田修「ヘゲモニー・ギャップとインド――世界システムの状態とアメリカの認識」渡辺昭一編『帝国の終焉とアメリカ』（2006年）第8章．

渡辺昭一「イギリス内閣府調査委員会とコロンボ・プランの作成過程」『ヨーロッパ文化史研究』11（東北学院大学ヨーロッパ文化研究所，2010年）．

渡辺昭一「戦後アジア国際秩序再編とコロンボ・プランの指針──1950年第2回コモンウェルス諸問会議報告書分析」『歴史と文化』46（2010年）。

渡辺昭一「1960年代イギリスの対インド援助政策の展開──インド援助コンソーシアムとの関連で」『社会経済史学』81-3（2015年）。

あとがき

　本書執筆に至った直接のきっかけは，「スターリング圏」の重要性を再認識したことと，第4章で取り扱った，インドの金融テクノクラートB. K. ネルーとの「出会い」であった。2003年に刊行した前著『イギリス帝国とアジア国際秩序』において，1930年代末までのアジア国際経済秩序を論じる中で，筆者は，戦間期のいわゆる「スターリング・ブロック」（本書ではスターリング圏）の再解釈を提示した。その過程で，改めて，スターリング圏が第二次世界大戦後も引き続き存続し，国際経済秩序において一定の存在感を示していた事実を，恥ずかしながら，改めて再認識することになった。また，ロンドン大学政治経済学院（LSE）の日本研究の専門家との会話で，第二次世界大戦後の日英関係が話題になった時，金融利害が全く考慮されていない点が気になった。同時期に，日英両国で出版された5巻本の日英交流史の書物においても，戦後の金融利害関係はほとんど無視されていた。そこで改めて，第二次世界大戦後のスターリング圏とアジア世界の関連性・関係を考えてみようと思いたち，それが，筆者にとって初めての戦後研究となる第5章の研究につながった。

　しかし，いったんアジアにおけるスターリング圏の研究を始めてみると，すぐに，「コロンボ・プラン」に代表されるコモンウェルス圏の経済援助問題にぶつかった。アジアの新興独立国であり発展途上国の代表格であったインドにとって，貧困からの脱却をめざした経済開発は至上命題となり，それを実現する手段として1950年代には，対外経済援助の導入，とりわけ第2章で論じたコロンボ・プランの展開が重要になった。だが，資本援助としてのコロンボ・プランは，インドのスターリング残高「枯渇」により機能不全に陥り，代替の経済援助が必要になってくる。それが第3〜4章で扱った「インド援助コンソーシアム」（外務省報告ではインド債権国会議）であり，その立ち上げに際して，インド側の責任者として活躍したのがB. K. ネルーである。彼の活動や，インド援助コンソーシアムの展開そのものが，通史ではほとんど触れられず，

忘れられた存在であった。ちょうど，筆者が代表の科研プロジェクトで「アジアから見たグローバルヒストリー」を考え始めた時と重なり，畏友の水島司氏（東京大学人文社会系研究科教授）から研究会の席で，「B. K. ネルーは一体何者なのか，彼の個人文書はないのか」と厳しく問われたことが刺激となり，彼の活動の履歴を探究することになった。

　ところで，近現代史研究にとって，第一次史料（primary sources）の閲覧・入手は最も重要な作業である。そのため，各地の図書館・史料館と，そこの司書やアーキヴィストとの連携・協力が不可欠になる。本書執筆の過程でも，多くのアーキヴィストの方々から支援・協力を得ることができた。本来，イギリス帝国史研究を専門としてきた筆者にとって，旧宗主国イギリスの史資料には馴染みがあった。国立公文書館（The National Archives, UK），LSE 図書館に加えて，イングランド銀行アーカイヴ（The Bank of England Archives：主任 Sara Millard, Ben White）所蔵のスターリング圏に関する文書を手掛かりに，援助国（donor）イギリス側の対応とその背景を解明するのは，比較的容易であった。

　しかし，本書で重要な課題になったのは，被援助国（recipient）側の政策・姿勢の解明であった。ニューデリーのインド国立公文書館（The National Archives of India）所蔵の政府公文書は不可欠であるが，「安全保障」（national security）上の理由——カシミール問題，中印国境紛争，第二次印パ戦争——から，また，関係省庁であるインド大蔵省・外務省から国立公文書館への文書移管が未完（not-transferred）である，あるいは文書の喪失（missing）により，史料閲覧には多くの困難が伴った。他方，政治家や行政官・外交官等の個人文書を収集しているネルー記念図書館（The Nehru Memorial Museum and Library：Teen Murti）は，非常に利用しやすく，本書の中心的人物である B. K. ネルーの個人文書も最終的に Teen Murti で見つけることができた。友人でネルー大学教授の Mridula Mukherjee 氏が一時，同館館長であったこともあり，閲覧には特別の便宜を図っていただけた。また，インド西部のプーネにあるインド連邦準備銀行アーカイヴ（The Reserve Bank of India Archives）では，1 週間の滞在中，毎日職員食堂で主任アーキヴィストの Rajib Sahoo 氏やその同僚と昼食を共にし，閲覧用

の特別室ではチャイも御馳走になりながら楽しく史料を閲覧することができた。

　だが，B. K. Nehru Papers を Teen Murti で閲覧中に，彼のアメリカ大使時代（1961～67 年）の記録がほとんど抜け落ちていることに気付いた。その理由は不明であるが，個人文書の場合も，Teen Murti に委託され整理・保管された段階で，政府公文書と同様に，領土・国境問題や戦争に関わる文書・書簡・日記類は，公開対象からはずされたものと推測できる。一番知りたいと思っていた，B. K. ネルーの大使時代の活動をインド側史料から再構成することが難しいことが明らかになり，一時的に落胆した。その時，旧友で元アーキヴィストの T. R. Sareen 氏に相談したところ，内外の史資料に精通した彼から，「それなら，アメリカ側の史料を見たらどうか？」という適切な助言をいただいた。今まで「広義のイギリス帝国史」にこだわってきた筆者にとって，アメリカの第一次史料を使ってアジア国際経済秩序を考える，という発想は全くなかった。従来から，「グローバルヒストリー研究が重要だ」と主張しながら，旧イギリス帝国・コモンウェルスの枠組みから抜け切れなかった筆者にとって，Sareen 氏の助言は「正に目から鱗」であった。しかし，冷静に考えてみれば，既に菅科研プロジェクトで冷戦期のアメリカ外交史研究を学び，また，1950 年代のコロンボ・プランの段階から，さらにインド援助コンソーシアムの展開過程で，アメリカ合衆国からの経済援助額が最大で圧倒的比重を占めていたことを考えれば，アメリカの第一次史料を閲覧・考察しない限り，研究としてはまとまらないことは自明の理でもあった。改めて，自分の視野の狭さを恥じた。

　この問題を打開するため，2013 年 4～9 月末まで，現在の勤務先から半年間の研究休暇（サヴァティカル）を与えられた時，迷わずアメリカ行きを決めた。滞在先として，Johnson Presidential Library が学内にあり，日本経済史・グローバルヒストリー研究者の友人 Mark Metzler 氏が勤務するテキサス大学オースティン校（University of Texas, Austin）歴史学部を選んだ。UT Austin は，アメリカにおけるイギリス近現代史研究の中心地でもあり，*The Oxford History of the British Empire* の総編集者である Roger Louis 氏や，ジェントルマン資本主義論の提唱者でケンブリッジ大学から移籍した A. G. Hopkins 氏も活躍していたため，学問的な対話も期待できた。ヴィザの関係で 3 カ月間歴史学部に客員研究

員として滞在し，午前中は研究室で執筆活動，午後から徒歩5分の Johnson Presidential Library でのリサーチと，夢のような日々を過ごすことができた。後半の3カ月は，東海岸のワシントンDCに移り，メリーランド・カレッジパークのアメリカ国立公文書館（The US National Archives and Records Administration, NARAII）と世界銀行アーカイヴ（The World Bank Archives）に通い，アメリカ側の第一次史料を参照することができた。特に，世銀アーカイヴでは，全くの偶然的理由から，本来なら閲覧手続きの完了までに時間を要するインド援助コンソーシアム関係の史料を，アーキヴィスト Sherrine M. Thompson 氏の御好意により，短期間の手続きで閲覧許可をいただけた。また同地では，ジョージ・ワシントン大学（George Washington University）歴史学部の Dane Kennedy 氏にもお世話になった。短期間ではあったが，ニューヨーク州の F. D. Roosevelt Library と，ボストンの John F. Kennedy Presidential Library も訪問することができた。

　以上のような経過と8つの科研共同研究プロジェクトによる資金を活用して，結果的に，イギリス，インド，アメリカ各地の史料館や図書館に所蔵された多様な第一次史料を閲覧することができた。同時に，一連の共同研究を同時並行的に展開する過程で，数多くの海外での国際会議でパネルを組織するだけでなく，日本でも外国人研究者を招聘して，多くの国際ワークショップやセミナーを主催してきた（その詳細は，http://www.globalhistoryonline.com/ を参照）。ユトレヒト大学（2009年），ステレンボッシュ大学（2012年），京都国際会議場（2015年）と3回連続の国際経済史学会大会でのパネル報告や，ネルー大学（JNU・ニューデリー），台湾・國史館（台北）との共催ワークショップ，中国社会科学院・近代史研究所（北京）や南京大学・国際関係学院，ロシア科学アカデミー・世界史研究所などでの研究報告は，本書を執筆する上で非常に有益であった。執筆最終段階の2016年5月の1カ月間，シンガポールの南洋理工大学（Nanyang Technological University）人文社会科学学院歴史学科に客員教授として滞在し，第7章のシンガポールに関する追加史料を収集すると共に，同学院長の Liu Hong 氏をはじめとする，シンガポールでグローバルヒストリー研究に従事する研究者と意見交換をすることができた。また，2014～15年度

（後期）には，小野沢透氏のお誘いをうけて，京都大学文学研究科現代史学講座の「特講」として，本書の主要部分を講義した。受講生の皆さんからいただいたコメントや感想は，本書をまとめる際に非常に参考になった。

近年，筆者は，新たな歴史解釈であるグローバルヒストリー研究，高等教育・大学レヴェルでの「新しい世界史」研究の重要性と必要性を主張してきた。グローバルヒストリー研究には，ともすれば「二次文献だけで大風呂敷を広げる研究である」との誤解もあるが，現在世界のトップレヴェルの大学は，どこも全力でグローバルヒストリー研究に取り組んでいる。本書は，第二次世界大戦後のアジアに限定して，国際経済秩序の形成と変容をグローバルヒストリー研究の一例として，可能な限り，第一次史料に基づきながら，関係史と比較史の手法を組み合わせて描こうと試みた。もちろん，残された課題は多々あるが，本書により，少しでもグローバルヒストリー研究の魅力が読者に伝われば幸いである。

本書は，筆者にとって 2 冊目の研究書（モノグラフ）である。最初の研究書を刊行して以来，13 年の時間がかかってしまった。基本は，既発表の論文をベースにしているが，各論文は大幅に改稿・補正した上に，書き下ろしの序章と終章を加えて一冊の本にまとめた。本書の構成と，そのもとになった諸論文との関係は，以下の通りである。

序章：書き下ろし
第 1 章：「南アジアにおける脱植民地化と歴史認識――インドのコモンウェルス残留」菅英輝編『東アジアの歴史摩擦と和解可能性――冷戦後の国際秩序と歴史認識をめぐる諸問題』（凱風社，2011 年）第 12 章
第 2 章：「コロンボ・プランの変容とスターリング圏――1950 年代後半から 1960 年代初頭」渡辺昭一編『コロンボ・プラン――戦後アジア国際秩序の形成』（法政大学出版局，2014 年）第 10 章
第 3 章：「経済援助・開発とアジア国際秩序」秋田茂編『アジアからみたグローバルヒストリー――「長期の 18 世紀」から「東アジアの経済的再興」

へ』（ミネルヴァ書房，2013 年）第 7 章
第 4 章：「1960 年代の米印経済関係──PL480 と食糧援助問題」『社会経済史学』81-3（2015 年）
第 5 章：「1950 年代の東アジア国際経済秩序とスターリング圏」渡辺昭一編『帝国の終焉とアメリカ──アジア国際秩序の再編』（山川出版社，2006 年）第 5 章
第 6 章：「経済開発・工業化戦略と脱植民地化──1940 年代末〜60 年代中葉のインドと香港」宇山智彦編『シリーズ・ユーラシア地域大国論 4　ユーラシア近代帝国と現代世界』（ミネルヴァ書房，2016 年）第 7 章
第 7 章：「冷戦・開発主義とシンガポールの工業化」菅英輝編『冷戦と同盟──冷戦終焉の視点から』（松籟社，2014 年）第 1 章
終章：書き下ろし

以上の構成に見られるように，本書は，筆者がこの間に関わってきた，以下の 8 つの科研費による共同研究を通じて学び，議論してきた成果を，「1950〜60 年代のアジア国際経済秩序と経済援助」を中心に一書にまとめたものである。

・基盤研究 B「グローバルヒストリーの構築とアジア世界」（2005〜07 年度：研究代表）
・基盤研究 A「グローバルヒストリー研究の新展開と近現代世界史像の再考」（2008〜11 年度：研究代表）
・基盤研究 B「帝国統治システムの移転とアジア・欧米関係の変化に関する研究」（2002〜05 年度：研究代表・渡辺昭一，研究分担者）
・基盤研究 A「アジアにおける新国際秩序の形成と国際援助計画の総合的研究」（2007〜10 年度：代表・渡辺昭一，研究分担者）
・基盤研究 A「戦後アジア国際経済秩序の再編と開発援助の関係に関する総合的研究」（2012〜15 年度：代表・渡辺昭一，研究分担者）
・基盤研究 A「冷戦後東アジア国際関係の構造変動と秩序形成の総合的研究──パワーと歴史認識の交錯」（2007〜09 年度：代表・菅英輝，研究分担者）
・基盤研究 B「冷戦秩序の変容と同盟に関する総合的研究──冷戦終焉の視点

からの考察」(2010〜12年度：代表・菅英輝，研究分担者)
・新学術領域研究「ユーラシア地域大国の比較研究」第4班「帝国の崩壊・再編と世界システム」(2008〜12年度：代表・宇山智彦，研究分担者)

　序章でも論じたように，第二次世界大戦後の国際秩序を大きく左右した三つの要因のうち，冷戦については，菅英輝先生の科研共同研究において，脱植民地化と経済開発については，渡辺昭一氏を中心とする三つの科研共同研究において，それらを統合する枠組みであるグローバルヒストリーについては，筆者が代表となり，水島司氏や斎藤修先生，杉原薫先生ら10名余の経済史家と行ってきた科研共同研究（通称：秋田科研）と，宇山智彦氏を中心とする北海道大学スラブ・ユーラシア研究センターの大規模共同研究「ユーラシア地域大国の比較研究」を通じ，相互に連関させながら考え，議論することができた。これらの共同研究の機会を与えていただいた菅先生，渡辺氏，宇山氏に改めて感謝申し上げます。特に，2002年以来ほぼ10年間にわたって，三つの共同研究を企画された東北学院大学の渡辺科研では，1950年代のコロンボ・プランを中心に，アジアの経済開発と脱植民地化との関連性を大いに議論することができた。1960年代のアジア経済秩序については見解を異にすることになったが，仙台での国際ワークショップも含めて，この間の御協力に対して改めてお礼申し上げます。

　また，この間非常にお世話になりながら，本書への御批判・コメントをいただけなくなった方々への非礼をお詫び申し上げたい。2014年5月の社会経済史学会大会パネル（同志社大学）で司会を務めていただいた柳澤悠先生，外国人では，2009年8月のユトレヒト大学で開催された第15回国際経済史学会でのパネルに協力してくれたイリヤ・ガイダック氏（ロシア科学アカデミー・世界史研究所），大阪大学グローバルヒストリー・セミナーの常連で，常に建設的な助言をいただいた桜井勝人氏（伊藤忠・同志社大学），さらに，関西でのグローバルヒストリー研究を先導され，学問面だけでなく精神的にも支えていただいた角山榮先生，本当にありがとうございました。

　大阪大学では，2014年10月から，総長直属の研究組織・未来戦略機構（Institute for Academic Initiatives : IAI）の第 9 部門として，「グローバルヒストリー研究」が認められ，アジア諸国だけでなく，世界の主要 6 大学でコンソーシアムを組織し（本部：イギリス・オクスフォード大学），国際共同研究を行っている．翌 2015 年 10 月からは，専任の外国人教授として Gerold Krozewski 氏をお迎えして研究・教育のさらなる充実に努めている．今後とも，東アジア，アジア太平洋地域におけるグローバルヒストリー研究のハブとして，多くの仲間や院生諸君と共に努力していきたいと思う．

　最後に，本書の刊行にあたっては，2016 年度日本学術振興会科学研究費補助金（研究成果公開促進費）の交付を受けた．前著に続いて，名古屋大学出版会から本書を刊行できるのも，同会編集部の三木信吾氏の助言と，編集者兼第一読者としての的確なコメントのおかげである．同じく編集部の長畑節子氏には，本書の編集実務で細部にわたる御支援をいただいた．この場を借りて，お世話になった多くの研究者，アーキヴィスト，司書，編集者や内外の友人の方々に，改めてお礼申し上げます．

2016 年 11 月

秋　田　　　茂

図表一覧

図序-1	スターリング残高の変化（1945〜70年）	7
図序-2	アジアの経済開発の類型	17
図 1-1	ジャワハルラル・ネルー	21
図 2-1	コロンボ・プランのシンボルマーク	42
図 2-2	コロンボ・コモンウェルス外相会議（1950年1月）	43
図 2-3	イギリスのコロンボ・プラン加盟諸国向け援助額（1951〜59年）	49
図 2-4	ジョグジャカルタ諮問会議（1959年）	61
図 2-5	東京諮問会議（1960年）の参加メンバー	64
図 2-6	東京諮問会議（1960年）	65
図 2-7	クアラルンプール諮問会議（1961年）	68
図 3-1	第3代世界銀行総裁ユージン・ブラック	75
図 3-2	B. K. ネルー	76
図 3-3	インド援助コンソーシアムによる第一次・第二次五カ年計画への援助公約額	78
図 3-4	インド援助コンソーシアムによる第三次五カ年計画への援助公約額	83
図 4-1	インドへの対外経済援助公約額（1960年代）	102
図 4-2	インドへの対外経済援助実行額（1960年代）	102
図 4-3	インドへのPL480タイトルI供与（1956〜64年）	104
図 4-4	PL480タイトルIの援助額（1954年7月〜71年12月）	105
図 4-5	PL480タイトルIによる食糧援助の国別構成（1954年7月〜71年12月）	105
図 4-6	第2代インド首相L. B. シャストリ	109
図 4-7	インド農相スブラマニアムと米ジョンソン大統領	113
図 4-8	B. K. ネルーと米ジョンソン大統領	118
図 4-9	インドの食糧生産とPL480による輸入量（1951〜73年）	126
図 5-1	イギリスの為替管理	136
図 5-2	1950年代日本の外貨保有高	145
図 6-1	アメリカの対台湾経済援助額（1951〜68年）	160
図 6-2	アメリカ援助による輸入物資（1950〜65年）	162
図 6-3	香港の輸出製品構成（1959〜67年）	171
図 7-1	ゴー・ケンスイ	178
図 7-2	リー・クアンユー	180
図 7-3	アルバート・ウィンセミウス	182
図 7-4	1960年代のGDPの伸びと製造業・貿易の比重（1959〜69年）	194
図 7-5	シンガポール産業の成長（1959〜69年）	195
図 7-6	シンガポールの国別輸入・輸出額（1964〜73年）	197

図 7-7	シンガポールの対外貿易額（1964～73 年）	198
図終-1	1970 年代の対インド経済援助額	208
図終-2	1970 年代の対インド経済援助額の内訳	208
表 1-1	1930 年代～50 年代初頭のインドの対外貿易	27
表 1-2	南アジア諸国（インド含む）のスターリング残高（1945～60 年度）	30
表 2-1	コロンボ・プラン諸問会議の開催国一覧（1950～61 年）	43
表 2-2	1958～59 年の開発援助	47
表 2-3	コロンボ・プラン加盟諸国へのイギリスの援助額（実行額）（1951～59 年）	48
表 3-1	インドの対外収支状況の変化（1956～60 年）	85
表 3-2	インド援助コンソーシアム会議開催一覧（1958～68 年）	91
表 4-1	インドの開発に対するアメリカの援助	103
表 4-2	PL480 タイトル I 使用の内訳	106
表 4-3	対インド食糧援助の国際化（援助の申出）	124
表 4-4	インド食糧生産と穀物輸入量（1964～72 年度）	126
表 5-1	スターリング圏の対日経常収支（1950～55 年度）	148
表 6-1	アメリカの対韓国経済援助額（1954～72 年）	164
表 6-2	韓国政府の借款額（1966～75 年）	165
表 7-1	シンガポール製造業への外国投資額（1969～70 年）	189
表 7-2	GDP（国内総生産）に占める産業別比率（1959～69 年）	195

235

索　引

ア　行

アイゼンハワー政権　　101
浅井良夫　　133
朝海浩一郎　　151
アジア・アフリカ会議（バンドン会議）　　10
アジア会議　　35
アジア開発銀行（ADB）　　82, 190
アジア間競争　　133
アジア間貿易　　3, 140, 142, 149, 168, 174, 178
アジア国際経済秩序　　1, 3, 5, 8, 11, 18, 20, 44, 69, 99, 177, 196, 202, 206
アジア・シフト　　199
アジア商人　　179
アジア太平洋経済圏　　12, 177, 209
アジア太平洋評議会　　190
アジア・ダラー市場　　193, 207
アジア NIES　　16, 173, 206, 207
アジアにおける冷戦　　1
アジアの開発の時代　　9, 11, 100, 201, 203, 206
アジアの工場　　156
アトリー，C.　　32, 35, 39
アパレル　　170, 192
アメリカ AID ミッション（USAID）　　101, 103, 104
アメリカ合衆国　　5, 7, 32, 34, 46, 59, 66, 80, 82, 92, 99, 101, 110, 116, 120, 123, 127, 135, 156, 158, 159, 163, 174, 198, 199, 203, 209
アメリカ勘定　　137
アメリカ対外援助法　　82
アメリカ農務省　　103
イギリス大蔵省　　48, 50, 53, 54, 59, 60, 66, 74, 76, 94, 140, 141, 144, 146, 147, 149-152, 154, 155
イギリス大蔵省・イングランド銀行共同作業部会　　44, 45, 51, 53
イギリス大蔵省証券　　6, 28, 135
イギリス外務省　　142
イギリス国籍法　　27, 28
イギリス商務省　　133, 150, 154
イギリス植民地開発基金　　42

イギリス帝国　　6, 9, 132, 134, 169
イギリス帝国連絡路　　178
イギリス連邦関係省　　94
池田勇人　　63, 78
イングランド銀行　　6, 46, 51, 53, 54, 56, 58, 74, 75, 94, 140, 141, 143, 144, 147, 150-152, 154, 155, 169
インド　　1, 6, 8, 13, 20, 25, 47, 49, 50, 53-55, 70, 79, 81, 87, 138, 147, 201, 202
インド援助コンソーシアム　　2, 10, 12-14, 40, 70, 73-75, 89, 100, 107, 117, 121, 129, 202, 204-206
インド大蔵省　　75, 117
インド軍　　28, 135
インド憲法草案　　35
インド工科大学（IIT）　　88
インド支援決議　　121
インド食糧農業省　　109
インド食糧メッセージ　　121
インド制憲議会　　33, 36, 37, 39
インドネシア　　5, 9, 14, 35, 43, 65, 87, 141, 142, 169, 190, 199
インドネシア債権国会議　　12
インドネシア政変　　194
インド＝パキスタン開発協会　　81
インド連邦準備銀行（RBI）　　75, 84, 203
インフラ　　106, 160, 163
ウィルソン政権　　185
ウィンセミウス，アルバート　　181, 184
ウッド，ジョージ　　95, 121, 130
ウ・ラシッド　　65
英印協定　　29
エイブス，ヘルマン　　79
英マラヤ防衛協定　　185
英領海峡植民地　　178
英領市民　　25
英領ナイジェリア　　153
英領東アフリカ　　153
エリート層　　3, 20, 26, 37, 39, 76, 129, 203
円借款　　5, 163, 202
援助受入国（被援助国）　　10

236

援助競争　84, 87, 89, 202
援助供与国　42, 66, 202
欧州決済同盟（EPU）　142, 151
オーストラリア　53, 57, 66, 111, 147
オープン勘定支払協定　138, 141, 142, 169
オフショア型生産基地　172

カ 行

カーギル，I. P. M.　121
海域アジア世界　179
海外交渉委員会　139
海外投資　32, 51, 177
外貨危機　76, 77, 81
改革開放政策　199
外国為替危機　80
外資　15, 117, 186, 187, 189, 194, 196, 198, 204, 205
開発援助　2, 9, 10, 12, 45, 55, 59, 70, 75, 79, 80, 127, 128, 157, 205
開発援助委員会（DAC）　12
開発金融　101
開発経済学　13, 72
開発借款　175
開発借款基金（DLF）　101, 160, 202
開発主義　1-4, 12, 158, 175, 176, 203-205, 209
開発主義国家　207, 209
開発独裁　12, 15, 164, 177
開発の時代　11, 82
「開発の10年」　2, 11, 196, 204
開放的地域主義　71
外務・コモンウェルス関係常任委員会　34
改良品種　115
化学肥料　109, 112, 115, 117, 121, 128, 129, 161
華僑・華人　167, 179, 192
肩代わり（burden sharing）　165
金井雄一　134
カナダ　57, 110, 122
為替管理　140, 141
玩具産業　171
韓国　1, 2, 5, 15, 68, 158, 201, 203, 204, 206
韓国軍のベトナム派兵　166
関税等貿易に関する一般協定（GATT）　132, 145, 146
ガンディ，インディラ　10, 114-118, 130, 204
ガンディ，インディラ政権　205, 207, 209
旱魃　110, 122, 125

管理通貨体制　135
技術移転　188
技術協力　12, 14, 42, 44, 60, 69, 70, 101, 159, 166, 176, 202
技術協力協議会　42
技術協力局　42, 67
技術支援　39, 87, 89, 112, 129, 203
技術集約産業　187
技能集約型　196
強制的脱植民地化　21, 201
共通ドル・プール　6, 29, 137, 141, 169
金融・サーヴィス利害　28
クアラルンプール諮問会議　63, 66-70
クイット・インディア運動　38
クーパー，J. S.　77
The Cooley Amendment Loans　104
久保亨　168
グランサム，A.　142
クリシュナマチャリ，T. T.　95
クリシュナモルティ，C. S.　81
グローバルヒストリー　1, 134
クロゼウスキー，G.　134
クロフォード，J.　96
軍事援助　50, 94, 111, 112, 156, 158-160, 166, 174, 204
軍事基地　179-181, 186
軍事ケインズ主義　156
計画経済　73
経済援助　1, 2, 9, 11, 41, 80, 83, 86, 99, 115, 128, 158, 163, 174, 191, 201
経済改革　116
経済外交　38, 119, 129, 203
経済開発　1-4, 9, 11, 13-15, 18, 39, 53-57, 72, 83, 84, 108, 113, 154, 176, 181, 201
経済開発計画　44, 97
経済開発五カ年計画　77, 90
経済開発政策　96, 99
経済拡大奨励法　186
経済官僚　203
経済協力　5, 165, 175
経済協力開発機構（OECD）　12
経済計画委員会　125
経済五カ年計画　204
経済自由化政策　199, 205
経済的攻勢　90, 93
経済的ナショナリズム　1, 9, 11, 17, 21
経済復興　154, 175

索引　237

経団連（日本経済団体連合会）　187
ケイン，P. J.　134
ケネディ，J. F.　77, 84
ケネディ政権　11, 82, 91-93, 101, 166, 202
権威主義国家　201
現実主義者　38
権力委譲　8, 21
権力委譲型脱植民地化　39, 201
硬貨国　140
交換性回復　51, 53, 135, 151, 152, 154
工業化型国際経済秩序　209
公共財　37
高収量品種　109, 128
構造的権力　28, 157
高等技術教育　88, 89
高度経済成長　175
後背地　178, 179, 183, 187, 199
ゴー・ケンスイ　177, 181, 188, 190, 196, 199
ゴー・チョクトン　199
五カ国防衛協定　185
国王への忠誠条項　25, 27, 35
国際開発協会（IDA）　12, 58, 59, 70, 80, 81, 93, 100, 130, 202, 204, 206, 207
国際開発局（AID）　82, 93, 101, 112, 202
国際加工基地型産業　171
国際協力局（ICA）　101, 163
国際公共財　168, 169, 174
国際収支危機　54, 93, 135, 204, 206
国際通貨基金（IMF）　31, 70, 77, 81, 93, 116, 117, 133, 149, 151, 206
国際通貨基金（IMF）14条コンサルテーション（年次協議）　133
国際復興開発銀行（IBRD）　13, 31, 40, 46, 47, 57, 74, 100, 130, 202
国際分業体制　203
国際貿易機構（ITO）　31
国際連合　31, 61, 203
国際連合アジア極東経済委員会（ECAFE）　86, 190
国際連合食糧農業機関（FAO）　32, 113
国際連合貿易開発会議（UNCTAD）　11, 14, 184, 206
国民会議派　38
国民党政権　159, 161, 167, 174
小出し政策　112, 114, 119, 120, 127
国家主導　14, 17
コモンウェルス　2, 4, 9, 16, 20-24, 26, 27, 31, 34-36, 38-41, 45, 46, 49, 51, 52, 54, 57, 59, 73, 100, 132, 133, 149, 150, 168, 169, 174, 180, 198, 202
コモンウェルス外相会議　9, 33, 39, 41
コモンウェルス開発金融会社　56, 58
コモンウェルス開発公社　57, 74
コモンウェルス関係省　46, 60
コモンウェルス関係内閣委員会　25
コモンウェルス経済会議　52
コモンウェルス経済開発委員会　55
コモンウェルス経済開発に関するイングランド銀行・内閣委員会　27, 28, 34, 40
コモンウェルス市民権　27, 28, 34, 40
コモンウェルス首脳会議　20, 22, 24, 25
コモンウェルス貿易経済会議　56, 70, 74
コロンボ　39, 42
コロンボ・プラン　2, 4, 5, 9, 13, 23, 33, 39, 41, 45, 55, 57, 60, 62, 69, 73, 88, 100, 190, 191, 202, 203, 206
コロンボ・プラン技術協力計画　67
コロンボ・プラン事務局　62, 64
コロンボ・プラン諮問会議　42, 46, 54, 70
コロンボ・プラン年次報告書　42
「コロンボ・プランの将来」　44, 59

サ 行

サーカー委員会　88
債務軽減（リスケジュール）　98
債務返済　120, 123
申新紡　168
三賢人使節団　79, 95
シェファード卿　62, 68
シェンク，C. R.　134, 141
ジェントルマン的秩序　134
資金援助　12, 42-45, 48, 51, 53, 60, 62, 64, 65, 69, 74, 89, 176, 177
市場媒介型　81
事前保証　91, 92
地場企業　172
資本・エネルギー集約型工業化　204
資本援助　89, 129, 203
資本財　26, 30, 60, 87, 161, 164, 166, 169
資本集約重重化学工業化　108
資本投資　188
社会経済開発中米基金　159, 163
シャストリ政権　108, 118, 128
シャストリ，ラル・バハデュル　114

借款　13, 28, 40, 46, 60, 79, 87, 90, 92, 93, 104, 112, 135, 165, 204
ジャハ委員会　118
ジャハ，J. K.　118, 128
上海　170
重化学工業　165, 206
重化学工業化　87, 94, 100, 108, 204
自由為替市場　141, 168
自由主義的多角主義　134
十大建設事業　163
自由貿易港　16, 142, 169, 172, 174, 178, 179, 192
自由貿易主義　174
自由貿易政策　168, 178, 192
自由貿易体制　167-169, 174, 177, 178
自由放任主義　16, 172, 173, 178
自由輸入体制　143
主体的対応（自立性）　4
ジュロン　183, 189
ジュロン開発公社　186
ジュロン工業団地　193, 196
省エネ技術　209
蔣介石政権　159, 203
消費財　139, 155, 161, 162, 164, 165, 170, 175
商品連鎖　170
ジョグジャカルタ諸問会議　44, 59-61, 69
植民地開発公社　46
植民地主義　26, 35-39
植民地省　141
食糧援助　107, 108, 110-112, 119, 120, 122, 123, 126, 129, 159, 160
食糧援助の国際化　121
食糧危機　97, 99, 100, 107, 111, 114, 118-120, 122, 125, 127, 130, 204, 205
食糧危機救済作戦　125
食糧コンソーシアム　121, 123, 129
食糧事情調査団　114
食糧討議　114, 115
食糧不足　110, 112, 122
食糧問題　116
食糧輸入　96, 109, 122
所得の移転　203
ジョンソン，L. B.　111, 112, 115, 118-120
ジョンソン政権　101, 110, 114, 116, 121, 125, 127, 128, 202
親英米派　120, 129, 203, 204
シン，M.　205

シンガポール　1, 2, 15, 16, 50, 153, 177, 196, 206
シンガポール開発銀行　182, 186
シンガポール経済開発庁（EDB）　182, 186, 196
シンガポール国際金融取引所　193
シンガポール諸問会議　44, 59, 69
シンガポール住宅開発庁　182, 191, 196
シンガポール1968年雇用法　186, 194
シンガポール中央積立基金　189
新興工業経済地域　3
新国際経済秩序　14, 203
人材育成　196
人種主義　37
人的資源　191, 205
人民行動党（PAP）　179, 181, 184, 188, 196
スエズ以東　179-181
スエズ以東からの撤退　185, 186, 198
末廣昭　3
スカルノ政権　180, 193
杉原薫　3, 133
スターリング圏　4, 6, 8, 20, 22, 26, 29, 30, 40, 44-46, 51, 53, 70, 76, 93, 132, 134, 135, 138-140, 142, 144, 146, 147, 149, 150, 154, 155, 157, 168, 169, 174, 199
スターリング圏諸国（RSA）　51, 52
スターリング圏の銀行家　151, 155
スターリング残高　6-8, 13, 14, 23, 26, 28-32, 39, 40, 42, 46, 47, 50, 52-54, 70, 73, 74, 76, 84, 135, 144, 145, 147, 149-153, 155, 185
スターリング支払協定　137, 155
スブラマニアム，C.　108, 113-115, 117, 119, 128
スプロール，アラン　79
生産の移転　203
政府開発援助（ODA）　3, 14, 80, 174, 202, 204, 206, 207
政府間援助　15
セイロン（スリランカ）　32, 47, 55, 138
世界銀行　2, 10, 42, 59, 70, 74, 75, 77, 80, 81, 90, 93, 95, 96, 98, 100, 107, 116, 121, 123, 129, 204, 207
世界銀行グループ　101, 117, 130, 202, 206, 207, 209
石油化学工業　192
石油危機　199, 206, 207, 209
積極的非介入主義　16, 172

索　引　239

セラーノ, F. M.　64
戦時借款　135
戦時賠償　5, 43
全般的経済援助プロジェクト　159
相互安全保障法　101
相互依存関係　147
相対的自立性　18
双務勘定　137, 138
双務支払協定　151
贈与　15, 46, 60, 93, 104, 161
ソフトローン　80, 81, 93, 104
ソ連　5, 13, 14, 60, 71, 73, 86, 88-90, 111, 202

タ　行

タイ　141, 142, 150, 169
第一次五カ年計画　38, 73
対決政策　180, 183, 193, 194, 199
第三国振替　150
第三次五カ年計画　13, 72, 79, 82, 84, 86, 89, 90, 92-97, 99, 108, 111, 114, 204
第三世界　9, 11, 88
対中国経済制裁　143, 168
タイド（ひも付き）援助　97
タイトル I 　103
第二次印パ戦争　111, 120, 125
第二次五カ年計画　13, 72, 74, 76, 77, 79, 85, 88, 92
対日オープン支払協定　154
対日関税政策官房委員会　145, 146
対日スターリング支払協定　132, 133, 140, 142-144, 149-154, 156
対日請求権資金　166
対日長期経済関係特別調査委員会　139
対日貿易協定　138, 153, 154
第四次五カ年計画　95, 98, 107, 109, 118, 125, 127, 204, 207
第四次四カ年計画　163
台湾　1, 2, 5, 15, 142, 158, 159, 201, 203, 204, 206
高雄輸出加工区　163
多角主義　66, 67, 152, 155
多角的決済　156
兌換性回復　29
多国間援助　12, 70, 82, 202
多国籍企業　187, 188, 196, 207
脱植民地化　1, 5, 7-9, 17, 20, 24, 28, 31, 99, 134, 174, 201

地域間貿易　173
地域経済協力　86, 190, 199, 206
地域大国　90
チャーチル, W.　179
チャンギ　186
中印国境紛争　84, 93, 94, 96, 111, 120
中華人民共和国　9, 41, 116, 156, 167, 201
中継・加工基地　170
中継貿易　141, 142, 144, 168, 169, 179, 194, 196
中小企業　163, 170, 171, 173
長期打算，充分利用　167
朝鮮戦争　139, 143, 156, 158, 159, 168, 174
直接投資　117
通商ネットワーク　179
「強気の新見解」　112
低開発諸国　46, 51, 60-62, 77, 146
帝国臣民　27
帝国的な構造的権力　6
帝国特恵関税　25, 40, 168
帝国特恵体制　169
帝国防衛　179, 180
低賃金労働力　172, 173
テクノクラート　129, 203
デサイ, M.　75, 76, 78, 89, 128-130
電子工業　170, 172
東京諸問会議　45, 63, 66, 70
東南アジア開発基金構想　79
東南アジア開発に関する内閣委員会　50
東南アジア共同市場　191, 192, 199
東南アジア条約機構（SEATO）　2, 10, 180
東南アジア諸国連合（ASEAN）　3, 190-193, 198, 199, 206
時計産業　170
トムリンソン, B. R.　23
ドル交換条項　138, 139, 142, 154, 169
ドル不足　7, 51, 135, 154-156
トンク・アブドル・ラーマン　68

ナ　行

内閣海外交渉委員会　152
内包的工業化戦略　164
軟貨国　140, 155
南南問題　207
南北問題　14, 203, 206
ニクソン・ショック　207
二国間援助　12, 58, 78, 84, 130, 158, 174, 177,

206
二国間支払協定　140
二国間主義　63, 67, 69, 70, 152
西ドイツ　92
日英通商条約　154
日英貿易摩擦　146
日米貿易摩擦　172
日韓基本条約　165
日韓国交正常化　165
日本　5, 63, 158, 169, 175, 196, 199, 202, 209
日本の経済復興　132
日本のポンド危機　144
ニュージーランド　57, 66
ネットワーク型産業　172
ネルー外交　21-23, 70
ネルー，ジャワハルラル　10, 13, 21, 28, 33-36, 38-40, 72, 73, 75, 76, 88, 99, 203
ネルー，B. K.　72, 75, 76, 79, 81, 82, 84, 89, 118-120, 128, 203
ネルー＝マハラノビス戦略　72
ネルー＝マハラノビス・モデル　13, 99
年次計画（The Annual Plan）　125
農業改革　128
農業開発　107, 114, 205
農業第一主義　115
農業貿易開発援助法　103
農業問題　108
農産物価格委員会　118

ハ行

パース委員会　55, 56
バーター取引　87
パキスタン　31, 32, 47, 49, 54, 55, 70, 79, 81, 116, 138, 147, 155
パクス・アメリカーナ　4
朴正熙政権　15, 164-166, 174, 203
パッケナム卿　60
発注ネットワーク　16, 173
発展途上国　188, 205
パテール，I. G.　81, 128, 130
パリ・コンソーシアム会議　79, 94
反植民地主義　38, 40
PL480　101, 103-105, 107, 108, 110, 111-114, 119, 120, 122, 123, 127, 129, 160, 163, 202, 204
東アジア国際経済秩序　132, 155, 156
東アジアの奇跡　2, 12, 199, 207

東アジアの経済的再興　12, 177
非常事態　180
非スターリング圏世界　51
非同盟主義外交　22, 36, 38
非同盟中立　10, 14, 26, 75, 87
非フォーマルセクター　209
非プロジェクト援助　91, 92, 95, 122, 123, 160
ヒューム卿　55, 61
ビライ製鉄所　87
ビルマ（ミャンマー）　5, 32, 43, 64, 69, 70, 138, 155
貧困からの脱却　11, 17, 72, 174, 176, 201
貧困軽減　81, 130, 204, 207
フィリピン　5, 43, 64, 69, 70
武器貸与法　135
複線的成長パターン　165
藤山愛一郎　78
プラスチック工業　170
ブラック，ユージン　74, 76, 77, 79
フランクス，オリバー　79
フランス　111
フリーマン，O.　112, 113, 116
振替可能勘定　137, 143, 150
フルシチョフ　88
プレヴィッシュ＝シンガー・テーゼ　3, 14
プロジェクト援助　92, 160
平和的攻勢　86, 202
平和のための食糧計画　101, 202
ベヴィン，A.　32, 33
ヘゲモニー国家　4, 5, 14, 157, 158, 173, 199, 203
ベトナム戦争　180, 190, 198
ベトナム戦争特需　166
ベル調査団　95, 96, 107
ベル，バーナード　95
ベル・レポート　107, 109
変動相場制　207
ポイント・フォー計画　156
防衛支援　159
ボールズ，チェスター　128
ホッパー，W. D.　96
浦項総合製鉄工場　166
ホプキンズ，A. G.　134
香港　1, 7, 8, 15, 16, 138, 140, 142, 144, 147, 153, 158, 167, 185, 192, 201, 204, 206
香港ギャップ　8, 140, 141, 144, 154, 168, 169
香港政庁　142, 143, 168, 172, 174

香港ドル　141, 144
ホンコン・フラワー　171
ホン・スイ・セン　183
ポンド危機　147, 149-151
ポンド切下げ　29, 181, 185
ポンド・ドルスワップ　145, 147, 149

　　　　　マ　行

マクナマラ, R.　81, 130, 204, 207
マダン, B. K.　84, 86
マッチング原則　91, 92, 121-123
マラヤ　7, 50, 54, 141, 147, 154, 169
マラヤ連合州　49
マラヤ連邦　179
マルチ・アーカイヴ研究　3
マレーシア　179, 180, 183, 190, 193
マレー半島　178
マンサー, N.　23
マンチェスター商業会議所　133
見返り資金　162
緑の革命　99, 100, 109, 127-129, 204, 205, 207, 209
南・東南アジアに関する内閣委員会　59
南ベトナム　5, 43, 65
未漂白日本綿布　153
民間企業　56, 117, 191
民間資本　14, 17, 96, 163, 177, 204
民間中小企業　174
民間投資　79, 125, 158, 163, 174, 196, 207
民生部門　160
ムーア, R. J.　22
メイキン, R.　57, 59
メータ, A.　117, 128
メカトロニクス革命　206, 209
メノン, クリシュナ　23, 33
メノン, K. P. S.　31
綿業資本　168
モディ政権　205

　　　　　ヤ　行

柳澤悠　209
ヤング, マーク　167
輸出組立産業　173
輸出志向型　162
輸出志向型工業化　12, 14-16, 158, 163, 164, 173-175, 177, 182, 184, 186, 191, 198, 203, 204, 207, 209
輸出信用保証　49, 57, 74, 93
輸出入銀行　101
輸入代替工業化　11, 13, 14, 86, 96, 99, 161, 191, 204
輸入割当（制）　139, 149, 152, 153
ユネスコ　88, 89
ヨーロッパ経済共同体　190
ヨーロッパ経済協力機構（OEEC）　152
横井典子　133
予算演説　193
吉田茂　143
余剰農産物　104, 161

　　　　　ラ　行

ラオス　65
ラスク, D.　116
ラッフルズ, T.　178
ラテン・アメリカ自由貿易圏　191
ランカシャー綿工業　153
ランズダウン卿　61, 66, 68, 69
リー・クアンユー　180, 181, 184, 185, 187, 188, 190-192, 198, 207
流行性商品　172
累積債務　97
ルピー切下げ　117
冷戦　1, 5, 9-11, 23, 41, 46, 60, 83, 174, 180, 199
冷戦体制　1, 5, 10, 11, 14, 15, 20, 87, 99, 111, 156-158, 163, 165, 166, 168, 174, 179, 181, 190, 198, 201, 202, 204
冷戦・脱植民地化テーゼ　1
レディング侯爵　60
連合国最高司令官総司令部（SCAP）　138, 139, 141, 144, 155
労使協調（路線）　186, 187, 194, 196
労働関係修正法　186
労働集約的　15, 162, 164, 170, 173, 183
ローマ条約　113
ロストウ, W. W.　128
ロストウ, ユージン　119-121
ロンドン・シティ　134
ロンドン金融市場　49, 50

From Empires to Development Aid
International Economic Order of Asia in the 1950s-60s

Shigeru Akita

Introduction : Economic Aid, Development and International Economic Order of Asia

Part I : From the Colombo Plan to the Aid-India Consortium

Chap. 1 : Decolonization and India's decision to remain within the Commonwealth of Nations

Chap. 2 : The Transformation of the Colombo Plan and the Sterling Area

Chap. 3 : The Aid India-Consortium and the World Bank

Chap. 4 : PL480 and US food aid to India in the 1960s

Part II : Developmentalism in East Asia and Industrialization

Chap. 5 : The International Economic Order of East Asia and the Sterling Area in the 1950s

Chap. 6 : Developmentalism in East Asia and Economic Aid : Taiwan South Korea and Hong Kong

Chap. 7 : Developmentalism and Industrialization in Singapore

Conclusion : From Economic Development to Economic Resurgence of East Asia

(The University of Nagoya Press, 2017, in Japanese)

《著者略歴》

秋田　茂（あきた　しげる）

1958 年　広島県に生まれる
1985 年　広島大学大学院文学研究科博士後期課程中退
　　　　大阪外国語大学助教授などを経て，
現　在　大阪大学大学院文学研究科教授，博士（文学）
著　書　『イギリス帝国とアジア国際秩序』（名古屋大学出版会，2003 年，第 20 回大平正芳記念賞）
　　　　『イギリス帝国の歴史』（中公新書，2012 年，第 14 回読売・吉野作造賞）
　　　　『アジアからみたグローバルヒストリー』（編著，ミネルヴァ書房，2013 年）他
　　　　The Transformation of the International Order of Asia : Decolonization, the Cold War, and the Colombo Plan, edited by Shigeru Akita, Gerold Krozewski and Shoichi Watanabe, London and New York : Routledge, 2015.

帝国から開発援助へ

2017 年 2 月 1 日　初版第 1 刷発行

定価はカバーに表示しています

著　者　秋 田　　茂
発行者　金 山　弥 平

発行所　一般財団法人　名古屋大学出版会
〒 464-0814　名古屋市千種区不老町 1 名古屋大学構内
電話(052)781-5027 / FAX(052)781-0697

Ⓒ Shigeru AKITA, 2017　　　　　　　　Printed in Japan
印刷・製本　亜細亜印刷㈱　　　ISBN978-4-8158-0865-5
乱丁・落丁はお取替えいたします。

JCOPY 〈出版者著作権管理機構　委託出版物〉
本書の全部または一部を無断で複製（コピーを含む）することは，著作権法上での例外を除き，禁じられています。本書からの複製を希望される場合は，そのつど事前に出版者著作権管理機構（Tel：03-3513-6969，FAX：03-3513-6979, e-mail : info@jcopy.or.jp）の許諾を受けてください。

秋田　茂著
イギリス帝国とアジア国際秩序
―ヘゲモニー国家から帝国的な構造的権力へ―
A5・366 頁
本体 5,500 円

P. J. ケイン／A. G. ホプキンズ著　竹内幸雄／秋田茂訳
ジェントルマン資本主義の帝国 I
―創生と膨張 1688〜1914―
A5・494 頁
本体 5,500 円

P. J. ケイン／A. G. ホプキンズ著　木畑洋一／旦祐介訳
ジェントルマン資本主義の帝国 II
―危機と解体 1914〜1990―
A5・338 頁
本体 4,500 円

脇村孝平著
飢饉・疫病・植民地統治
―開発の中の英領インド―
A5・270 頁
本体 5,000 円

柳澤　悠著
現代インド経済
―発展の淵源・軌跡・展望―
A5・426 頁
本体 5,500 円

近藤則夫著
現代インド政治
―多様性の中の民主主義―
A5・608 頁
本体 7,200 円

小川浩之著
イギリス帝国からヨーロッパ統合へ
―戦後イギリス対外政策の転換と EEC 加盟申請―
A5・412 頁
本体 6,200 円

金井雄一著
ポンドの譲位
―ユーロダラーの発展とシティの復活―
A5・336 頁
本体 5,500 円

ピーター・クラーク著　西沢保他訳
イギリス現代史 1900 - 2000
A5・496 頁
本体 4,800 円

小野沢透著
幻の同盟 [上・下]
―冷戦初期アメリカの中東政策―
菊・650 頁／614 頁
本体各 6,000 円

久保田裕次著
対中借款の政治経済史
―「開発」から二十一ヵ条要求へ―
A5・372 頁
本体 6,300 円